上海抗战研究

第一辑

张云　唐磊　◎主编

中共上海市委党史研究室　上海抗战研究会　◎编

上海人民出版社

序一

在改革开放大潮下创新发展

——上海抗战史研究的回顾和展望

余子道

上海抗战史研究是中国抗日战争史研究的一个重要的组成部分，与中国抗战史研究一样，是一个较为年轻的史学领域。如果从严格的意义上来说，上海抗战史研究是在新中国成立以后才开始起步的。七十年来，以改革开放开端为界标，上海抗战史研究可分为前后两个阶段。在前三十年，上海抗战史研究处于初创状态，还未来得及形成一个相对独立的学术部类，其研究被置于上海新民主主义革命史和地方党史的框架和范围之内，纳入研究者视野的课题显得十分单一和狭小；而当时尤其是“文革”期间的特定形势也使研究工作举步维艰，难有大的进展。虽说这一时期产生过关于上海抗战史的一些粗浅的论著和回忆作品，也披露了一部分有价值的史料，却未有真正具有理论深度和学术质量的作品面世。在后四十年，上海抗战史研究进入了一个新时代，走上了未有过的蓬勃发展的道路。四十年来中国改革开放的伟大历史进程和综合国力的空前提升，中国的崛起、国际地位的提高和日益走向世界舞台的中心，使当今的国人比以往更为需要了解世界反法西斯战争、中国抗日战争、上海抗日战争的历史及具当代意义。抗日战争史的研究比以往任何时候更为社会各界所重视。抗战研究的地位在提升，研究者的队伍在壮大，研究的理论、视野、领域和方法等各方面都取得了长足的进展，逐步实现思想上的解放，学术上的创新和发展。这一时期，各类研究成果迭出，学界氛围生动活泼，出现了前所未有的欣欣向荣的局面。

解放思想 树立科学精神

党的十一届三中全会重新在全党确立了马克思主义的实事求是的思想路线，这对抗日战争史研究走上正确道路和创新发展具有非常重要的影响和意义。在思想解放的进程中，上海抗战史研究逐步克服了教条主义、片面性、绝对化和所谓"以论带史"等倾向，在辩证唯物主义和历史唯物主义的指引下，坚持"尊重历史，遵循科学"的学术理念，求实求真，开拓创新，推动了上海抗战史研究新局面的到来。

在改革开放的进程中，上海抗战史研究新局面的开辟和发展，也是以思想解放运动为先导和基础的，而其中的关键则是使研究者真正树立了实事求是的科学精神。上海抗战史作为史学领域中的一个部类，与一般史学研究既有着共同性，也有其特殊性。抗战史研究具有极为强烈的政治性和现实性，特别需要正确地、全面地认识和处理政治与学术、历史与现实、政治宣传与学术研究、主流观点与非主流观点等问题的关系。毫无疑问，抗战史研究必须坚持正确的政治方向，高举爱国主义旗帜，弘扬民族精神和抗战精神；但这一切归根到底都必须以对客观历史的科学研究为依据，而不能违背科学精神，滑向片面化、绝对化和"以论带史"倾向，甚至丧失其科学性。这一错误倾向在"文革"期间为害最烈，严重影响了抗战史研究的健康发展。思想解放运动极为有力地端正了上海抗战史研究者的学风，使这一研究重新走上了科学的轨道。抗日战争研究的一切学术结论，都必须是在占有全面可靠的史料基础之上、以客观历史事实为根据的科学研究的结果，评判历史事件、历史人物都必须从历史事实出发，而不应从某种政治利益或个人好恶出发，这已成为史学界的共识。思想的解放和对以往研究的反思，使研究者对抗日战争的一些重要历史问题的认识更趋向全面，也更为深入。例如，评判各党各派各军和各类代表人物在抗战中的功过是非的标准，逐渐由以往的以阶级关系为重转向以民族大义为重，确认抗日战争是中国全民族的抗战，而非一党一派的抗战；同时也确认抗日阵线中的各党各派特别是国共两党无一例外地实行着自己的抗战路线，从而对抗日战争的进程以及战后中国发生重大和深远的影响。在思想解放的大潮下，上海抗战史研究逐渐摒弃绝对化、片面化和简单化的思维方法，认识到上海抗战的复杂性、曲折性和多样性。上海抗日历史进程中，国共两党从完全对立到联合抗战，抗日民族统一战线内部既非一切联合、否认斗争，又非一切斗争、否认联合，而是既联合又斗争。上海是中国民族资产阶级和上层小资产阶级及知识分子最为强大和最为集中的地方，他们的抗日斗争毋庸置疑是上海抗战史的重要组成部分，不应被抹杀。上海抗战史上，既发生过规模巨大的会战，又有分散的小规模的郊县游击战，既掀起过声势浩大的民众抗日救亡运动，又坚持了“孤岛”时期和全面沦陷时期分散的日常斗争，既与全国抗战紧密联系，又与世界反法西斯战争互通声气、相互支援。随着思想的解放和视野的开阔，抗战历史不再被看成是简单的敌我两极对立，研究者更注重于揭示历史发展的多面性和复杂性，也使人们更为具体、深入地理解上海抗战的艰苦卓绝和英勇悲壮，更加深刻、更为全面地认识上海抗战的历史经验和中国共产党在上海抗日运动中的中流砥柱作用。

开阔视野　拓展研究领域

改革开放四十年来，上海抗战史研究的开拓创新不仅表现在思想路线上的端止和科学精神的确立，还体现在研究视野和研究领域的拓展。随着思想的解放和理念的更新，对外开放和海内外文化学术交流的开展，史学各部类之间、史学与其他学科之间的日益交叉融合，以及抗日战争史学术团体和学术交流活动的蓬勃发展，上海抗战史研究的领域也不断地得到前所未有的拓展。在以往相当长的一段时间里，上海抗战史研究被置于上海新民主主义革命史和地方党史的框架之内，并未构建一个相对独立的专门领域，其研究的范围和课题比较狭小和单一，这是与改革开放以后的状况不可同日而语的。众所周知，传统的上海抗战研究基本上集中于三个方面的课题，即通常所说的所谓“三大块”：一是一·二八淞沪抗战研究，二是八一三淞沪会战研究，三是一·二八和八一三时期的上海民众抗日救亡运动研究。而且对上述三个领域抗战史的研究，主要也是着重从中共党史和中国革命史的角度进行考察和评析，缺少对这三大事件的全方位、多视角的考察和研究，难以从多方面多领域揭示这些史实的纷繁复杂的丰富内容。

改革开放以来上海抗战史研究领域的拓展，基本上表现在以下两个方面。一是传统领域课题研究的拓宽和加深，二是新领域新课题的开辟。传统领域的几项课题，其研究的意义十分重要，是不言而喻的，在新时期的继续研究中，其内涵和外延都大大地得到扩充和延展，呈现出全新的面貌。例如关于一·二八淞沪抗战研究，以往主要是单纯地记叙十九路军违抗国民政府的命令奋起抗战的事迹，而对与这一重大事件紧密相关的诸多重要领域并未进行探索和研究，以致留下了许多空白点。当今的研究者则大大地拓展了一·二八淞沪抗战研究的领域，注入了前所未有的丰富内涵，诸如南京政府“一面抵抗，一面交涉”的对日政策与一·二八抗战的关系，十九路军领导集团对以蒋介石、汪精卫为主的国民党中央既接受其领导又进行抵制的关系，第五军的参战以及它与十九路军之间的关系，英美法西方列强和国际联盟介入一·二八事变及其影响，中日停战谈判及其结局，日本的“上海自由市”计划，以及一·二八淞沪抗战在中国抗日战争和世界反法西斯战争中的历史地位等课题的发掘和重新研究，都可以说是过去从未有过的。同样的，八一三淞沪会战作为上海抗战史研究的一个传统的课题，在新时期研究者也开拓了许多新的研究领域。诸如蒋介石和国民政府统率机关举行淞沪会战的战略意图，淞沪会战的作战方针、战役发展历程及其各阶段特点，四川、广西、湖南等省地方部队和东北军、西北军的参战，上海租界当局与淞沪会战的关系，以及淞沪会战的左、中、右三个战场，战役阶段和作战方针，西方列强介入淞沪会战等新问题的开拓和探索，无疑为八一三淞沪会战的研究开辟了新局面。

除了上述原有的研究领域注入了新的内容、扩展了研究范围以外，改革开放以来上海抗战史研究的拓展更体现在开拓了许多新的领域上。上海抗战史的研究领域发展得更为广阔了，更为多样化了，由过去的较偏重于抗战军事史、救亡运动史，拓展到上海抗战文化、抗战经济、抗战社会生活、抗战国际关系等各个领域；而且在时限上贯通了从 1931 年至 1945 年的全过程，把局部抗战与全面抗战融为一体加以研究。正是在日益拓展的过程中，一步步地呈现出一个全方位、全过程的上海抗战史学术格局。

战时上海文化和战时上海经济，是新时期上海抗战史研究开拓创新中两个最为令人注目的领域。上海是全国抗战文化的发祥地，也曾在一定时期内成为全国抗战文化运动的中心，在文化抗战战线上引领全国，影响遍及海内外。近十几年来，上海抗战文化研究得益于改革开放的政治社会环境和生动活泼的学术文化氛围，呈现出生气勃勃的势头。抗战文化的各类历史资料的整理和刊发，文化抗战亲历者的回顾和总结，对抗战文化各门类的专题研究等方向，都获得了显著的成果。上海一批学者以“抗战时期的上海文化”为题进行了综合性的研究，对上海抗战文化的时代背景及其演变历程作了史的考察，着重就文学、艺术、电影、教育和社会科学等各个文化领域进行具体深入的记叙和论析，这一研究工作开启了上海抗战史研究对文化抗战的全面性和系统性研究。

上海是国际大都市，是中国最大的工业基地、金融和贸易中心，其经济地位在全国举足轻重，对中国抗战全局的影响甚为重大。但与此很不相称的是，战时上海经济问题长期以来成为上海抗战研究中的一个薄弱环节，少有成果问世。然而可喜的是这种状况在改革开放年代也发生了积极的变化。学界的探索首先指向全面抗战初期上海工厂企业的内迁、上海"孤岛"时期经济的畸形繁荣、日军侵华战争对上海经济的破坏、日伪在上海的经济统制和掠夺等问题，为研究战时上海经济开辟了处女地。接着，上海一批研究经济史、金融史的学者开始对战时上海经济进行比较全面和系统的分析研究，主要是以专题研究的形式，对战时上海的工业、商业、公用事业、金融、保险、证券和外汇市场等各个领域的发展演变状况进行了梳理分析。并且对国民政府当局、上海工商界、日伪当局等各方经济势力之间的博弈和较量，以及中日双方以上海为舞台的金融货币战进行深入的考察和评析。这可以说是首次对上海抗战经济进行有系统、有深度的学术研究，其开拓性意义不言而喻。

上海"孤岛"时期抗日斗争研究是开拓上海抗战史领域的一个重要方面，带有填补空白的意义。进入新时期以来，一部分学者几乎是白手起家，开拓进取开辟了一片处女地。诸如"孤岛"戏剧和电影研究，"孤岛"新闻舆论战线的抗日爱国活动、"孤岛"时期的上海工业研究、"孤岛"时期的贸易研究、"孤岛"中的上海市民生活，以及"孤岛"时期的上海特工战等，都进入了史学工作者的视野，成为上海抗战史研究的新课题。

拓展上海抗战史研究领域的一个重要方面，是开辟了关于日伪统治和日军暴行的研究。这是从中国人民的敌人这个方面，也就是从反面来研究抗战历史。这有助于人们更为深切更为全面地了解和认识中国抗日战争是一场正义与邪恶、光明与黑暗、进步与反动之间的殊死较量。上海有关学者在这方面主要开拓了四个研究领域。一是"日军在上海的罪行与统治”研究，对日本军国主义在十四年侵华战争中在上海犯下的罪恶进行全面、系统的揭露和清理，从暴行、统治、掠夺三个侧面对日本侵略者的种种罪行进行一次整体性研究，在大量史实材料的基础上，对日本军国主义的本性进行分析揭示。二是侵华日军慰安妇制度和日军上海慰安所研究，以苏智良教授为首的上海师范大学中国慰安妇研究中心在这一领域进行了大量的前所未有的调查研究工作，并获得丰硕成果，具有开拓性意义，在国内外产生广泛影响。三是关于上海地区汉奸政权的研究，这一课题的研究开辟时间不长，成果却相当显著。复旦大学近现代史研究团队在全方位研究汪伪政权全史的过程中发掘和整理了有关伪上海大道市政府、伪上海市政公署，以及历届伪上海特别市政府的档案史料，梳理了日本占领当局策划扶植傀儡政权的活动，从政治、军事、经济、文教和社会治理等各方面揭示其反动统治活动及其作用。这项研究成为新时期开辟的日伪统治研究的一个最具特色的成果之一。四是审判日本战犯和惩治汉奸的研究。抗日战争胜利后，国民政府有关军事当局和在华美军当局曾分别在上海设立军事法庭，对在押日本战犯进行审判。国民政府有关司法机关对关押于上海的一大批汉奸头目进行了审判。这一史实被纳入上海抗战史研究者的视域，成为一个新课题而取得了一定的研究成果。

深入研究　创造丰硕成果

四十年来，在改革开放大潮的推动下，上海抗战史研究的新课题不断被开拓，海内外特别是台海两岸史学界之间的交流日益频繁，更多的新史料被发掘利用，研究深度也大为加强，学术成果堪称丰硕。从宏观层面来说，以下三个方面比较具有影响：一是专题性学术论著成果显著；二是学术论文的质和量均为可观；三是历史资料选编工作成绩突出。

上海抗战史的开拓研究和学术水平的提高，关键在于推进贯通十四年抗战全过程的、涵盖上海抗战一切主要领域历史内容的、具有完整的理论体系的通论性著作的编研；同时，也必须对上海抗战的特定历史领域、历史事件、历史人物等专门问题，开展深入细致的探索和研究，生成专题性学术著作。通论性著作贵在总揽全局、构建上海抗战史的学术理论体系，专题性著作贵在对上海抗战的各个具体史实作出深入具体和精到的记叙论析；而后者实际上为前者提供了坚实的学术和史料上的基础。在这一方面最为引人注目的成果，当推十卷本的《上海抗日战争史丛书》。这批专题性著作是由上海一部分学者在统一规划之下分工编撰而成。各卷及其作者是：唐培吉《上海抗日战争史通论》，余子道《一·二八淞沪抗战》，余子道、张云《八一三淞沪抗战》，张全全、庄志龄、陈正卿《日军在上海的罪行与统治》，陈丽凤、毛黎娟、王瑶、周耀虹《上海抗日救亡运动》，薛振东、柴志光《上海郊县抗日武装斗争》，邬正洪、张文清、傅绍昌、吴海勇《上海人民支援新四军和华中抗日根据地》，吴景平、刘志英、薛念文、赵世亮《抗战时期的上海经济》，齐卫平、朱敏彦、何继良《抗战时期的上海文化》，徐剑雄、杨元华《上海抗战与国际援助》。这套丛书于 2000 年出版，2015 年经全面修订后推出再版；与此相配套，出版了韩洪泉的《中国共产党与上海抗战》一书。这批专著是新中国成立以来首次推出的较为全面和系统的研究上海抗战史的学术成果，基本上涵盖了上海抗战的一切主要领域。

淞沪抗战和上海民众抗日救亡运动，是上海抗战史研究中的热门课题，这方面的研究成果可谓丰富多彩。除了上述丛书中的有关著作外，国内学者推出的专著，关于八一三淞沪会战的有：马振犊、陆军《八一三淞沪会战》，戴峰《血肉磨坊：淞沪会战》，徐智勇、王少华《鏖战淞沪——上海抗战纪实》，雷献和《剑啸浦江——淞沪抗战纪实》，徐志耕《浴血淞沪——“八一三”大上海保卫战》，肖诗斌《淞沪之战》，张宪法、俞中《“八一三”淞沪会战》，佟明忠、周翔、果立《御寇悲歌——淞沪会战》，江建文《上海·一九三七》，吴美华《淞沪抗战》，葛业文《淞沪抗战——喋血黄浦江》等。关于一·二八淞沪抗战的有：余子道《抵抗与妥协的两重奏——“一·二八”淞沪抗战》，肖如平《南京国民政府与“一·二八”淞沪抗战研究》，谭忠、梁昭《淞沪狂澜——粤十九路军一·二八淞沪抗战》等。关于上海抗日救亡运动的著作数量也很可观，主要有：温济泽主编《九一八和一·二八时期抗日运动史》，中共上海市委党史研究室编《上海抗日救亡史》，陈彩琴、侯桂芳、赵菲编著《中国抗日战争全景录·上海卷》，上海市总工会编《抗日战争时期上海工人运动史》，上海市委党史资料征集委员会编《抗日战争时期上海学生运动史》等。

改革开放以来上海抗战史研究的成果中，史料的发掘、整理和出版是一个十分突出的方面，史学研究是一门实证的科学，除了需要科学的理论和方法作指导外，还必须要掌握全面与可靠的史料，这已经愈来愈成为大家的共识，从而使史料工作受到各方面的重视。

抗战史料中，档案史料是一种原始史料，其权威性不容置疑。中国第二历史档案馆（以下简称“二档”）和上海市档案馆近30年来陆续整理和出版的有关上海抗战的史料，对于研究工作具有无可替代的作用。“二档”的史料主要是关于战史方面的，如大型的多卷本《抗日战争正面战场》，收录有多达近十万字的关于八一三淞沪会战的军事档案材料；在《中华民国史档案资料汇编》中也收录有关于两次淞沪抗战的近三十万字史料；此外，“二档”还刊出过《一·二八淞沪抗战史料选》《八一三淞沪抗战史料选》和陈诚关于淞沪会战的回忆资料，以及德国军事顾问团关于淞沪会战的总结报告等档案材料。上海市档案馆整理出版的则主要是关于日本侵沪战争罪行和日伪统治的档案史料，主要有《日本侵略上海史料汇编》（上、中、下册）、《日本帝国主义侵略上海罪行史料汇编》（上、下册）和《日伪上海市政府》等。此外，还有若干种富有特色的关于上海抗战的专题史料问世，其中比较重要的有上海社会科学院历史研究所编《“九一八”——“一·二八”上海军民抗日运动史料》《八一三抗战史料选编》，中共上海市委党史资料征集委员会选编《上海郊县抗日武装斗争史料选编》《一·二九以后上海救国会史料选辑》，上海市档案馆编《上海抗敌后援会》，上海淞沪抗战纪念馆编《川军与淞沪抗战》《桂军与淞沪抗战》《湘军与淞沪抗战》《黔军与淞沪抗战》等。

最近五年来，民国时期出版的关于上海抗战的书著颇受学界的重视，被发掘、整理而重新面世。这主要有三个品种。由余子道教授主编、上海科技文献出版社推出的《淞沪抗战史料丛书》，自 2015 年以来已先后出版 50 辑，共收录民国版有关淞沪抗战著作 120 余册，其中有战史著作、大事日志、战地采访报告、军政文电、日记笔记、回忆录、报告文学作品、调查报告、外国报刊译文材料，以及战时摄影作品等。这套丛书是迄今为止规模最大、收录最为完备的一套民国版的淞沪抗战史书著，而且还有一批这类图书将继续推出。此外，上海三联书店于 2015 年影印出版的民国版抗日战争史图书中，也收录了一批有关上海抗战的各类书著，共 60 余册，主要汇集关于一·二八和八一三两次淞沪抗战的相关图书。河南大象出版社 2009 年和 2012 年先后影印出版的《民国史料丛刊》及《民国史料丛刊续编》，收录了有关上海抗战的史书数十册。

上海抗战亲历者的回忆和口述史料，大都是由全国政协和各个地方政协的文史资料委员会组织撰写整理和出版。此项工作很有成效，获得的史料也颇有价值，有助于弥补档案资料和报刊史料的不足。全国政协文史委选编出版《八一三淞沪抗战——原国民党将领抗日战争亲历记》之后，又在《文史资料存稿选编》“抗日战争”等分卷中发布了一批颇具价值的关于上海抗战的回忆材料。上海市政协文史资料委员会也推出了《抗日风云录》和《上海文史资料存稿汇编》中收录的“抗战资料”。上海淞沪抗战纪念馆曾多次派出研究人员赴各地寻访当年参加淞沪抗战的老兵，将访谈记录编成多卷本的《口述淞沪抗战》，提供了不少鲜为人知的生动的战史资料。

继续奋进　开辟上海抗战史研究的新局面

回顾过去是为了更好地推动现实、面向未来。我们需要清醒地看到，上海抗战史研究在大踏步前进的过程中，还存在不足之处，产生了一些值得注意的问题和倾向。近十几年来，研究上海抗战史的各类论著时有问世，形成一定的学术声势和规模，但富于创新性的精品力作尚嫌不足，缺乏一批具有高水平的理论深度和学术内容的论著，这与上海在中国抗日战争和世界反法西斯战争中的重要地位和卓越贡献相比，显然是不够的。在研究领域方面，改革开放前期开辟了一批新课题之后，最近20年来新课题开拓较少，表现为老的题材多而新的题材少，反映出拓展新的研究课题的后劲不足。在研究的方法和理念方面，对于如何正确认识和处理史实与理论、宏观与微观、历史与现实的关系等问题上，片面化、绝对化、忽“左”忽“右”的消极倾向时有发生。特别是历史研究中的虚无主义和碎片化倾向，更值得注意。此外，社会上甚至在文化界和学术界也出现了任意虚构、剪裁、编造上海抗战历史故事的所谓“戏说”现象，尽管其绝非主流，但其消极影响不可低估，也应当予以积极引导加以克服。

回顾改革开放以来的上海抗战史研究，历史向人们显示，上海抗战史研究已在新的历史条件下一步步地走上繁荣与发展之途，开创了多领域全面推进的局面。毫无疑问，过去的四十年是上海抗战史研究工作进程中一个十分重要的阶段，为这一研究未来的发展奠定了坚实的基础。当然，上海抗战史研究尚有许多新的任务要做，还有很长的路要走。习近平总书记在2015年7月指出：“同中国人民抗日战争的历史地位和历史意义相比，同这场战争对中华民族和世界的影响相比，我们的抗战研究还远远不够，要继续进行深入系统的研究。”我们要再接再厉，加倍努力，积极贯彻落实习近平总书记关于抗日战争研究的重要指示，推进上海抗战研究更上一层楼，向更深入更广阔的方向前进。

第一，做好上海抗战研究的规划设计和力量整合。上海抗战在中国抗日战争与世界反法西斯战争中具有独特而重要的地位和意义，对上海抗战研究的重要性绝不应低估，有关方面要继续给予积极的支持。这一研究涵盖抗日战争全过程，广涉各个学术部类，内容十分丰富，需要进行全面规划和持续推进。除了目前上海市内各有关研究院校正在进行的各项课题外，应在全市范围内制订一个中长期规划，明确各类别各项研究课题及其目标任务，以便分门别类地、有计划地加以推进。同时，需要在全市范围内调动和整合各单位的研究力量，分工合作和更有效地开展研究工作。

第二，更广泛更深入地进行史料的发掘、搜集、整理和出版。有关上海抗战的各类史料尚有许多未被开发使用，加强此项工作十分必要。首先要促进上海市和国内有关档案馆所藏资料的整理和开放；也要积极推进台海两岸档案史志工作者之间的交流合作，让两岸学者更好地共享史料。同时，要加强外文资料尤其是日文资料的编译与出版，发掘和搜集欧美各国特别是美、英、德、法诸国档案机构收藏的有关上海抗战的各种资料。

第三，注重研究人才的培养和学术团队的建设。继续推进上海抗战研究繁荣发展，关键在于要有一支学养深厚、有战斗力、老中青结合的学术研究队伍。就上海本身而言，上海抗战研究的力量是由全市范围内的高等院校社会科学有关科系，社会科学院等有关研究地方党史、档案和史志的机关，以及抗战纪念场馆等几个方面的有关研究人员组成的。队伍不能说不大，但专业的精英力量不足，老中青梯队配套不齐，有的部门和院校后继乏人。为此，要十分着重中青年学术人才特别是新生力量的培育，有计划地造就上海抗战史研究的一批骨干力量和专家学者。

并且在一部分院校系所设置若干基点，在领军学者的带领下组成学术团队，担当上海抗战研究主力军的任务。

第四，进一步推进国内和国际的学术交流合作。近几十年来上海抗战史研究的繁荣发展，是与坚持开放态度、开展国内外的学术交流分不开的。我们要继续以开放促发展，一方面要以更大的步伐走出去，另一方面要以更为深入的程度引进来。上海抗战史研究要有宏观的视野，立足于世界反法西斯战争的全局，更全面地了解和吸纳国外在这方面的学术信息和研究成果；同时，要以我们自己的研究对接和参与国际学界的有关研究，而且要以积极的态度提升我们在第二次世界大战史研究领域的话语权。为此需要继续积极推进国内外的交流和合作，诸如互相交换史料和史学论著，共同举办学术论坛，开展学术互访，建立学术平台等。

第五，办好一个学会和一个学刊。为凝聚和团结全市抗战史研究力量，联络和协调有关各方面的学术活动，推进上海抗战史研究的繁荣发展，2017 年 8 月成立了“上海抗战与世界反法西斯战争研究会”（上海抗战研究会）。这是首次成立的以推进上海抗战史研究为中心任务的一个学术团体，受到了学界的欢迎和支持。我们要同心协力，办好这个学会，使其发挥应有作用。同样，办好一个专门的学术刊物，对推进学术事业的发展也是十分重要的。上海抗战研究会决定创办一份学刊——《上海抗战研究》。我们十分期待也满怀信心，我们的学会和这份学刊必将在以下几个方面担当它的责任和发挥它的作用：引领正确学术方向、推出优秀学术作品、培育青年学术人才、推进国内外学术交流。我们热切地希望学界同仁们和各界朋友们共同努力，把学会和学刊办好，进一步开创上海抗战史研究工作的新局面。

2019 年元旦

（作者单位：复旦大学历史系）

序二

上海抗战的重要历史地位

唐培吉

中国抗日战争是中国近百年来第一次取得胜利的民族解放战争，是世界反法西斯战争的重要组成部分。中国军民抗击法西斯日本最早，坚持抗日战争时间最长，作出民族牺牲最大，对世界反法西斯战争的胜利有着不可磨灭的重大贡献。中国抗日战争亦是中国近现代发生的重大历史转折和伟大事件，中华民族由此开始复兴。这一历史的本质特点，决定它在过去、现在和将来都是十分值得关注和研究的永恒主题。上海抗日战争是怎样发生的？上海究竟在这场伟大的抗日战争中扮演了什么样的角色？上海各阶级阶层、党派团体对抗日战争抱什么态度？上海抗日战争具有什么特点？上海抗战的发展规律怎样？在整个中国抗日战争中处于什么样的地位和起了多大作用？在世界反法西斯战争中它是什么地位和起了多大作用？回答这些问题需要全方位的系统的翔实史料和带有根本性的理性思维，要长时期花大力气进行深入研究，才能作出领人信服的满意的答卷。

上海抗日战争是中国抗日战争的重要组成部分，而中国抗战则是世界反法西斯战争的重要组成部分，因此上海抗日战争是世界反法西斯战争的重要组成部分，这是合乎逻辑的结论。上海是当时中国的经济文化中心与政治的副中心，当然成为中日战争中的必争之地，先后发生了两次淞沪抗战。上海既是西方帝国主义侵略中国的主要基地，有着强大的西方势力和影响，同时又是近代中国改良与革命的重要阵地，有着抵抗侵略者的历史传统和良好的群众基础。九一八事变一发生，上海的工农商学兵、各种政治党派和社会团体立即投入抗日救亡斗争，先后投身一·二八淞沪抗战和八一三淞沪会战，然后进入孤岛时期的斗争，直至在日本对上海进行的全面殖民统治下仍坚持斗争到底。上海人民不仅在军事而且在政治、经济、文化等各个方面展开了对日本侵略者的斗争。概而言之，在政治上，上海是中国救亡运动前期中心；在军事上，上海是中国抗战的重要战略阵地；在经济上，上海是中国抗战的特殊后勤基地；在文化上，上海是抗战文化的发源地；在对外关系上，上海是中国联结世界反法西斯阵营的主要纽带。

正因为上海在抗战中具有如此重要的地位与作用，上海抗日战争有其激烈性与残酷性、全民性与多样性、艰险性与持久性的特点。因而上海的抗日斗争不得不呈现出曲折发展的过程，十四年浴血抗战经历了起伏不断的七个阶段。任何运动都有不以人的意志为转移的内在的客观规律，一般来说，事物的发展总不是一帆风顺的，是有曲折的，甚至半途夭折的。上海的抗日斗争也是一波三折，一会儿高潮，一会儿低潮，人们如果不能认识运动发展的规律，那在高潮时会忘乎所以，没有清醒地做好低潮即将来临的准备；在低潮时，只是悲观动摇，甚至向敌人投降，看不到黎明的曙光，不会为迎接即将到来的高潮做努力。八一三淞沪会战失败后，执政的国民党把在上海的党政军要员和机关全部撤走，仅留下一点力量。国民党执行片面抗战路线，不依靠群众进行抗日斗争，且以激烈手段进行活动，结果被日伪特工组织几乎一网打尽。这样，国民党得不到上海人民的信任，它的领导地位在实际斗争中就动摇消失了。相反，共产党并没有因八一三淞沪会战失败而悲观失望，而是加强上海党组织的力量，担负起领导上海人民继续进行抗日斗争的重任。共产党上海地下组织坚决执行党的全面抗战路线，放手发动群众，充分依靠群众，采取正确的斗争方针和灵活的斗争策略，运用武装的、非武装的、公开的、隐蔽的各种形式的斗争，并把它们巧妙地结合起来，进行着艰险顽强的抗日斗争。在最困难最黑暗的时刻，共产党员挺身而出率领群众将抗日斗争坚持到底，整整十四年没有一天停止过斗争。中国共产党以实际行动得到上海人民的信任，成为团结人民的领导核心，上海党组织的力量亦在抗日斗争中日益发展壮大，成为上海抗日斗争的中流砥柱。所以上海抗日救亡运动不是机械的回复或简单的循环，而是螺旋式的上升运动，是一个由量变到质变的发展过程。

上海抗日战争是世界反法西斯战争的重要组成部分，八一三淞沪会战揭开了世界反法西斯战争的序幕，它打响了世界反法西斯战争中第一个百万大军的大会战，上海军民在世界反法西斯战争中付出了巨大牺牲，震撼和感染了反法西斯国家与人民。上海伸出温暖之手接纳了 3 万犹太难民，成为犹太难民的诺亚方舟。上海人民抵抗日本法西斯整整十四年，没有一天停止过斗争，而且是越斗越勇、越斗越强，直到世界反法西斯战争的最后胜利，不愧为世界反法西斯战争中的英雄城市，完全可以同马德里、莫斯科等相媲美！

新世纪以来，在习近平新时代中国特色社会主义思想指导下，上海党史学界、历史学界的一批专家学者，有志于进一步深入研究上海抗日战争史，得到中共上海市委宣传部、上海市社联的支持，于 2017 年成立"上海抗战暨世界反法西斯战争研究会"（简称上海抗战研究会），上海许多著名学者积极参与，一些年轻有为的青年学者也得到上海学术界的关注与欢迎。同时上海淞沪抗战纪念馆愿意作为研究会的基地，共同开展研究活动，使研究会实力雄厚，生气勃勃。

"上海抗战暨世界反法西斯战争研究会"顾名思义就是深入研究上海抗日战争及其在世界反法西斯战争中的地位与作用。研究会在各方帮助、支持下，一年多以来，不仅取得了重大的学术研究成果，还精心组织了多次学术讨论会（包括海峡两岸学者出席的讨论会），论文质高，点评精彩。更为突出的是：现在研究会准备编选一些高质量的论文，编辑出版《上海抗战研究》学术专辑，每年一至两本，持之以恒，集其大成。我今作序，以告读者，祈盼《上海抗战研究》早日出版，越办越好，随着时间的推移，成为具有权威性的学术精品，同时亦成为深受广大读者喜爱的历史读物！

2019 年元月

（作者单位：同济大学文法学院）

目　录

专题论文

政治·军事

外交·经济

抗战文化

社会·生活

人物研究

圆桌会谈

新史料

专题论文

两次淞沪抗战的历史地位和当代意义

余子道

由上海淞沪抗战纪念馆和复旦大学历史系、台湾政治大学人文研究中心共同举办的“上海淞沪抗战纪念馆陈列改造暨淞沪抗战史学术研讨会”，是半个多世纪以来，第一次由台海两岸有关的文化学术单位联合举办的、由两岸学者共同参与的、以两次淞沪抗战史为主题的一次学术盛会。这次会议将积极推进淞沪抗战史研究和淞沪抗战纪念馆建设，从而开创一个新局面。

首先，两次淞沪抗战史的研究是中国抗日战争史研究中具有独特地位的重要课题，有着重要的文化历史价值和现实意义。中国抗日战争是由局部抗战发展起来的，从局部抗战发展为全面抗战，然后在全面抗战时期，中国与美国、英国、苏联等国家结成反法西斯同盟联合作战，最后夺取了抗日战争和世界反法西斯战争的胜利。这可以说是中国抗日战争历史进程的一个基本特征。一·二八淞沪抗战和八一三淞沪会战，是分别在局部抗战和全面抗战两个不同的历史阶段登上历史舞台的。虽然这两次淞沪抗战从时间上说并无直接的联系，然而从历史内在的发展逻辑而言，两者之间是有深刻的关联的。它们分别体现了局部抗战和全面抗战的基本历史特点。从某种意义上说，它们分别是中国两个阶段抗战的一种缩影，是抗战历史的聚焦点；也是两阶段抗战的一个连接点，其中蕴含十分丰富的历史信息和足以启迪后世的历史经验教训。从学术上说，无论是从中国近代史、民族解放运动史，或是从政治史、经济史、文化史和中外关系史等而论，两次淞沪抗战都极具研究价值，而在其中包含的发掘和传承历史文化的意义也是至为明显的。当今亚洲太平洋地区的战略态势以及一些国家的政治军事动向，更使我们清醒地认识到，重温这段历史的必要性与紧迫性。上海早在20世纪30年代已是一个国际大都市，由于她在政治、军事、经济和国际关系等各方面占有独特的重要地位，先后在这里爆发了震惊中外的两次淞沪抗战。上海的如此经历，在全国所有各大城市中是绝无仅有的。这是历史赋予上海的一种机遇，给予上海的一个重大使命。上海人民为此付出了巨大的牺牲，作出了历史性的贡献，爱国先烈们的光辉业绩永远值得我们缅怀和纪念。作为史学工作者，我们更应加倍努力，把淞沪抗战史的研究向前推进，把淞沪抗战纪念馆建设得更好。

其次，淞沪抗战史的研究，重要的问题是要科学地历史地评价两次淞沪抗战的历史地位。对于两次淞沪抗战历史地位的评价和论证，我以为应当以两次淞沪抗战的历史事实为依据，以抵抗日本侵略、争取民族解放为根本的历史导向，全面地历史地评价它们在历史上的地位、作用、影响和意义。而且对于这一历史地位的论证，一方面，要把两次淞沪抗战置于1931—1945年十四年抗战的全过程之中加以观察；另一方面，又要把它们放置于世界反法西斯战争和第二次世界大战的全局之中加以论析。几十年来，中国大陆学术界和舆论界，大体上按照上述思路，陆续发表了为数可观的论著，不断深化研究和分析，对这一历史地位的问题的评价，愈来愈明确地获得了更多的共识，当然，至今也还存在一些不同的见解和认识。总的来说，比较普遍一致的意见认为，一·二八淞沪抗战是中国局部抗战中承前启后的重要一役，是世界反法西斯战争早期的重要战役；八一三淞沪会战是中国全面抗战的序幕，是中国全面抗战和世界反法西斯战争第一个大规模战役。两者的历史条件、具体过程及其结局和影响有很大的不同，但是它们都是反对日本帝国主义侵略的民族解放战争，都为中国抗日战争和世界反法西斯战争的最后胜利作出了重要贡献，在国内外产生广泛深远的影响。

一·二八淞沪抗战是紧接着九一八事变兴起的。九一八事变标志着日本军国主义走上了武装侵略中国的道路，是日本独占中国、称霸东亚走向世界战争的开端。中国人民以九一八事变和一·二八淞沪抗战为发端，反对日本军国主义侵略战争，从而揭开了中国抗日战争的伟大历史进程，打响了世界反法西斯战争的第一仗。一·二八淞沪抗战尽管在时间上略迟于九一八之后的东北地区抗战，然而以战争本身各方面基本特点而言，它大大地超越了此前的东北地区抗战。一·二八淞沪抗战可以说是自中日甲午战争以来，中国军队第一次给了日本侵略者以沉重一击，也是日本法西斯走上世界战争舞台之后，第一次遭到沉重打击。从而，完全可以说，一·二八淞沪抗战是世界反法西斯战中早期的重要战役。一·二八淞沪抗战在当时有力地荡涤了弥漫全国上下的不抵抗主义和民族悲观主义，大大地振奋了民族精神，推动了民众抗日救亡运动空前的高潮的形成。从抗日战争历史发展进程评价，一·二八淞沪抗战是中国抗战进程中承前启后的重要一役，它上承九一八事变之后的东北地区抗战，下启尔后历次局部抗战。一·二八淞沪抗战为 1933 年长城抗战和察哈尔抗战、1935 年察东抗战和 1936 年绥远抗战开辟了道路。这种承前启后的历史作用具有无可替代的意义。

八一三淞沪会战的历史地位，简单地说，它是中国全国全面抗战和世界反法西斯战争的第一个大规模战役，是全国抗战开始的主要标志，是八年全面抗战的序战。当然，从抗战历史分界的一般性标杆而言，七七卢沟桥事变是全国全面抗战的开端，这是没有疑问的。然而八一三淞沪会战极大地发展和推进了七七事变为开端的全国抗战的总体局面，在中国政府基本政策层面上，具有七七事变时还未曾有过的明确的全国抗战的决策和部署；在全国动员的程度上、在参战成分上、在战争规模上，比七七事变时更具有全国性、全面性和总体性。八一三淞沪会战把业已开始的但并未全面展开的全国抗战推进到了一个全新的局面，它向全国和全世界发出了一个严正明白的信号：把卢沟桥事变当成局部性地方性事件处理而放弃抵抗那样的时代一去不复返了，中国从此真正走进了全面的民族抗日战争的大时代。从这一历史进程而言，八一三淞沪会战是继七七事变之后，体现全国全面抗战真正开始的一个更为主要的标志。在这里，我还想说明一点，七七事变和八一三淞沪会战尽管各有不同的地位、作用和影响，但千万不可忽视两者之间的联系性和统一性。事实上，两者之间时间上相距只不过三十几天，当时正处在全面抗战局面逐步形成的过程之中。我们应当把两者作为全面抗战开始的统一整体来认识，而不应互相割裂，更不应互相否定。

从淞沪会战的视角来说，它是全国全面抗战和世界反法西斯战争第一个特大规模的战役，如果放置于第二次世界大战战史中观察，淞沪会战完全称得上是一个世界级的大战役。淞沪会战双方作战兵力总数在100万以上，中国军队投入的兵力达80余个师，75万人以上。淞沪会战战役规模之巨大，作战地域之广阔，作战过程之持续，地面、空中和水面作战兼具，战斗之悲壮惨烈，不仅在中国抗日战争史上是屈指可数的，而且在整个世界反法西斯战争中也是极为罕见的。淞沪会战完全有条件有资格载入世界反法西斯战争重大战役的光荣史册。

中国军民在八一三淞沪会战中作出了巨大的牺牲，军队官兵伤亡总数近30万，上海和江浙一带各界民众生命财产的损失同样是惊人的。中国军队在这场会战中最终是失败了，但是我们决不应由此否定举行这场会战的必要性，也不应由此抹杀这场会战的历史意义。淞沪会战打击和消耗了相当一部分日本军队的有生力量和武器装备，打乱了日本“速战速决”的战略计划和打破了“对华一击论”的战略企图。淞沪会战牵制和分散了日军兵力在北方的集中使用，减轻了华北战场中国军队所受的压力。

淞沪会战强有力地动员起千千万万民众进入伟大的民族解放斗争的战场，汇成了民众抗日救亡运动声势浩大、波澜壮阔的空前高潮，推动了国共合作为基础的抗日民族统一战线的形成和发展。淞沪会战掩护了上海和华东沿海沿江地区的工商实业的内迁，文化、教育和科学事业与人员向中南西南的转移。淞沪会战极大地促进了广大民众新的民族觉醒，提升了民族自信心和自尊心。淞沪会战在国际上也产生了积极的和广泛的影响，有利于美、英、法、苏等国政府调整对中日战争的政策，也使各国民众增进了对中国的认识、对中国抗战的同情和支持。这一切在抗日战争的史册上，自有其光辉的地位。

八一三淞沪会战在国际关系方面也有其深远的影响和意义。它有力地推动了中日问题国际化，不仅开始改变亚太地区的战略格局，而且对东方国际力量的重组也产生了重要影响。八一三淞沪会战前，东亚战略格局基本上呈现为中国、日本、苏联三足鼎立之势，中日之间的矛盾空前激化，中苏之间正在接近，日苏之间互有敌意。八一三淞沪会战促使中苏通过互不侵犯条约，迅速联手，形成共同对日的战略态势，使日本再也难以把中国拖进所谓“共同防共”的圈子。八一三淞沪会战也激化了日本与英、美等西方大国的矛盾，尽管当时西方国家尚未立即采取措施援助中国和制裁日本，但在实际上它们已一步步被置于同日本矛盾的对立面上，自觉或不自觉地站在中国这一边来，这就开辟了后来中国与西方国家结盟共同对付日本之路。正确认识和评价八一三淞沪会战在国际关系方面的影响，可以使中国抗战在世界反法西斯战争的历史上得到一个更为准确的定位。

再次，我想说的是有关两次淞沪抗战的当代意义。发生在20世纪30年代的两次淞沪抗战，随着岁月的不断流逝离我们渐行渐远了。今天，和平与发展是当今时代的主题，但是战争和战火的危险依然存在。我们对于抗日战争历史在当代的重要意义要有足够的认识。实事求是地说明历史真相，科学地评价这段历史，正确的总结历史经验，以史为鉴，面向未来，是史学工作者的光荣使命，也是每一个关心世界和平和发展的人的共同责任。

为此，我们要牢牢掌握我们国家在世界反法西斯战争历史问题上的话语权，理直气壮地肯定中国在世界反法西斯战争中作出的伟大贡献，旗帜鲜明地驳斥日本右翼势力和形形色色的历史修正主义歪曲历史、美化侵略的谎言。最近，俄罗斯著名政论家、俄罗斯人民友谊大学教授塔夫罗夫斯基在北京《人民日报》发文指出："历史可能被人们遗忘。不能指望外国公民都是历史学家。中国自身要积极宣传，既可还原战争真相，也有助于驳斥日本对二战侵略历史的抵赖。充分认识中国在二战中的巨大贡献，有利于正确理解中国作为联合国安理会常任理事国的作用，也更能清醒地认识中国目前的巨大成就和未来的发展趋势。"我以为，他的这番话是很有道理的。事实上参加反法西斯战争的同盟国，一向都十分重视宣传自己的牺牲和贡献，甚至连世界反法西斯战争的肇始和开端也各有说法。一些欧洲国家认为反法西斯战争始于1939年9月1日，苏联认为是1941年6月22日，美国则认为是1941年12月7日。但是历史终归是客观存在的。我们说是中国在世界上最早举行反法西斯战争，是在世界上坚持反法西斯战争时间最长的国家。九一八抗战和一·二八淞沪抗战是最早打响的反法西斯战争，而八一三淞沪会战则是世界反法西斯战争第一个大规模战役。

我们要全面地科学地阐明和宣传淞沪抗战在当代的意义。历史、现实和未来是相通的。探究历史，归根到底是为了立足现实、面向未来。当今我们重温淞沪抗战的历史，其意义是多方面的。对于来自外部的可能的侵略活动和侵略战争有警惕和警示的作用；对于正确处理对外关系、捍卫国家领土主权完整的斗争有历史借鉴意义；对于维护和加强国家的统一和民族的团结有历史启迪意义；对于传承和弘扬以民族精神为核心的伟大的爱国主义精神更是极具教化意义。凡此种种，都是淞沪抗战当代意义的题中应有之义，有待我们深入地去进行研究和说明，以期在新的历史条件下，增强国家和民族的凝聚力，推动改革开放和社会主义现代化建设事业的发展。

（作者单位：复旦大学历史学系）

淞沪战役在抗日战争中的历史定位

张玉法

一、前言

淞沪战役，主战场在淞沪，但与杭州、南京是一个战场[①]。其理由有三：第一，七七事变爆发后，在庐山主持会议的蒋介石于次日即任命张治中为京沪警备司令，指挥第87、88师等部队，对上海备战。8月7日蒋介石在南京灵谷寺无梁殿召开最高国防会议，决定在上海主动对日军发动进攻，开辟淞沪战场，把日军主力从华北吸引到长江流域，并决定封锁江阴长江江面，截阻并俘获上游日舰，同时防备日舰从上海方面进攻南京[②]。第二，淞沪战役于8月13日爆发，8月15日日机即两次空袭南京、杭州[③]。仅就空袭南京而论，兹列一简表如下[④]：

1937年8—10月日机空袭南京概况

日　期	架　数	次　数	备　　注
8月15日	16架	2次	被击落6架
8月16日		5次	

① 孙宅巍认为南京是一个独立的战场，见《南京保卫战史》，台湾五南图书出版公司1997年版，第334—335页。

② 经盛鸿：《枷锁下的金陵：日本统治南京八年史事日志》，中国工人出版社2005年版，第48、53页。

③ 蒋介石：《困勉记》，《蒋中正总统五记》，台北"国史馆"2011年版，第572页。

④ 经盛鸿：《枷锁下的金陵：日本统治南京八年史事日志》，第56—59、62—67、69、71—72页；刘绍唐主编：《民国大事日志》第1册，传记文学社1973年版，第566、569页。

续表

日期	架数	次数	备注
8月18日	18架		
8月19日		2次	
8月20日		2次	
8月24日		1次	
8月26日	12架		被击落2架
8月27日		3次	此后20日，日机全力支持淞沪战役，暂停轰炸南京
9月16日	50余架		
9月19日	40架	2次	被击落7架，中国空军损失2架
9月20日	50余架	2次	
9月21日	51架		
9月22日	65架	2次	
9月23日	60余架	2次	
9月25日	96架	5次	
9月27日	20架	2次	
10月2日		2次	被击落4架

10月12日以后，日本对南京的空袭更加强化，上表不能尽列。据统计，到12月3日为止，日机轰炸南京已有110次①。其间，11月5日日军在杭州湾金山卫登陆，向沪杭铁路线攻击，11月9日蒋介石下令上海的中国军队全线向南京方向撤退，此后沪杭京战场的中心即转向南京。第三，日军在杭州湾金山卫登陆成功，国军在上海的战场即告败退，南京陷落后，日军向杭州进攻，第三战区第十集团军刘建绪所属各部队不能敌，杭州于12月25日陷落，国军退守钱塘江以南②。

---

① 刘绍唐主编：《民国大事日志》第2册，第574页。

② 刘凤翰：《陆军与初期抗战》，见所著《抗日战史论集：纪念抗战五十周年》，东大图书公司1987年版，第230—231页。

事实上，日本在挑起淞沪战役之始，即定下以南京为攻取目标；国军自淞沪地区撤退后，日军即向南京进攻。主要因为南京为中国首都，占领南京对中国的民心士气会造成致命的打击。另一方面，如日军占领沪杭京地区，北可与自平津南下的日军夹击徐州，西可溯江而上威胁武汉。

二、沪杭京战役前后的内外情势

日本在华北平津地区开辟战场后，又在华中沪杭京地区开辟第二战场；在沪杭京战役进行期间，华北战场继续作战。8 月 10 日，日军在华北攻南口，8 月 24 日国军已自南口退守居庸关。9 月 13 日大同失陷，时蒋介石希望如苏联援助中国物资、武器，能自内蒙古经大同南运；大同失陷，蒋甚感痛心。9 月 24 日保定失陷，日军拟自保定进攻郑州，郑州位居陇海铁路要道，苏联如有援助，可自新疆经陇海铁路东运，蒋对日军拟占郑州亦甚为忧虑。因此，在沪杭京战役进行的同时，蒋尚需投下大量兵力，支撑华北战场。事实上，蒋于日本在华北发动战争之初，为保有苏联援助中国的通道，并引起英、美等国对日本侵华的关注，即考虑将主战场引至华中。8 月 7 日日本驻汉口的海军及侨民撤走，长江各口岸的其他日舰到 8 月 11 日亦全部撤走，显示日本将在长江下游开启战端，蒋即决定顺势将主战场引至淞沪地区，以引起英、美等国的关心。当时蒋已决定联共抗日，苏联对中国当能提供援助，将主战场引至淞沪地区，可避免使苏联援华的通道丧失①。

在华北战事和沪杭京战役先后爆发之际，中国的国际局势非常险恶；蒋介石在外交方面非常用心。自 1901 年《辛丑条约》以后，列强的势力满布中国，这些国家可以在天津、北京及各大城市的租界驻兵，在长江

① 蒋介石：《困勉记》，第 570、571、574、576、578 页。有关日期，另参考刘绍唐主编《民国大事日志》第 1 册，第 565—569 页。

及各内河行驶军舰，英、美、日等国在上海租界都有驻兵，也都有商业利益。抗日战争全面爆发时，蒋介石的政策是争取苏联援助，故对中国共产党让步，但此一政策不为英国所喜。因为英国与日本关系良好。中日战争全面爆发之始，英国曾谋调解，到 8 月 21 日为日本拒绝。美国此时与日本关系亦好，蒋介石要求美国对日本禁运，美国不答应。苏联与日本的关系不睦，欲与中国订立互不侵犯条约，蒋初时颇有疑虑，怕苏联亦与日本订立互不侵犯条约，然后保持中立，此对中国不利。到 8 月 9 日，日本向中国提出共同“防共”等三原则，蒋即决定与苏联订立互不侵犯条约，使日本不再幻想与中国共同防苏防共；至 8 月 30 日，蒋发表《中苏互不侵犯条约》。此际蒋为保有苏联自新疆援助中国的通道，已引导日本以华中为主战场；以华中为主战场的另一考虑为引敌深入长江流域，使英、苏着急，如是英、苏可能考虑参战，但英国不希望苏联参战。蒋介石也觉察到，日本的最后目标还是与苏联作战，如不能征服中国，则不敢与苏联作战。因此，苏联一时不能与日本开战，能争取的只有苏联的援助。蒋将战场南引所欲达到的目的，在沪杭京战役初期未能达到，直到 10 月 10 日左右，蒋发现苏联并不欲积极援助中国，与美国大使约翰的谈话也不愉快，曰：“此人卑愚怯弱，不足与言。”11 月 3 日，九国公约会议在比利时首都布鲁塞尔召开，中国派顾维钧参加，日本拒绝参加。至迟在 10 月 23 日，蒋即考虑对九国公约的方针：一、不与日本直接交涉，二、不与日本妥协，三、不拒绝各国调解。预计调解不成，能使各国对日本作经济制裁，并促使英、美许允苏联参战①。最后争取到的似乎只有苏联的援助，在 12 月 3、4 日日机空袭南京时，中、苏两国战机即共同迎战②。

沪杭京战役进行时，除华北战场失利、争取外援不顺外，中国内部

① 蒋介石：《困勉记》，第 569—571、573—574、578—582 页。

② 经盛鸿：《枷锁下的金陵：日本统治南京八年史事日志》，第 94 页。

尚未协调一致，有些将领的表现也令蒋失望。1937 年 8 月 1 日蒋与山东省主席韩复榘谈话，蒋深感韩态度傲慢，到是年 12 月韩果然不战而退。8 月 3 日蒋还提到何应钦怯懦可叹。当时蒋已决定抗战到底，但以国内问题重重，至 11 月 1 日，蒋对长期抗战的前途甚表悲观，他对前途的忧虑包括各省军阀割据、散兵游勇充斥、民心厌战、伪政权纷起、各国与日本妥协、日苏以中国为战场、财政竭蹶①。以上所举，当时及日后多陆续发生，颇影响抗日阵营的整合。蒋虽曾警告自己要设法防止，但多未生效。

三、蒋介石直接指挥沪杭京战役

沪杭京战役不是偶发事件造成的，早在 1937 年 6 月，日本在“对华作战计划”中，就决定在进攻华北的同时，即在上海、杭州、南京地区开辟战场。因此，七七事变爆发后，日军即在上海挑衅。8 月 9 日因日兵 2 人擅闯虹桥机场，并打死中国守护机场的保安队卫兵 1 人，中国保安队还击，将此 2 人击杀，中日两国在上海的矛盾由此激化。战争开始时，中、日军队在上海地区者各不过万余人，由于战争扩大，双方均不断增兵，最后中国军队增至六七十万人，日军增至近 30 万人。其间，国民党中央临时常务委员会于 8 月 12 日决议，以军事委员会成立抗战统帅部，以蒋介石为陆海空军大元帅，蒋介石于 8 月 15 日将全国划为五个战区，沪杭京属于第三战区。可以看出国民政府决定全面抗战，即在此时。

沪杭京战役以淞沪地区为主战场，该战场属于第三战区，第三战区司令长官由蒋介石兼任，蒋并亲自指挥沪杭京战役。战争的本身，此处无法详论。大体说来，战斗地区在苏州河以北，黄浦江以西，长江以南；战斗的要地，在长江南岸者，自西至东有浏河、狮子林、宝山、川沙，

---

① 蒋介石：《困勉记》，第 569—571、583 页。

在黄浦江沿岸者，自北至南有吴淞、蕴藻浜、张华浜、上海市区、杨树浦、虹口；参战的重要将领有张治中、陈诚、宋希濂、罗卓英、朱绍良、黄维、胡宗南、薛岳、王耀武、张发奎、黄杰等。蒋介石决定在沪杭京地区与日本决战，动员的陆军虽较日本多一倍，但装备较日军相差太远；日军另有大小军舰七十余艘、炮位700门、飞机200架，超过中国远甚。虽然如此，中国军队与日军的缠斗非常惨烈，中国军队伤亡在20万人以上，精锐之师丧失大半①；日军伤亡，截至12月8日，亡20 957人，伤77 269人②。日军伤亡比例与中国差不多。

在战争的过程中，蒋介石对诸将领的表现多不满意，如8月22日日军在狮子林、宝山、川沙登陆，蒋批评张治中的布置与指挥如儿戏；8月29日蒋闻陈诚自罗店失利即回苏州，不在前线坐镇，甚为不满，乃即命白崇禧往前方视察；9月1日吴淞失守，前线指挥官未向蒋报告，蒋颇为痛心，当日有言曰："此张治中指挥无能之故也，而何应钦任意委用，思之痛心！"③其后淞沪战争失利，苏州河以北守军于10月27日撤至苏州河以南，留一团在四行仓库守闸北。四行仓库在苏州河以北，是一座五层楼的钢筋水泥建筑，原为第88师的司令部所在地，坚守四天即撤至苏州河南岸的英租界④。11月5日日军在杭州湾北岸金山卫登陆，蒋介石指为第八集团军总司令张发奎的疏失，11月8日蒋决定撤走苏州河南岸的守军。撤退之际，秩序不良，蒋又指张发奎不沉着、无经验。此际九国公约会议正在开会，蒋颇虑影响世界观瞻⑤。

---

① 台北"国防部"史政编译局编印：《抗战胜利四十周年论文集》，1985年版，第157—158页；冯子超：《中国抗战史》，文海出版社1972年版，第48页。刘凤翰《抗战史论集：纪念抗战五十周年》第223页谓，国军投入战场者75师，总兵力在60万以上；日军投入总兵力27万人。

② 刘凤翰：《抗战史论集：纪念抗战五十周年》，第230页。

③ 蒋介石：《困勉记》，第573、574、575页。有关日期另参考刘绍唐主编《民国大事日志》第1册，第567—568页。

④ 上官百成编著：《八百壮士与谢晋元日记》，台北华欣文化事业中心1975年版，第17—18、29页。

⑤ 蒋介石：《困勉记》，第582、584页。

由于前线将领的指挥能力不能受到蒋介石的信任，在淞沪战争进行期间，蒋曾先后四次去前方督战。第一次在 8 月 25 日，早晨到苏州，听取各方简报，晚间到安亭，召集前方各将领面授机宜，之后返南京。第二次在 9 月 17 日，因闻上海战况危急，乃往昆山督战，次日对前方阵地有所指示后回南京。第三次在 10 月 17 日，乘火车到苏州，亲自督导第五路军（第五路军总司令为李宗仁，所率为桂军；李于 8 月 28 日被任命为第五战区司令长官）加入战斗，并作出部署，当晚返南京。第四次在 10 月 28 日，先到苏州，晚间在松江开军事会议，次日返南京①。11 月 8 日，国军自上海地区向西撤退后，蒋于 11 月 23 日到常州，召集锡澄线各军长，鼓励其用心防守，但至 25 日无锡即失陷，蒋指为司令官香翰屏（第九集团军副总司令、代总司令）、上官云相（第十一军团）贪生怕死。在上海战役及撤退中，蒋对各部队的批评，以对桂军最突出，一则谓桂军援上海，因桂军挫败影响整个战局；再则谓“此次撤退，川桂军皆溃不成军”②。杨森所部的川军，于 10 月 8 日自贵州南部北上，于 10 月 23 日投入战斗序列③，其作战情形不详；桂军在作战中则伤亡颇大，如第七军伤亡过半，死伤旅长庞汉祯、夏国璋、秦霖等六七人，团长廖雄、谢鼎新等十多人④，可见沪战作战之惨烈。

在国军一路从上海地区向西撤退的过程中，蒋介石从 11 月 16 日开始，即加强部署南京防务。11 月 19 日苏州、嘉兴失守，20 日国民政府发表迁都重庆命令，使南京成为纯军事据点。11 月 27 日，蒋有言：“南京孤城不能守，然不能不守也。”12 月 1 日日军又在乍浦登陆，2 日江阴、镇江失守，当时南京外围战皆不利，蒋于 7 日晨飞离南京，12 日日军进入南京，南京防卫司令唐生智已渡江北上，撤往临淮关。当时国民党大

---

① 蒋介石：《困勉记》，第 574、577、581、583 页。

② 蒋介石：《困勉记》，第 586—587 页。

③ 刘绍唐主编：《民国大事日志》第 1 册，第 570—571 页。

④ 程思远：《白崇禧传》，晓园出版社 1989 年版，第 202 页。

员及高级将领主和者多，蒋仍拒绝与日本联合防共，坚持执行抗战方略①。

四、从局部战争到无限战争的转折点

20世纪30年代前期中国内部政治纷争未解决，国家基础建设正展开，借德国顾问整训军队的工作未完成，国民政府1931年九一八事变以后放弃东北，1932年长城战役以后隐忍放弃冀东、热、察，并在北平成立特殊的地方政权，与日本虚与委蛇。此种对日妥协政策，使中国民心士气大受打击，使国民政府声望极为低落。当时国民政府有主席，有五院，但对日和战决于军事委员会委员长蒋介石。

1937年七七事变是日本军部向中国施压，企图以华北自治的名义据华北为己有，开始时并未动用大兵团作战，希望与地方政府谈判，就地解决，国民政府不要插手，即是将中日冲突地方化。当7月10日中国外交部长王宠惠向日本驻华大使馆提出交涉时，日本使领人员不愿与国民政府为对手。7月下旬蒋即分别召见英、美、德、意、苏、法等国大使，要求各国单独或联合出面调解，即是将中日冲突问题国际化。7月29日蒋就平津局势发表谈话，绝不视平津之事为局部问题、听任日本制造傀儡政权，唯有领导全国，为捍卫国家奋斗到底。7月31日，蒋发表《告全国将士书》，书中强调："现在和平已经绝望，只有抗战到底。"8月7日蒋介石召开最高国防会议，决定中国全面抗战，并决议开辟淞沪战场，把日军主力由华北引到长江流域，到8月12日国民政府即将全国划分为五个战区，准备全面抗战②。此为淞沪战役爆发前夕蒋对抗日政策的决定。

---

① 蒋介石：《困勉记》，第585、591—592页。

② 经盛鸿：《枷锁下的金陵：日本统治南京八年史事日志》，第48、50、51、52、53、54页。

虽然如此，蒋介石全面抗日的布局，到沪杭京战役期间才办理完成。实际上，中日两国将中日战争升高到全国的层次，中国的决策虽始于沪杭京战役爆发前夕，但正式实行跟日本一样，都是始于沪杭京战役爆发之初。日本方面，七七事变是日本陆军在北平发动的，日本陆军一向主张向北方发展，经营满蒙，对付苏联，故七七事变后，一面派兵南下，一面即进向内蒙古。另一方面，日本海军一向主张向南发展，占领华中、华南，对付英、美。1931 年日军制造九一八事变后占领中国东北，次年海军即在上海发动一·二八事变，谋占领上海，后来因为国际调解，始与中国订立停战协议。日本占领中国东北，国际联盟曾谋干涉，但无结果。1937 年 7 月 7 日日本陆军在华北制造事端，8 月 13 日海军即在上海制造事端，并获得陆军的支持。8 月 14 日日本陆军省制订《对时局处理纲要》，宣称要“彻底使用武力惩罚南京政府”，不像在七七事变发生以后，日本尽量将事件地方化，不希望国民政府干涉。8 月 15 日，日本即关闭在南京的驻华大使馆及总领事馆，并撤退住在南京的侨民。8 月 17 日，日本内阁会议决定，放弃以前所采取的不扩大方针；同日，日本上海派遣军司令官松井石根于被日皇召见时表示：“别无他途，只有拿下南京，打垮蒋介石政权。”到 11 月 20 日，日本军事当局在天皇御殿上正式宣告成立大本营，以便统一对中国的战争①。

中国方面，国民政府于 8 月 14 日发表《自卫抗战声明书》，严正宣布：“中国为日本无止境之侵略所逼迫，兹已不得不实行自卫，抵抗暴力！”同日，国民政府决定，停止中央政治委员会，改设国防最高会议，作为战时最高决策机关，以蒋介石为主席。8 月 16 日国防最高会议决议，由国民政府授权蒋介石为陆海空军大元帅，统率全国军队。其后在外交上，国民政府即将日本侵略中国问题向国际组织控告，或委友邦调解。9

① 经盛鸿：《枷锁下的金陵：日本统治南京八年史事日志》，第 55、56、57、76 页。

月 21 日国联大会讨论中国政府就日本全面侵华提出的控告。9 月 27 日，国联大会通过“谴责日本在华暴行案”。10 月 6 日，国联大会邀请九国公约签字国，在最短期间开会讨论日本侵华问题，并表示对中国道义上的支持，希望各成员国通过各种途径，分别给中国以援助。11 月 15 日九国公约会议通过谴责日本侵华的宣言。11 月 24 日九国公约会议闭幕，对如何惩治日本侵华及如何援助中国抵抗日本侵略未作实质的决定①。另一方面，中国为缓和日本的进攻，也接受德国驻华大使陶德曼（Trautman）的调解，但中国一直坚持“恢复卢沟桥战前之状态”。陶德曼第一次向蒋介石转达日本和平条件在 11 月 5 日，但不为蒋介石所接受，陶德曼第一次调解失败。12 月 2 日，陶德曼再度向蒋介石转达日本的和平条件，研议期间，南京于 12 月 13 日陷落，中国谈判的筹码尽失，12 月 22 日中国再度拒绝日本的和平条件，到 1938 年 1 月 16 日日本发表声明，今后对中国交涉，不以国民政府为对手，期待另在中国组织傀儡政权②。

五、沪杭京战役对国际反侵略及中国抗日大战略的影响

淞沪战争发生的时候，德国尚未发动侵略，苏联及英、法等国没有战争威胁，日本在东亚尚未对太平洋上美国的属地和南亚地区英、法的属国加以攻击，美、英、法在远东也没有战争威胁，因此列强对日本进兵中国仅在道义上同情中国、斥责日本，比较关心中国的是苏联，因为日本早有计划进攻苏联。苏联为了鼓励中国继续抗日，不要屈服，曾向中国表示，如果日本攻击中国的首都南京，苏联就派军协助中国作战。这是蒋介石主张坚守南京的重要原因之一。事实证明，在南京情况紧急之际，苏联曾派空军与中国空军并肩攻击空袭南京的日机。

---

① 经盛鸿：《枷锁下的金陵：日本统治南京八年史事日志》，第 55、56、64、65、66、73、78 页。

② 刘绍唐主编：《民国大事日志》第 1 册，第 572、574、576、581 页。

沪杭京战役是蒋介石亲自指挥的。蒋之选择在上海与日本决战，除希望减轻日军对西北国际交通线的压力外，主要的考虑是上海有英、美、法等国租界，有外国人的商业和资产，西文报刊也多，在上海从事自卫战争可以引起世人的注意，特别是为维系东亚和平而组织的九国公约国家正要在布鲁塞尔开会，蒋也希望九国公约国能出面制止日本侵略中国。此一企图，在蒋介石的文档中可以得到证明。此一目的虽然没有达到，但至少中国的自卫战争，能让世界各国有所认识。另一方面，当时所决定的抗日政策是持久战，是迟滞日军前进，日军在平津战场获胜后，沿津浦铁路和平汉铁路南下交通比较便利，把主战场引至沪杭京地区，可减低日军对徐州和郑州的压力，加上海军对长江航道的封锁，而东西之间，除长江航道和京沪铁路外，其他交通线又很少，对日本从南京向西进攻阻碍较多。这一方面的影响是事后发现的。有关资料，并未见蒋事先有这一方面的考虑。

沪杭京战役，中国投下六七十万军队，中央军、西北军、粤军、滇军、川军、桂军都参战，海、空军总动员，战争结束前夕且有苏联少许空军助战，规模不可谓不大。然以国军内部不统一，政府高层主战主和不一，负责维持世界和平的国际联盟和九国公约国家多袖手旁观，中国在沪杭京地区对日作战终归失败。在此次战争迟滞日军的过程中及稍后，蒋介石对日后的抗日政策有了影响深远的决定，而抗日阵营也起了基本的变化。此处可以略举数点：第一，平津地区的失陷、日军自平津地区南下、日军在杭州湾金山卫登陆向北夹击造成淞沪战场总撤退，在 11 月 13 日蒋介石考虑到最后基本防线在平汉、粤汉铁路以西，因此决定迁都重庆，以实行长期抗战。第二，由于沪杭京战役的挫败，国民党内部主和者渐多，12 月 16 日蒋介石即觉察到："精卫甚想以第三者出而组织以为掩护……可叹！"日后到 1938 年 12 月，汪精卫果然自重庆出走，与日本合作。第三，蒋介石既在淞沪地区扩大对日战争，其团结全民抗战的意志益坚；为了团结全民，需广征民意，于12月19日，南京撤退的第7日，即与政府高级要员筹商组织民意机构。民意机构，原于1937年9月9日组织包括各党各派的国防参议会（成员包括中国共产党代表周恩来，青年党代表曾琦、李璜、左舜生，国社党代表张君劢、江庸、张东荪，国民党代表陈布雷、周佛海，社会贤达傅斯年等），后又于1938年4月1日决定结束国防参议会，组国民参政会。另一方面，也使联共抗日政策进入实行阶段。蒋在12月21日提到，与周恩来商议，国民政府决定缓和与中国共产党的关系，使之尽其所能，以利抗战。第四，沪杭京战役进行期间及南京沦陷以后，日本透过德国驻华大使陶德曼传达的议和条件愈来愈苛，包括中国政府放弃亲共抗日反“满”政策，而与日、“满”共同防共，这使蒋有理由拒绝内部屈意与日本议和的要求。虽然国民党大员于右任、居正等对蒋拒绝和议表示不满，12月29日蒋仍向他们表示：“抗战方略，不可变更。”①

值得特别一提的，国军在上海、杭州、南京地区迟滞日军4个月之久。此后日军自长江下游向长江上游仰攻不易，进兵迟缓，使川、陕、湘、滇、黔等大后方，能做持久战的准备②。

六、从沪杭京战役看中国对抗日战争的有备和无备

自1931年九一八事变后，国民政府对日本约有6年妥协的时间，但对抗日战争并非全无准备，除加强基础建设和加速整训军队外，在京沪地区亦有表现。1932年1月28日日军在上海发动战争，至5月5日经国际调解而停战。依照停战协议，中国在上海市区不得驻兵。上海警备司令部以维持治安为由，成立一个保安队，辖两个团，因为装备不足，蒋介石指定88师以一个团化装为保安队，分批潜往上海，利用地方关系，

① 蒋介石：《困勉记》，第585、590—592页。

② 张宪文等：《中华民国史》第3卷，南京大学出版社2005年版，第31页。

在闸北、龙华、徐家汇、虹桥等地建筑工事，并经常派营级以上干部侦察日军在上海的军事基地，如日本海军陆战队司令部等①。第 88 师属于第九集团军，第九集团军司令长官张治中以京沪警备总司令的名义，对京沪铁路沿线加以警备。在 1935 年冬天以后，国民政府即于吴江县、常熟县、福山镇间构筑阵地带，并在无锡、江阴间构筑预备阵地带，另加强江阴、镇江、南京城之作战工事②。

其后华北情势紧张，蒋介石即以"军校野营办事处"的名义，在苏州设指挥部，经常召集各部队长官和幕僚策划对淞沪方面的作战准备事宜③。不过，上海、南京间的两道阵地，在沪杭京战役进行期间并未发生作用。当自上海西撤的部队欲进入吴江、常熟、福山的阵地带时，一时因找不到钥匙，竟然无法进入。又蒋介石令唐生智守南京，目的在迟滞敌人，并无坚守到底之意；既未计划坚守到底，对撤退的后路及交通设备当有所准备，然而当唐生智率领的部队撤至下关、欲渡江前往浦口时，竟无船只可以调用，使部队损失惨重④。

值得特别说明的，面对日本的侵略，蒋介石在外交上是有所准备的。当时维护世界和平的国际组织有国际联盟和九国公约，1931 年九一八事变发生后有国际联盟出面调查，并判定日本为侵略者；1932 年一·二八事变发生后有列国调解，达到停战的目的。1937 年 7、8 月间日本先后在平津和淞沪发动侵略中国的战争，蒋介石也希望英、美、德、意等国能够出面调解，并希望苏联能够参战。德国驻华大使陶德曼的调解虽无结果，对日军的攻势当有推迟作用；冀望苏联参战虽落空，最后则争取到

---

① 上官百成编著：《八百壮士与谢晋元日记》，第 12 页。

② 张玉法：《中华民国史稿》，台北联经出版事业公司 1998 年版，第 391 页；台北"国防部"史政编译局编：《中日战争史略》（二），正中书局 1968 年版，第 186 页。

③ 上官百成编著：《八百壮士与谢晋元日记》，第 11 页。

④ 李君山：《南京保卫战国府的决策与执行过程》，《历史月刊》第 91 期（1995 年 8 月），第 112 页。

苏联的援助。

七、决定在沪杭京地区与日军决战的适宜性问题

沪杭京三角地带为国防要区，有利于国军防守。上海至南京和杭州分别有京沪铁路和沪杭铁路，杭州至南京有公路京杭国道；沪杭京三地联络方便，可以互相支持。该三角地区河道交错，不适合重武器作战，对日军不利。对国军不利的地方是该地区北侧有长江水道，东为东海海面，因为中国的海军很弱，日军容易在长江水道和东海海面运兵登陆。中国海军在阻塞长江航道上做了不少工作，仍未能防止日军在川沙县和宝山县登陆。长江口至钱塘江口更难防守，后来因为日军在杭州湾的金山卫登陆，与在狮子林、川沙登陆的日军夹击淞沪地区的国军，才迫使国军自淞沪地区全面向西撤退。上海、南京间原有两道国防工事，但因撤退匆忙，未能发生作用。

蒋介石之所以决定在此一地区与日军决战，约有三个原因：第一，如前所述，将中日战争的主战场自华北地区引至长江流域，以减少日军对西北国际通道的压力。第二，上海的工业产值占全国三分之二以上，贸易占全国一半以上，金融资产占全国四分之三以上，是中华民国的经济中心①；英、美、法等国在此有租界，这些国家的人民在此有大量资产、有大量的贸易利益。在此作战，能引起国际的重视。第三，九国公约国预计于 11 月 3 日在布鲁塞尔开会②，蒋介石希望借在淞沪地区的反日本侵略战争，让九国公约国了解日本侵华以及中国抵抗的实况，进一步制裁日本并援助中国，或出面调解。因此，蒋介石在沪杭京地区投下六七十万精锐兵力，并亲自指挥。

尽管蒋介石认为沪杭京地区应尽量防守，但部分高级将领对战局并

---

① 张宪文等：《中华民国史》第 3 卷，第 26 页。

② 经盛鸿：《枷锁下的金陵：日本统治南京八年史事日志》，第 70 页。

不乐观，特别在上海撤守以后。当时不主张在南京再战的将领，包括大本营作战部长刘斐、副参谋总长白崇禧、第四战区司令长官何应钦、第三战区前敌总指挥陈诚等①。以白崇禧为例，当沪战开始时，白主张在沪只作轻微抵抗，将主力部队撤到南京，深沟高垒，死力防守；当蒋介石部署南京防务时，白又认为南京为孙中山陵寝所在地，不忍使其受战争破坏，应将南京宣布为不设防城市②。当时蒋介石想觅一高级将领指挥南京保卫战，蒋的嫡系高级将领意愿都不高。当时白崇禧不让桂系的部队进南京城，防守南京者几全为中央军，包括由 88 师改编的第 72 军，军长孙元良；由 36 军改编的第 78 军，军长宋希濂；另有桂永清的教导团③。唐生智以湘系老将出面指挥，很难调度蒋的嫡系部队，因此蒋在南京时对战争的指挥巨细靡遗，甚至如何调动火车列车以阻挡日军坦克的攻击都亲自下指令。防守南京的部队大部为自淞沪战场撤退下来的败军，单位虽多，员额不足，士气更为低落，失败是必然的。但蒋在沪杭京地区迟滞日军进攻 4 个月，无论在国际宣传上，还是在内部部署和整合上，都是有意义的。

八、结论

沪杭京战役是抗日战史中用兵最多、使各派军队都能投入的一场战役，可以说是中华民族为生存而战的典型。在此之前，日本侵略中国，从东北到华北，是采取蚕食政策，在此期间及以后，中日两国都动员全国之力，进行决战。中国从姑息妥协到决定抗战到底是在这个时期，中国抗日战争能引动世界各反侵略国家的关注也是在这个时期。

（作者单位：中国台湾“中央研究院”）

---

① 李君山：《南京保卫战国府的决策与执行过程》，《历史月刊》第 91 期，第 106—107 页。
② 程思远：《白崇禧传》，第 202—203 页。
③ 台北“国防部”史政编译局编印：《抗日战史：淞沪会战（三）》，1982 年版，第 247 页。

中华民族觉醒的先声

唐培吉

中华民族曾经创造了辉煌灿烂的历史文化。但是，当西方民族冲破中世纪的愚昧和黑暗、进入资本主义迅速发展的时代；中国却固步自封，在过去的成就中陶醉而沉睡了。近代中国在西方列强的不断侵略而清朝统治阶级屈辱投降愈演愈烈之下逐步沦为半殖民地半封建社会，中华民族遭受了前所未有的灾难，中国人民陷入了落后和贫困的深渊。就在这样的年代，恩格斯英明地预见到："过不了多少年，我们就会看到世界上最古老的帝国作垂死的挣扎，同时我们就会看到整个亚洲新纪元的曙光。"①果然不出所料，中国抗日战争胜利了，这是中国近百年来第一次取得胜利的民族解放战争，它使中华民族由此彻底觉醒、重新崛起、再次振兴，具有深远的伟大的历史意义，值得回顾与思念，以总结其丰富的历史经验，发扬民族精神与优良传统，使全民族进一步团结起来，更好地进行现代化建设。

抗日战争经过中国军民浴血奋战才取得来之不易的胜利，是由一个个历史事件、一个个英雄人物、一群群军民英勇斗争与牺牲而积聚起来的，只有通过对这些具体事件和人物的纪念与总结，才能对抗日战争有更具体深刻的认识与理解。

本文为纪念一·二八淞沪抗战而作，拟从淞沪抗战的爆发、政府军

---

① 恩格斯：《波斯和中国》，中共中央马克思恩格斯列宁斯大林著作编译局编：《马克思恩格斯选集》第二卷，人民出版社1972年版，第21—22页。

的奋起抵抗、义勇军的英勇参战、工农商学兵的同仇敌忾、人民抗战的悲壮前奏五个方面作些述评。

一、一·二八淞沪抗战的爆发

1932年1月28日夜23点30分，驻沪日军突然袭击上海闸北，未及撤防的中国第十九路军违命奋起抵抗，一·二八淞沪抗战爆发。一·二八事变和九一八事变同样不是偶然的，它是日本侵华国策推行的必然结果，是日本蓄谋已久的侵略行径，是日本企图独占中国的一盘围棋中所布的“一个子”。绝非仅仅如田中隆吉所供认的是为了转移国际视线，便于阴谋满洲“独立”①；更不是日本政府颠倒黑白地说是由于中国的排日运动而为保护日本侨民所采取的“必要措施”②。日本发动九一八事变后，国民政府采取的不抵抗主义助长了日本的侵略野心。日本得寸进尺，从1931年起，先后在天津、青岛、汉口、福州、重庆与上海等地，进行挑衅。我们决不可把这些事件看作是孤立的各个事件，这是日本想通过在中国制造一系列事件，妄图显示日军的强大，威逼中国政府屈服，以实现其独霸中国的目的。上海一·二八事变就是在这样的侵略意图下发生的。

1932年初，日本参谋本部拟订了日本进攻上海的计划。1月10日由关东军高级参谋板垣征四郎打电话给日本驻沪领事馆武官（实际上是陆军特务机关长）田中隆吉少佐，要他“在上海搞一些事变来”，并给了2万元的活动经费。1月18日，田中隆吉指使特务川岛芳子制造了“日僧被

---

① 田中隆吉供认：“关东军高级参谋板垣征四郎大佐打了一个电话给我：外国的目光很讨厌，在上海搞出一些事情来！就是说打来电话，叫我把外国的目光引开，使满洲独立容易。”载（日）东京广播电台第十二频道报道部编：《证言·我的昭和史》第1卷，1969年版，第172—176页。

② 日本在1932年1月29日发表的关于上海事件的声明：一、“在中国各地猖獗的排日运动……为保护日本人的生命财产和利益而采取必要和有效的措施”。载（日）外务相编：《日本外交年表和主要文书》下卷《文书》，1969年出版，第195—196页。

殴事件”。事实真相是川岛芳子一面唆使日本莲宗和尚到三友实业社毛巾厂进行挑衅，引起中国工人愤怒，另一方面又雇用流氓杀伤日本和尚，反诬是毛巾厂中国工人干的，借此制造事端。1 月 19 日，上海虹口日本人俱乐部召开日本居留民大会，到会日人六七千，提出要求中国政府惩办殴打日僧的凶手，以图扩大事态。1 月 20 日，由日本浪人七十余作前导，后随驻东华纱厂的日本陆战队及日舰海军陆战队，开四辆铁甲车，驰向引翔三友实业社工厂……途中将劝阻和报警的公共租界巡捕杀害 1 名（警号 765 号）、杀伤 2 名（警号 116 号和 3029 号）。然后他们赶到三友毛巾厂用整瓶汽油浇向该厂板壁，再持手榴弹掷炸，于是该厂被焚烧。这些日军还阻拦租界救火车，不让救火①。是日下午，日本俱乐部又纠集上千日人，竟当场决议：电请日本政府增派陆海军来沪压制排日运动。会后，日人手持木棒举行示威游行，在向北四川路行进时，捣毁中国商店十余家，阻止公共车辆行驶，殴伤巡捕和中国居民，一时秩序大乱②。1 月 21 日上午，日本驻沪总领事村井仓松到上海市政府对日人焚烧三友实业社毛巾厂只字不提，反而向中国政府提出殴打日僧的书面抗议，并提出四项要求：（1）市长须对总领事表示道歉之意；（2）加害者之搜查逮捕处罚，应立即切实实行；（3）对于被害者五名，须予以医药费及抚慰金；（4）关于排日侮日之非法越轨行动，一概予以取缔，尤其应将上海各界抗日救国委员会，以及各种抗日团体即时解散之。③

与此同时，日本政府以“保护侨民”为借口，陆续调遣军舰军队来沪，加紧备战。至 1 月 27 日，上海长江口一带，日军军事力量达到军舰 37

---

① 《民国日报》，1932 年 1 月 21 日。

② 见《申报》1932 年 1 月 21 日报道：由此往南之一路 125 号电车。及 15070 号公共汽车玻璃，亦被日人击毁。电车司机及乘客两孩咸受损伤。被日人毁都……店名如次：北四川路大德里对面 663 号大德电器材料厂、657 号德康当铺、625 号义昌电料店；又对面福泰鞋帽店、明星洋货店、汤白林酒吧间、桥香菜馆及通利洋酒店。

③ 王辅：《日本侵华战争》第一册，辽宁人民出版社 1990 年版，第 149 页。

艘、铁甲车数十辆、陆战队6 000余人，以及大量的武器弹药①。日本内阁会议作出决定，应付上海事件的紧急计划，由海相大角岑生主持，具体事件由驻华日本舰队司令盐泽幸一负责。

上述10天的种种事实，充分证明日本的特务机关、政府、领事馆及海陆空军是配合得多么密切协调，围绕一个目的，就是一步一步地发动侵略上海的战争。

日本方面认为进攻已经准备就绪，乃于1月27日由日本领事向上海市政府提出最后通牒，要对日本提出的四项要求，限24小时内给予圆满答复。上海市政府采取妥协，于28日零时30分查封上海各界抗日救国会及其办事处共5处②；下午1时45分，上海市长吴铁城答复日本领事，所提四项要求全部答应③；下午3时，国民政府电令第十九路军从闸北撤防，由宪兵第六团来接防；下午4时，日本总领事通知各国驻沪领事，对上海市长答复表示满意。晚11时，日本舰队司令盐泽幸一竟致函上海市长，勒令中国军队立即退出闸北，并拆除防御工事。在上海市长还未答复之前，日军即于11时30分进攻闸北④。《泰晤士报》记者曾作了详细客观的报道："夜十一时左右，第一次集合之军，号声不鸣，登时庭前屋内，所见皆兵，卡车之声辘辘于途，满载全副武装之大队援兵飞驰而至"，"未及十五分钟，各组列队皆立正待命"，"台上军官一员向众发言，言毕，全场寂然，于是有日本摄影师一队，开始镁光摄影"，"俄而号令

---

① 见《申报》1932年1月24、25、27、28日报道：单军舰有航空母舰能登吕号；原驻上海第一外遣队军舰安宅、平户、常盘、浦风4艘；第15舰队巡洋舰大井号、驱逐舰薄、荻、藤、葛共5艘；佐世保舰队计夕张号巡洋舰，率驱逐舰文月、长月、水无月、皋月等5艘；第23舰队驱逐舰菊月、夕月、望月、三日月4艘；第30舰队驱逐舰陆月、卯月、如月、弥生月4艘；在长江流域有宇治、伏见、偶田、势多、对马、天龙、比良、鸟羽、热海、二见、并桃、柳、柽、梅14艘。

② 见《申报》1932年1月28、29日登载：《市府令公安、社会两局取消抗日会》《公安、社会两局奉命封闭抗日会》。

③ 中国国民党中央委员会党史委员会编印：《中华民国重要史料初编（一）》，1981年版。

④ 《上海市政府为日军自由行动事致各国驻沪总领事函》，《中华民国重要史料初编（一）》。

之声杂起，最前数行之战士即跃登卡车，俄而卡车轧轧，第一卡车之兵发动矣，余车继之”，“五分钟后，卡车均驶抵指定之地点，战士……摸索蛇行……沿华界边线一带，布满此类匐伏之兵”，“在午夜时，确已潜入华界，以枪口对外”①。23 时 30 分，日军由鲛岛大尉指挥，首先向中国军队发起进攻，侵沪阴谋终于实现，一·二八淞沪抗战爆发。

由此可见，那种“转移视线论”，仅仅道出其中的一个诱发因素；至于“正当防卫论”更是当年日本侵略亚洲各国的一贯伎俩；根本的原因是日本妄图有计划有步骤地侵占中国。

二、中国军队奋起抵抗

当时，国民政府高层蒋介石、汪精卫、何应钦等人对日本侵略采取不抵抗主义；但是广大人民坚决要求抗日，政府军中不少官兵亦有御侮卫国的爱国精神，驻防淞沪的第十九路军就是这样一支部队。该军领导人蒋光鼐、蔡廷锴等回忆当时的思想认识：“第十九路军驻扎在江西时，在中国共产党和红军‘中国人不打中国人’、‘枪口一致对外’的正义号召和推动下，全体三万余人，曾在赣州宣誓反对内战和团结抗日；调防淞沪一带后，在上海人民抗日宣传的影响下，更下定了为中华民族图生存、为中国军人争人格的决心。”②他们从自己所得情报中判断日军侵略上海已不可避免，决意违抗中央，积极准备应战。由于第十九路军从九一八事变后就没有领到军饷，因而在物质准备上心有余而力不足，但在思想上和组织上的准备是做了不少工作，这是后来有效打击日军的关键所在。

1932 年 1 月 23 日，第十九路军在上海龙华警备司令部召开了驻上海

① 《泰晤士报所记一月二十八日夜日军攻我闸北前准备的情况》，《十九路军抗日血战史》，神州国光社 1947 年版。

② 蒋光鼐、蔡廷锴、戴戟：《十九路军淞沪抗战回忆》，《文史资料选辑》第 32 辑，中华书局 1987 年版。

的营以上军官的军事会议，与会军官一致表示：反对不抵抗，坚决自卫抗日。蔡廷锴说：日本人处处都在向我们寻衅，处处都在压迫我们，实在忍不下去，所以下了决心。戴戟表示：天下兴亡，匹夫有责。成败何足计，生死何作论，我们只有尽军人守土御侮的天职，与倭奴决一死战。①这些话确实反映了有血气的爱国官兵们的心态和意志。会议在高昂和紧张的情绪中讨论和决定了一切紧急应变的措施。当日下午，即向第十九路军各部发出密令，通报日军意图，宣布抗日决心，部署守备阵地。翌日，蔡廷锴到苏州，在花园饭店召集驻苏高级将领举行紧急会议，传达了23日的会议精神和密令，与会将领也一致表示拥护团结抗日②。各部根据军部密令具体布防，严阵以待。如驻守闸北京沪铁路线的七十八师一五六旅第六团团长张君嵩报告执行密令的情况：（1）略。（2）各部到达后，即在闸北京沪线北站起，沿淞沪路之宝山路、虬江路、中兴路、天通庵、青云路等各路口，至八字桥止，构筑防御工事；并预定该地带为第一抵抗线，由会文路至宋公园路之线，为第二抵抗线。（3）闸北之警察及保卫团已联络妥当，并饬在阵地前担任警戒。（4）宪兵仍令固守北站；铁路炮兵则饬其在原地准备候命。③

必须指出：正当第十九路军积极备战期间，国民政府行政院和军政部不断来电加以制止，甚至先后派了国民党元老张静江、张继、居正、何应钦、叶楚伧等来到上海，向第十九路军领导人传达中央指示：对日方的要求，“只有采取和缓态度”，“万不能发生冲突”④；甚至命令第十九路军于1月27日退出市区，并调宪兵第6团来接替驻守闸北铁路线的张

---

①② 蒋光鼐、蔡廷锴、戴戟：《十九路军淞沪抗战回忆》，《文史资料选辑》第32辑，中华书局1987年版。

③ 翁照垣：《淞沪血战》，载《从九一八到七七事变》，中国文史出版社1987年版，第125—127页。

④ 国民政府行政院孙科于1932年1月23日致上海市长吴铁城的特急电、上海市政府于1932年1月27日致国民政府的报告，均存中国第二历史档案馆。

君嵩团①。这一切均遭到了爱国将领的抗命②。1月28日，以第十九路军总指挥蒋光鼐、十九路军军长蔡廷锴、淞沪警备司令戴戟三人名义发出《敬告淞沪民众书》，表示了严肃应战的态度，喊出了“打倒强盗的日本帝国主义！”“中华民族万岁！”“中国抗日军民合作胜利万岁！”等响亮口号③。第十九路军的官兵们正是具有了这样的爱国主义精神，所以当日军发动突然袭击时，在没有国民政府的命令下，自觉地为捍卫祖国领土主权而奋起抵抗。

从1月28日至2月13日为淞沪抗战第一阶段，第十九路军接连打退了日军多次海陆空军的联合进攻。如2月4日，日军发动第一次大规模总攻，在闸北、吴淞、江湾各线展开猛攻，经过9小时激战，闸北敌军被我击退，吴淞我军阵地屹然无恙，江湾敌军一个联队被歼，完全粉碎这次总攻。那个在战前吹嘘“一旦发生战事，四小时即可了事”的日军司令盐泽幸一也被撤职。2月11日午，接替盐泽的日海军第三舰队司令野村中将组织发动第二次总攻。战前，野村也狂妄地向西方记者发表谈话说：日军在吴淞踏平华军壕沟之日，为时不远，请君拭目相观，届时即可结束华军之抵抗。不久，在蕴藻浜地区中日两军展开激战，“双方混战肉搏达十二小时，无一分钟停止”，直到晚上才将侵犯之敌击退。13日我军在纪家桥又奋勇打退强敌“久留米”师团的主力，敌原来企图包抄我吴淞守军的计划被彻底粉碎，野村重蹈盐泽被撤职的覆辙④。

第十九路军孤军无援地在漫长的防守线上，以劣势装备的少量兵力，

---

① 顾维钧：《关于中国政府在沪案开始时决定和平政策之说帖》，《中华民国重要史料初编（一）》，1981年版。

② 蔡廷锴：《回忆十九路军在闽反蒋失败经过》一文中反映“那时蒋介石被迫假下野，在幕后指挥，指示何应钦、朱培德来电迫我于1月27日退出市区，以免冲突，我抗不交防”。《文史资料选辑》第59辑，中华书局1979年版。

③ 淞沪警备司令部编：《“一二八”的一些纪念品》，1933年版。

④ 《上海血战抗日记》，《生活临时特刊》，1932年2月20日。

居然能击退强大日军的凶猛进攻，主要是凭借高涨的士气、灵活的战术、官兵的团结和人民的支持。在战事爆发的第二天，即1月29日，第十九路军向全国发出的抗日通电中就表明了全军的决心："为救国保种而抵抗，虽牺牲至一人一弹，绝不退缩"，"此心此志，质天日而昭世界，炎黄祖宗在天之灵，实式凭之"。①当日军铁甲车向我阵地冲来，我士兵非但不后退，反而跑上前去掷手榴弹，为了炸毁铁甲车，不惜粉身碎骨。如连长钟国华等②；当敌舰和敌机轮番猛烈轰炸吴淞炮台，我整排士兵被埋在土里，炮台全部被摧毁，但我156旅1营1连仍坚守在已经成为废墟的炮台阵地，沉着应战，迫使敌军无法上岸③。在日军发起冲锋后，我军士兵毫无惧色地迎头与之肉搏，士兵伍培、伍全，班长张桂林，连副谭绍平等一连刺杀十几个敌人后，仍负伤冲杀，直到壮烈牺牲④。在寡不敌众的形势下，纪家桥、曹家桥阵地被敌占领；当晚，第61师副师长张炎亲率两个营兵力偷袭敌营，经过40分钟搏杀，终将敌全部解决，收复了原有阵地⑤。

第十九路军在淞沪抗战中英勇杀敌，得到全国人民的欢呼和支持，同时亦激励着国民革命军中的爱国将领。张治中将军就向上请缨，第87师261旅连以上官兵亦联合向军政部请战；这时刚刚再次上台的蒋介石，看到全国军民高涨的抗日情绪，为维护其统治，表示同意，随即将散驻在京沪、京杭两线上的第87师、88师合编为第五军，由张治中率领参战。张治中在临上前线的前夕——2月16日写下遗书以表决心，他说："我必以誓死的决心，为保卫祖国而战。"⑥第87师、88师师旅长们也列名通电表示："值此国家存亡关头，爰本中央团结御侮之旨，请命杀敌"，

---

① 《第十九路军为日军犯境通电》，转引自上海中共党史学会编印：《上海抗日救亡运动资料选编》，1985年版。

②④⑤ 翁照垣：《淞沪血战》，《从九一八到七七事变》，中国文史出版社1987年版。

③ 马行健：《守备吴淞见闻》，《从九一八到七七事变》，中国文史出版社1987年版。

⑥ 张治中：《第五军淞沪抗战经过》，引自张治中：《七十年回忆》第2章第4节。

“誓与我第十九路军亲爱将士，喋血沙场，共同生死”[①]。于是，不仅有所谓杂牌军抗日作战，还有蒋介石嫡系中央军参加抗日，确是九一八事变以来的新气象。

自2月14日至27日为淞沪战役的第二阶段，其特点是第十九路军和第五军全力抵抗由日方第三任司令植田谦吉率领的日军的侵犯。植田自恃增调了第九师团实力大增而稳操胜券，于2月18日向中国军队发出“全面撤军”的所谓最后通牒[②]。中国军队以炮轰作回答。2月20日，日军发动规模更大的第三次总攻，特别是庙行战斗，日军发射炮弹几千发，中方阵地悉数被毁，成排士兵被杀伤，然而中国军队仍同敌军浴血奋战。经过一整天的恶战，终于全歼敌军，坚守了阵地，植田所布置的中央突破的总攻计划宣告破产，其总司令的职务也被撤掉。是役仅第五军就伤亡1 000余人，其第88师262旅旅长钱伦体和副旅长陈晋民均以身殉国。

日本政府为了挽救战局，决定三易其帅，由前陆军大臣白川义则大将为司令，再调3个师团和200多架飞机，兵力增至10万；而中国军队仅4万余人，且经过一个月的战斗，人员武器损耗很大，可是没有得到南京政府的任何补给，敌强我弱的态势更加严重。中国军队就是在这样的困境中从2月28日起，开始了淞沪抗战的第三阶段。

日军依仗兵多马强的优势，乃一面向我军正面防线全面进攻，一面以几十艘军舰装载大量机动兵力，窥测我军防守阵地的薄弱环节，伺机突破。我军为了阻止敌军的进攻，不得不把仅有的兵力调到正面防线作战。第十九路军总指挥蒋光鼐曾请求何应钦速派2个师增援，但军政部拒不派兵，致使长江沿线无兵可防备。3月1日，日军第十一师团趁机在

---

① 宋希濂：《一·二八淞沪抗战纪实》，中国文史出版社1987年版，第197页。

② 《日将植田致蔡廷锴军长通牒》，存中国第二历史档案馆。

浏河强行登陆，中国军队侧后方受到严重威胁，不得已于3月1日晚全军退守第二道防线（即嘉定、黄渡之线）。同时，向全国发出通电，公告我军抵抗日军苦战月余的情况和不得已撤退的苦衷，最后表示：将在第二道防线从事抵御，“本军决本弹尽卒尽之旨，不与暴日共戴一天”①。

淞沪抗战一月余，中国军队伤亡、失踪者达14 801人，其中军官919人，士兵13 882人。日军伤亡据日军陆省公布为3 184人②。

第十九路军和第五军的将士们为捍卫祖国领土主权完整，不顾自身的功名利禄与生死存亡，公然违抗国民政府中央的不抵抗主义，毅然决然地抗击日军的侵略，确是大义凛然。他们在敌强我弱、实力悬殊的态势下，如此英勇奋战、视死如归的民族气节，令人敬佩！

三、人民义勇军风起云涌

上海各界和外地的义勇军纷纷前来请战，一时间形成了人民战争的壮观场景，这亦是一·二八淞沪抗战的一大特色。

日军入侵我国东北后，全国人民对国民党政府的不抵抗主义表示极大的愤慨，为了宣传抗日救亡、查禁日货和惩治卖国贼，为了进行罢工、罢市、罢课，他们自发地先后组织了各行各业的义勇军，有的义勇军还进行了军事训练，积极准备抵御日本的侵略。例如由上海市商会等团体发起，于1931年10月5日成立的上海市民联合会义勇军委员会，组织了上海市民义勇军；③上海各大专院校亦纷纷成立义勇军，复旦大学青年义勇军还组织寒假军事训练班，主动请求第十九路军给予严格军事训练，

---

① 《晨刊》，载《申报》，1932年3月1日。

② 华振中、朱伯康合编：《十九路军抗日血战史》，神州国光社1947年版。

③ 方知达：《“一·二八”淞沪抗战和上海市民义勇军》记载：“九一八事变后……曾由上海市商会等社会团体发起，成立了上海市民联合会……当时参加军事训练的各界志士曾达四千多人，上海市民联合会为此成立了抗日救国的义勇军委员会。”《上海文史资料选辑》第47期，上海人民出版社1984年版。

经校方军委会主席林继庸教授亲自与蔡廷锴将军联系，几经周折，订立协议，于1932年1月10日，复旦学生义勇军终于随营受训①。南京的中央大学于1931年11月组织了中国抗日救国义勇团，队伍迅速扩大，乃于1932年1月25日改名为铁血军②。海外侨胞赤子之心焕发，纷纷自动集资返国，组织义勇军以期杀敌救国，于1931年11月即抵南京，向政府请求训练被拒，只能自己组织义勇军③。

一·二八淞沪抗战爆发，各界义勇军跃起请战。中共江苏省委即派宣传部长杨尚昆向上海民众反日救国联合会发出指示：立即成立义勇军委员会，分工发动群众，建立义勇军，以闸北、沪西、普陀、浦东四区的工厂为主，其中沪西民反义勇军为中坚。1月31日，民反义勇军总部即在闸北前线设立前方办事处，与第十九路军太阳庙前线指挥部仅相隔一条马路，很快建立了联系。民反义勇军主席韩进立刻在平民村召开村民大会，动员民众组织起来，成立闸北义勇军。从此民反义勇军积极参加战地服务，如帮助士兵抢筑防御工事；在战斗中冒着枪林弹雨运输军需物资和抢救伤员；在前线十分需要麻袋做沙包时，民反义勇军一天内运来成千上万只麻袋；在战士最需要食品时，民反义勇军送来了青菜、食油和粮食；在战斗间隙，民反义勇军举行军民联欢会，大唱抗日救亡歌曲，高呼："支援十九路军抗日!""工农兵联合起来!"等口号。这使十九路军官兵异常激动，六十师教导队李教官发言："十九路军以前打的都是中国人，这次才真和外国侵略者打仗，我们个个抱决死之心，要和日

---

① 曾宪猷：《"一·二八"抗战中的复旦大学随军学生义勇军》，原件存上海社会科学院历史研究所。

② 《十九路军随营学生义勇军同学录》记载："第三大队由铁血军改编而成……于去夕11月在中央大学组织中国抗日救国义勇团……迄至12月中旬，团员增至八百余人，乃于1月25日改为铁血军。"1932年出版。

③ 《华侨义勇军出发前线》记载：海外侨胞，因"日寇侵略，愤然归国投军，业于去年11月间抵达南京。当即要求军事当局收容编练，惟因种种原因，未能刻日成立"。《申报》1932年2月15日。

本帝国主义拼命。”[①]民反义勇军成为支前最得力的一支队伍，他们的支援对十九路军起了很大的鼓舞作用。

上海市民联合会的义勇军亦没有落后，一·二八淞沪抗战爆发后，上海市民联合会义勇军委员会立即召开会议，决定派出代表赴十九路军军部请战，蔡廷锴将军介绍他们去前线79师156旅旅长翁照垣处接洽。2月1日，上海市民义勇军200余人成立第一大队由王屏南律师任大队长，开赴大场集训；27日即奉调开往宝山与十九路军18名战士共守县城。3月1日下午，日军出动军舰7艘、小火轮和民船百余只，并派24架飞机齐向宝山县城猛烈轰炸。市民义勇军只有214人、6支步枪、400颗手榴弹，在强敌压境下，毫无惧色，坚守阵地。当日军向岸上冲锋走入有效射程内，义勇军就用排枪和手榴弹杀敌，其中1连连长李楷枪法神奇，专打轮船司机，一枪一个，百发百中，打得敌船东倒西歪，阵势大乱。经过一个多小时的激战，敌人始终没能上岸，最后不得不掉转船头退去。就是这样，上海市民义勇军居然打退了日正规军海陆空的联合进攻，出现了令人难以置信的奇迹！[②]

复旦大学青年义勇军亦不甘示弱，淞沪抗战一打响，他们就开赴前线。鉴于学生的特点，156旅旅部将他们组成战地服务队，分为组织、宣传、慰劳、交通、情报5组进行活动。这些学生义勇军刷标语、出简报、做演讲；对前来支援的市民和支援的物品进行编号；维持战地的交通与秩序；后又担负了保卫指挥部的任务；还根据群众的举报，对敌探嫌疑对象进行审查等。他们的爱国热情有力地感动了战士，有的战士说：想

---

① 吴湘驰：《关于上海民众反日救国联合会的成立和活动》，楼适夷：《记上海民众反日救国联合会》，韩进：《民众反日救国义勇军的成立与活动》，均载上海社会科学院历史研究所编：《“九·一八”“一·二八”上海军民抗日运动史料》，上海社科院出版社1986年版，第457—465页、466—468页、469—473页。

② 方知达：《“一·二八”淞沪抗战和上海市民义勇军》，《上海文史资料选辑》第47期，上海人民出版社1984年版。

不到能与你们大学生在抗日战斗的火线上见面，大家就是死在一块儿也很甘心了①。

上海各界义勇军中，还有人数众多的总工会义勇军，由上海总工会委员李永祥、朱学范率领分批开赴前线，担任救护、消防、交通等战地工作②；上海水木业义勇军500余人正式到前线参加作战，先后参加了宝山、天通庵、江湾、庙行等战斗，英勇血战月余。③中华国民救国会义勇军一面派人赶往前线，一面开展援助活动。④更有外地赶来上海要求参战的，如南京中央大学的铁血军和后援队、东北冯庸大学义勇军、讨日援沪义勇军、西南在野军人抗日救国北上敢死队、华侨义勇军等，甚至著名社会人士王亚樵也组织起退职军人义勇军。他们实力很强，声势浩大。

人民义勇军的风起云涌，正是中华民族觉醒的象征、人民战争的标志。但是蒋介石国民党害怕人民武装起来会威胁到他们的统治，竟然密令禁止人民义勇军的成立："民众组织之义勇军发现弊端颇多……密令各地军民长官对于未组织者令其缓办，已组织者设法令其中止。"⑤这使刚刚蓬勃发展起来的人民义勇军夭折了，大大破坏和压制了人民的抗日行动，这些被迫解散的义勇军，由于经过了一·二八淞沪抗战炮火的洗礼，极大多数成为后来抗日战争中的积极分子。

四、工农商学政同仇敌忾

一·二八淞沪抗战的枪声，成为向上海全体市民发出的最有权威的紧急动员令，全市各界人士都自觉地行动起来，根据自己的能力，运用

---

① 曾宪猷：《"一·二八"抗战中的复旦大学随军学生义勇军》，原件存上海社会科学院历史研究所。

② 《申报》，1932年1月31日、2月2日、2月4日。

③ 《时事新报》，1932年4月1日。

④ 《时事新报》，1932年1月31日。

⑤ 《国民政府主席蒋中正密令》（1932年12月1日），原件存中国第二历史档案馆。

多样形式，通过各种渠道，积极支援战争，掀起空前的抗日救亡的怒潮，大致可归纳为四个方面。

（一）道义和舆论上的声援

上海各界首先发表宣言、声明、通电、决议等，一表抗日的决心，二表支援抗战的激情。中国共产党于2月2日和26日先后发出斗争纲领和决议，号召全市“罢工、罢市、罢课、罢岗”，“民众自动武装起来”，“驱逐日本及一切帝国主义武装海陆空军出境”①，并给上海反帝大同盟一封信，呼吁共同行动起来，反对日本帝国主义的侵略②。

中华全国总工会于2月2日发表反抗日本帝国主义攻占上海的二次宣言③。上海总工会于1月30日和31日相继致电国民政府和发表抗日宣言，敦请南京政府“克日对日宣战”和“饬派海陆空军来沪增援”，表示愿率领全沪80万工友，“誓死拥护”抗战，共作十九路军的“后盾”④。

上海市一百多个同业公会于1月29日致电国民政府，要求“增援各部劲旅以保国土”；上海市商会和银钱业于1月30日发出通告，实行“罢市御侮”⑤。上海市民联合会发出了拥护十九路军作战到底的宣言⑥。上海实业家创立了上海地方维持会，并致电政府乞援十九路军⑦。

上海各大学教授成立了抗日救国会，于2月1日发表了声援十九路军的通电⑧。2月8日，上海著作家抗日会成立，即发表由129位学者作家签名的积极抗日到底的宣言⑨。

国民党在上海的中央委员由孙科领衔两次致电国民党中央和国民政

① 中共中央宣传部编印：《中共党史教学参考资料》，1957年版。
② 存上海市档案馆。
③ 中华全国总工会中国职工运动史研究室编：《中国工会历史文献》，工人出版社1958年版。
④ 《申报》，1932年1月31日、2月1日。
⑤ 《申报》，1932年1月30日。
⑥ 《申报》，1932年2月18日。
⑦ 《申报》，1932年2月5日。
⑧ 《申报》，1932年2月2日。
⑨ 《读书杂志》，1932年第2卷第4期。

府汪精卫和蒋介石，要速定“彻底抵抗政策”①。留粤的国民党中央委员会致电十九路军，表示对十九路军“奋力抗战”“至深钦佩”，并誓“为公等后盾”②。国民党上海市党部也电请中央“增援沪军，速图反攻”③。空军将领联名向全国各界发出通电，宣告“防空有责，誓抗强梁”④。此外，各地军政要人声援十九路军的通电有40多起⑤。从而造成了极大的宣传舆论声势，促使全市民众激奋抗日，无人敢言乞降求和。

（二）各界人士的抗日斗争

在全民族抗日救国的怒潮中，上海人民不单成立义勇军奔赴前线参战，而且采用各种办法在后方进行抗日斗争。最突出的是上海工人罢工和上海商界罢市。

1930年，上海总工会发出通告，号召全市工人总罢工。同日，由中国共产党地下组织发起，上海各厂工人举行代表大会，成立上海工人总同盟罢工委员会，号召全市工人总同盟罢工。31日，日商纱厂罢工工人代表开会，由日华纱厂工人李开良担任主席，会上决议：“本市全部日本纱厂工人罢工。”于是由日本纱厂的工人带头进行罢工，然后扩展到其他行业。其中沪西17家日商纱厂4万多工人在中共江苏省委领导下，在中共中央派来的刘少奇、罗登贤、张浩等具体领导下，参加各项抗日活动，克服种种困难，一直坚持罢工到4月，达三个月之久，可见其抗日斗志是何等坚决！

上海市商会、银行业公会、钱业公会、交易所联合会、航业公会于1月29日发表联合启事：决定“于29日起停市三天，以表哀痛”。2月1日，它们又发公告，决定继续罢市；上海市民联合会发出通知中更坚决

① 《申报》，1932年2月15日。
② 《申报》，1932年2月1日。
③ 《申报》，1932年3月4日。
④ 《申报》，1932年2月6日。
⑤ 《申报》统计。

表示：“非至日兵全数被逐，决不开市。”上海罢市乃全面推开。

上海文化艺术家们创办了不少抗日救亡的报纸杂志，如《上海事变与报告文学》等；还拍了《抗日血战》等电影；更有聂耳创作的《义勇军进行曲》等，抗战文化由此诞生。这些意识形态方面的爱国活动，对揭露日军侵略罪行和提高民族救国救亡的觉悟，起了很大的作用。

上海人民的抗日斗争渗透到各个方面，凡是日本货，一律查禁；凡是日本的军用物资，中国司机和工人一致拒绝搬运；日本急需修理的汽车，不予修理，即使日人出巨金雇用亦不为所动；就连日本轮船上的中国船员亦纷纷离船，迫使日本轮船停驶。

上海各界人士的这些抗日斗争，不仅破坏着日军作战，而且使日本受到很大的经济损失，日本资本家叫苦不迭，深感中国人民抗日斗争的巨大威力。

（三）募捐和慰劳活动

从1月到3月，上海和全国各地展开了大规模的募捐活动，大到原行政院长孙科代募10万巨款，小到儿童学生捐献几毛钱，几乎有什么捐什么，能捐什么就捐什么，人人都表示自己的一点爱国之心。不仅全国各地捐献，而且海外各方侨胞均慷慨解囊，如美国侨胞捐款达170余万元，其中单旧金山市侨胞周崧个人与其公司就捐献20万元，他还声明：如中国对日宣战，愿捐军饷100万元①，其爱国之心可嘉！据不完全统计，捐献给十九路军的有10 680 372.20元，捐献给第五军的有59 573.02元，合计10 739 945.22元②。

与此同时，上海和全国各地以同样的热忱和规模开展了慰劳活动。上海市总工会、市商会、大学教授和著作家抗日救国会、中学联、地方维持会等捐献各种物品慰劳战士，并亲到前线慰问。由妇女救国大同盟

① 《时事新报》，1932年4月16日。

② 《淞沪抗日画史》，生活书店1932年版。

等单位发起成立“妇女界慰劳将士会”，由她们发出征集慰劳品的通告，在最短时间内赶制了几千件的棉背心给抗日将士御寒。宋庆龄女士于2月2日亲赴吴淞前线视察和慰问，她表扬吴淞将士“守吴淞之功极伟，而尤望继续奋斗，不使我国寸土入于敌之手”。①3月10日，何香凝女士亲抵常熟东塘第五军军部进行慰问，并书写名誉旗帜，一则写着：“以血和泪换取我民族生存”；另一则写着：“国破山河在，光荣血永留”；分别送给第87师和第88师将士②。

(四) 救护与济难活动

一·二八淞沪战争极为激烈，我军将士伤亡万余人，急需救护医治。于是，中国红十字会、上海医务界以及妇女界纷纷组织救护队和伤兵医院。中央大学医学院院长颜福庆亲自担任中国红十字会后方医院第一院和第四院院长；著名医师俞筠担任三个伤兵医院的主任；普济平民医院院长郑起凤自动组织救护队，立即奔赴前线救护，一切经费由他独力负担③；劳工医院院长范守渊率领医师、护士赶赴真如十九路军后方，从事救护工作④等。上海妇女界则举办救护临时训练班，并筹划救护经费。何香凝女士特举办救济国难书画展览会，将义卖收款2万余元用于创办“国难战士救护队”⑤；宋庆龄女士不仅筹划许多伤兵医院和救护队的建立，并亲自在交通大学内创立“国民伤兵医院”⑥。她们的义举感染和推动了各界人士，上海总工会组织了民众救护队，市商会组织了童子军团救护队，甚至佛教界也组织了救护队⑦。此外，孔祥熙、孙科、杜月笙等人的夫人也筹办了一些伤兵医院。在短短一个月中，创办的各种后方与前方的伤

① 《吴淞战地视察访问翁旅长记》，《申报》，1932年2月13日。
② 《淞沪抗日画史》，生活书店1932年版。
③ 《申报》，1932年2月3日。
④ 《申报》，1932年2月5日。
⑤ 《时报》，1932年1月22日。
⑥⑦ 《在国民伤兵医院答记者问》，《宋庆龄选集》，人民出版社1966年版。

兵医院共达72所之多①。

与此同时，还开展了救济难民活动。由于日军的狂轰滥炸，不仅炸毁了许多工厂企业和藏有大量珍贵图书的东方图书馆，而且炸毁了许多民房住宅，使上海人民大批失业、流离失所，出现了大批难民。于是设立收容所是迫切需要解决的难题，上海各界人士立即动手筹办，单上海战区难民临时救济会就设立了19个收容所，还有各宗教团体、慈善机构和各地会馆亦相继设立了收容所，共有82个，收容了43 350人，其中男11 933人，女15 499人，幼儿15 858人②。

在这短短的几十天内，政府既不出钱亦不支持，全靠全市人民的努力，竟然创办了50多个救护队、70多个伤兵医院和80多所难民收容所，这似乎是天方夜谭。如果不是工农商学政各界同胞同仇敌忾，迸发出极大的智慧和能量，是无论如何都办不到的，这就是民族觉醒的伟大力量！

五、人民抗战的悲壮前奏

在敌强我弱悬殊的态势下，悲壮的一·二八淞沪抗战终究还是失败了。在英美与国联的调停下，在国民政府的妥协下，5月5日，中日双方签订了《中日上海停战及日方撤军协定》和附件，协定规定中国军队不得驻在上海，而日本军队却可驻在公共租界的虹口和原中国政府管辖的闸北、江湾、引翔、吴淞四处，严重侵害了中国的领土和主权③。这一辱国协定的签订，遭到了上海和全国人民的反对和谴责，亦进一步激发了中华民族的觉醒。

一·二八淞沪抗战虽然失败了，但在中国近代史上写下了光辉的一页。首先是开了中国军队正式抵抗日本侵略的先河。九一八事变时，中

①② 《十九路军抗日血战史》，第448—455页、第457—464页。

③ 国民政府外交部档案，存中国第二历史档案馆。

国军队在不抵抗命令下，没有奋起抵抗日军的侵略（仅马占山在江桥抵抗了几天），使东北三省在一个月时间内全部沦陷。而一·二八淞沪抗战时，起先由第十九路军违抗政府命令，奋起抵抗日军的侵略，接着在国民政府的同意下，又组织中央军第五军参加作战，并在上海和全国人民的积极支援下，坚持了一个多月，基本上捍卫了上海的领土和主权，这是十分可贵的，亦是有其历史意义的。其次是打击了日本侵略者嚣张的气焰，增强了中国军民抵抗日本侵略的信心。日军在发动一·二八事变前，曾狂妄地叫嚣：四小时解决问题、三天解决上海等。结果是面对仅仅几万人的两支中国军队，三增其兵，三易其帅，打了三十多天，亦没有占领上海。而中国的第十九路军和第五军在敌强我弱悬殊的态势下，毫无惧色，英勇抗击，顽强坚守，作战到底，显示了中国军人的英雄本色，大大地鼓舞了中国人民抵抗日本侵略的信心和决心。最重要的是这次英勇抗战，催促了中华民族的觉醒。

中华民族的觉醒经历了漫长的苦难的岁月，接受了多次血与火的洗礼，可以说：中华民族从1840年到1932年的90年屈辱的历史锤炼中受到了教育和启迪，深知欲使中国获得独立、自由和富强，唯一的办法，就是必须进行一次伟大的全民族的解放战争。日本帝国主义的野蛮侵略，催促了开始觉醒的中华民族爆发出巨大的力量，他们超越了常规的时间和空间，向着解放的道路迅跑。一·二八淞沪抗战吹响了中华民族解放战争的号角，唤起了中华民族的爱国主义精神，鼓舞了中华民族进行解放战争的自觉性和自信性，掀起了抗日救亡运动第一次高潮，成为中华民族觉醒的先声，伟大的抗日战争正是由于中华民族的彻底觉醒而获得了最后胜利。

（作者单位：同济大学文法学院）

从七七事变到全面抗战

——发动淞沪会战的战略意义

傅应川

一、前言

论及日本侵华史，笔者认为虽然七七事变是中华民族全面奋起抗战之始，但却不是日军侵华之始。其侵华史，可以上溯九一八、甲午战争，甚至于明朝嘉靖年间倭寇对中国沿海的袭扰。

纵然，七七事变掀起全面抗战，但事变发生之后，中日双方皆无立即发动战争之意图。当时日军实行的是所谓的“不扩大方针”①，其目的旨在应对当时的国际环境，追求在华最大利益，并避免与美、苏的冲突②。

对中国而言，基于当时中日双方战力相差悬殊，且因内争未止，作战准备不及。故在七七事变发生后的次日，当时的军事委员会委员长蒋介石虽视此事件为中国的“存亡关头”，但在其7月8日日记中说：“决心应战，此其时乎?”即对于“战”仍感到犹豫，故也没有立即下定决心抗战。

自七七事变起，中日双方虽点燃战火，并在华北交锋，但都无重大

---

① “不扩大方针”是日军侵华的一贯作战方针。早在1915年，其国防计划有关假想敌，依序为俄、美、中，并针对三国，分别制订作战计划，且对华作战计划亦以对俄、美作战是否有利而考虑。此方针在九一八事变后，正式浮出台面。其内涵则依石原莞尔的主张，针对我东北，其重点并非作战，而是“占领地之统治”，作战仅限于南满。日本防卫厅战史室编、台北“国防部”史政编译局编印：《从日俄战争到卢沟桥事变》，《日军对华作战纪要》第19册，1987年版，第349—351、472、474页。

② 《从日俄战争到卢沟桥事变》，第210—211页。

的战斗，仅只能称之为“华北事变”[①]。然仅月余之隔，千里遥远的淞沪地区，却发生双方倾全力，动员超过百万大军，近似一决胜负的大规模会战。

淞沪会战，何以形成中日战争对决的局面？又对长期抗战有何等影响？即是本文欲探讨的主题。

二、七七事变前后的战略情势

(一) 日军侵华策略

日本侵华的图谋，自清甲午战争伊始即步步进逼，九一八事变发生后，则更显露其侵华野心[②]。而其策略无外乎“蚕食”与“鲸吞”。

日军的“蚕食”政策

基本上，“蚕食”为日军侵华的主要策略，旨在“逐次分批，局部侵略”。此策早在1888年即见诸于日军参谋本部小川又次的《清国征讨方略》，将侵华地区划为六块，俾便蚕食[③]。

从九一八事变的日本侵华行径来看，其不但有领土野心，且以殖民统治为其目的[④]。此策在日军作战计划中，称“不扩大方针”，其内涵源自于石原莞尔针对九一八事变的用兵思想。主张发动事变的重点并非作战，而在占领地的统治，用兵则止于南满[⑤]。此后又发动一·二八淞沪事件，致使中国国内的反日情绪高涨，冲突不断[⑥]。日方对事件的态度，一向为

---

① 《从日俄战争到卢沟桥事变》，第187页。

② 台北“国防部”史政编译局编印：《抗日战史——全战争经过概要（一）》，1982年版，第31页。李顿报告书摘要：九一八事变后，国联派遣李顿调查团来远东调查，并于1942年发表调查报告书，书中阐明：九一八事变不能认为日本合法之自卫手段，伪“满洲国”亦不能认为由真正的及自然的独立运动所产生；日本侵占我东三省确立为事实。

③ 郭汝瑰、黄玉章编：《中国抗日战争正面战场作战记》，江苏人民出版社2005年版，第85—86页。

④⑤ 台北“国防部”史政编译局编印：《抗日战史——全战争经过概要（一）》，第31页。

⑥ 日本防卫厅战史室编、台北“国防部”史政编译局编印：《从卢沟桥事变到南京战役》，《日军对华作战纪要》第1册，1987年版，第42页。

要求国民政府抑制民间的反日情绪，负责一切后果，并惩戒、赔偿及扩大其在华权益。

由于国民政府对此无理要求无力反击，遂多方委曲求全，但换得的却是日方步步进逼。甚而在华北，日方要求国民政府罢免于学忠；撤销宪兵第三团，撤走第51军、第2师、第25师等中央军①，并迫使国民政府签订“何梅协定”。

当时蒋介石即看定日本的行径，所行的是“不战而屈”的战略，亦即是不直接使用武力以征服，而是企图借威胁分化、制造土匪汉奸等扰乱手段，达成其侵华之目的②。此举不但使日军基于武力的优越地位得以发挥，并可无度求索，攫取在华利益；又因不直接使用武力，而掩饰侵略、规避战争罪责，妄图减轻其他列强的干涉及冲突。

日军的鲸吞政策

日军的“鲸吞”，系于淞沪会战时，才逐渐形成。也是日军“三月亡华”迷梦的真实写照。淞沪会战战端既启，日军于8月15日决心增兵上海，以应在沪的变局。松井石根大将在受命担任上海派遣军司令官后，即建议决策高层，放弃“局部解决，不扩大方针”，宜谋求“速战速决”，并将华北主力用于华东南京方面③。沪战初期松井受命的任务，旨在维护日本的在华权益，保护日侨④。但战局发展陷入僵局，9月初日军即显不耐，11日决定再次增兵上海，以打破僵局⑤，遂引发对“不扩大方针”的争议，导致石原莞尔的去职，并由下村定接任⑥。日军随即改变方针，并于10月5日决定自华北转用兵力，将主作战转移至上海方面⑦。同时编

① 《抗日战史——全战争经过概要（一）》，第50页。
② 蒋介石：《困勉记》卷上，台北“国史馆”2011年版，第463页。
③ 《从卢沟桥事变到南京战役》，第381—383页。
④ 《从卢沟桥事变到南京战役》，第212—213页。
⑤ 《从卢沟桥事变到南京战役》，第427页。
⑥ 《从卢沟桥事变到南京战役》，第430页。
⑦ 《从卢沟桥事变到南京战役》，第552页。

组第10军在杭州湾登陆，作战方针亦由保侨转变至“消灭上海附近的敌军”①。企图一举歼灭在沪国军，谋求战争的结束。

(二) 七七事变后日军对华作战方针

中日战争爆发前，日军虽策定对华作战计划，但其陆、海军仍以美、苏为主要假想敌国而做战争准备；对中国并未做重大的安排，以为只要分配陆海军的一部分兵力应付即可。

1937年7月9日，日本参谋本部在其《处理华北时局要领》中，指出日军应“尽量将事件限定于平津地方，迅速确保该地方以谋求安定”；采取所谓的“不扩大方针”②。10日上午，得知：国军沿平汉线逐次调兵北上，才觉事态扩大。日陆军决心态度转趋强硬，并增派中国驻屯军的兵力。7月27日，日华北驻屯军在增援兵力到达的支持下，向平津地区发动攻势（第一期作战），两地迅告失陷。日军在占领平津地区后，企图发起其第二期作战，“寻求侵入于河北省之中国野战军，予以击灭”，尽早控制华北局势。

(三) 国民政府对七七事变的因应

七七事变发生后，日本虽仍采取得寸进尺的蚕食做法。但国民政府已体认到：“一味的退让，日本外交当局之要求，范围亦必愈大，必须采取适当的抵抗”③。1935年元月，德国顾问塞克特在“中国国防行动准则”中提出建议，积极准备对日作战的方针④。

国民政府于事变发生后，一反以往处理中日事件的态度，下令调孙连仲部两个师，庞炳勋、高桂滋两部各一个师北上保定、石家庄，增援

---

① 日作战部长下村定主张，对上海国军主力进行决战，迫使中国屈服而结束战争。《从卢沟桥事变到南京战役》，第553页。

② 《从卢沟桥事变到南京战役》，第219页。

③ 1935年2月20日，德国总顾问法肯豪森（Alexander Von Falkenhausen）对“时局对策”的建议。黄庆秋：《德国驻华军事顾问团工作纪要》，台北“国防部”史政编译局1970年版，第56页。

④ 台北“国防部”史政编译局所藏档案，《塞克特中国国防行动准则》第1页。

宋哲元的29军①。蒋介石增兵之意图，旨在打击日军扩张之企图，并谓“打破其何梅协议矣”②。12日及29日在庐山两次召开谈话会，凝聚抗战共识。17日在会中发表“对于卢沟桥事件之严正表示”的谈话（19日正式对外公开），蒋介石强调“全国应战以后之局势，就只有牺牲到底，无丝毫侥幸求免之理。如果战端一开，那就是地无分南北，人无分老幼，无论何人，皆有守土抗战之责，皆应抱定牺牲一切之决心”③。声明中并制订“最低限度”四条件④，为解决卢沟桥事变的处理方针。国民政府坚定的抗战声明，不但视七七事变为一场战争，且为一场必须坚持到底的“持久抗战”。

就军事作为而言，“抗战声明”即全面抗战之“开战指导”⑤。蒋介石在发表抗战声明之当日，在其日记上写道：“倭寇使用不战而屈之惯技，暴露无遗，我必以战而不屈之决心待之”⑥。此一理念在1935年筹谋抗战决策之时即已确立，并逐渐形成共识⑦。不但是对日抗战战略的一贯方针，亦显不惜一战的决心，等待的只是作战条件成熟与适当的时机。

（四）淞沪会战与持久抗战

扫荡扑灭在沪日军

军事委员会于1937年8月20日以“大本营训令第一号”，颁布大本

---

① 蒋介石于七七事变发生后，分析日军可能行动，认为日军此时对我开战并不有利，应系针对华北的局部情势，可由宋哲元负责，并欲意借此冲突之机，要求日军退出丰台。蒋介石：《困勉记》卷下，第559—560页。

② 蒋介石：《困勉记》卷下，第560页。

③ 蒋介石：《对于卢沟桥事件之严正表示》，秦孝仪主编：《总统蒋公思想言论总集》第14卷，中国国民党中央委员会党史会编印，1984年版，第582—585页。

④ （一）任何解决，不得侵害中国主权与领土之完整；（二）冀察行政组织，不容任何不合法之改变；（三）中央政府所派地方官吏，如冀察政务委员会委员长宋哲元等，不能任人要求撤换；（四）第二十九军现在所驻地区，不能受任何的约束。《对于卢沟桥事件之严正表示》，《总统蒋公思想言论总集》第14卷，第584页。

⑤ 台北“国防部”史政编译局编印：《抗日战史——全面抗战经过》第2册，1992年，第40页；蒋介石视为“应战宣言”，载于1927年7月16日日记。

⑥ 蒋介石：《困勉记》卷下，第562页。

⑦ 参看蒋介石1925年7月19日至21日日记。

营之作战指导:“以达成持久战为基本之主旨”;[①]“对于侵犯我主权领土……之敌国倭寇,决以武力解决之”;并将全国划定为四个战区[②],第1战区(冀省及鲁北)、第2战区(晋、察、绥)、第3战区(江、浙)、第4战区(粤、闽),并赋予作战任务。[③]

淞沪为第3战区的辖区,受领之任务为:“迅即将目下侵入淞沪之敌陆海军及其空军陆上根据地,扫荡扑灭……”[④]依此作战指导方案,不但为“持久消耗”战略的战争指导定调,且明示先于日军在沪发动攻势,将局部冲突的七七事变扩大到全面抗战;在作战态势上,在不失主动的作为下,将战势导向以华东为主战场、华北为支战场的战略态势。应对日军的战略方针,恰是主支易位。此乃“持久抗战”方案的主旨精神,意在保持内线守势的有利态势。

国民政府参谋本部在1936年底草拟《民国26年度国防作战计划》,是最早的“持久抗战”具体方案,指明:“长江下游地区之国军,于开战之初,应首先用全力占领上海,无论如何,必须扑灭在上海之敌军,以为全部作战之核心,尔后直接沿江海岸阻止敌之登陆……不得已时,逐次后退到默认阵地,须确保乍浦、嘉兴、无锡、江阴之线,以巩固首都。”[⑤]

此全面抗战的战略布局。即俗称“以空间换取时间”的战略;可视需要放弃空间,但必须使敌军付出相当代价。蒋介石相信:日军可能为此战略深入内陆,形成缺乏部署纵深的绵长战线及过于延伸的补给线,不但会因防御薄弱而穷于应付,且会为维护绵长的补给线而变成一无所有;

---

① 《国军战争指导方案及战斗计划》,台北“国防部”史政编译局藏,档号:5422-6015,油印原件。

② 实为五个战区,第5战区未划定作战责任区,视敌登陆状况而配置。《国军战争指导方案及战斗计划》。

③ 《抗日战史——全战争经过概要(一)》,第81页。

④ 《国军战争指导方案及战斗计划》。

⑤ 《国民党政府1937年度作战计划(甲案)》,引自中国第二历史档案馆编:《民国档案史料》1987年第4期,第40—43页。

这就是“消耗战”的战略。自负的日本军必定会被此战消耗而崩溃①。

创造一个利于持久抗战的战略态势

战势的顺利除取决于战力外，形成有利的战略态势亦是决定性因素。在战略上，“根据基地”、“作战正面”与“作战线”三者的关系，构成了战略态势。1935年6月蒋介石入川之后，以川、滇、黔为根据地的设想，概已形成共识。此后，有关作战线的问题，即陆续加以讨论。

依当时的情势判断，对日抗战将面临来自华北及华中两方面的敌军。日军亦确有如是的记录，1938年省部会议有明确记载谓：“汉口作战的方法，有南下平汉铁路及溯长江的二个方法，但两种均属兵力不足。”②此方法，也就是形成由北向南或由东向西两条不同的作战线。亦将与中方“持久抗战”形成两个不同的战略态势。

由于国民政府经营四川基地，且多认为由东向西的作战线对持久抗战较为有利。徐永昌解释，蒋介石当时对“持久抗战”的看法：“前时所以避战，是因为与敌成为南北对抗之形势，实不足与敌持久。自入川、黔后，与敌为以东西对抗，自能长期难之”③；又陈诚回忆说：“敌军入寇，利于由北向南打，而我方为保持西北、西南基地，利在上海作战，诱敌自东而西仰攻。关于战斗序列，应依战事发展不断调整部署以期适合机宜。”④

从地略形势言，上海位居长江口，在战略意义上是控制中国的中心点。一则为对外海上交通的枢纽，另则溯长江直达武汉，并可深入四川腹地。由于当时川省工业尚未建立，军需民用依靠国外输入，其中尤以军械及战略物资为甚。若上海等沿海城市失陷，输入无门，国军所需战具，迅即告罄，对日的抵抗力即无以为继，必无战胜的希望。故抗战的

---

① 董显光：《蒋委员长》，引自《从卢沟桥事变到南京战役》，第376页。
② 《从日俄战争到卢沟桥事变》，第796页。
③ 引自徐永昌1925年10月15日日记复印件。
④ 陈诚：《陈诚回忆录——抗日战争》，东方出版社2009年版，第15页。

第一步，“就是要消灭在我国土内之敌驻防军”，上海即为优先选择方案之一[①]。

就布局战略态势言，倘若日军坚持坐守华北，除以强大武力将之逐驱外，并无其他方法可施。但因中方战力居于劣势，其法不可行。只有诱其转移兵力南下华中，使其主支易位。而另一战略意义，系因日军兵力虽强，但不够众硕，分散其兵力，即形同削弱其战力。这是持久战略以空换时的精义。又因上海是国际都会，影响国际视听，日本重大利益之所在。点燃在沪战火，在兵法上谓：“攻其所必救”，日军不得不被迫回应。

（五）淞沪会战的启动

战前准备

蒋介石于卢沟桥事变发生的次日（7 月 8 日），即开始调动兵马以因应事态的发展，除华北外，“令长江沿岸戒严”，并在日记中排上“预定”[②]，这是启动沪战预做准备，并为发动会战之始。时驻扎京沪地区的是张治中，京沪警备司令部所辖部队为中央军精锐的第 87、88、36 师。为便于机动，分驻于吴县、常熟、无锡一带的铁路沿线。由于上海市内不得进驻正规军，市内仅有上海保安总团、警察总队及保卫团[③]。13 日，驻嘉兴的第 2 师补充旅（旅长钟松）调往上海[④]，这是对上海的第一次增兵，象征紧张局势的升温。

时机及条件

发动沪战，除了准备战力，亦需考虑国际视听及条约义务。当时在积极备战中，蒋介石在沪战前，期完成三件事情：（1）打破 1932 年《淞

---

① 《德国驻华军事顾问团工作纪要》，第 58—59、64 页。

② 蒋介石 1937 年 7 月 8 日日记。蒋日记有撰述，有固定的格式，此“预定”为纳入备忘录管制的工作事项。

③ 台北“国防部”史政编译局编印：《抗日战史——淞沪会战（一）》，1980 年版，第 6 页。

④ 《卢沟桥事变后统帅部第三次会报会议记录》（1937 年 7 月 13 日晚），中国第二历史档案馆编：《抗日战争正面战场》上册，凤凰出版社 2005 年版，第 238 页。

沪停战协议》中方，在上海市不得进驻正规军的规定限制；（2）为发动沪战寻求一个借口；（3）召开国防会议，决定战略，并完成“手拟抗倭战术”，以为部队作战行动之准则①。

7月28日，驻防平津的29军作战失利，南苑失陷，完全退出北平。蒋介石在日记写道：“政府应照既定决心，如北平失陷，则宣言自卫，与对倭不能片面尽条约之义务矣！”他认为，日本夺取平津，即不遵守辛丑条约，中国也就没有义务再遵守淞沪停战协议了②。继之，7月30日，张治中向军事委员会建议，一旦上海情况异常，“宜首先发难”。蒋介石回电同意：“卅未电悉。应由我先发制敌，但时机应待命令。”在同一天，蒋介石把教导总队调到上海近郊的苏州一带，全总队约13 000人，相当于一个加强的调整师。次日，更指示军事委员会赶筑京沪一带防御工事，并加紧建造杭州各飞机场工事等③，积极备战。

启动的导火线

在中日双方备战的紧张局势中，8月9日发生了上海虹桥机场事件（日本称为“大山事件”）。是日，张治中命钟松旅的一个营，以保安团名义进驻虹桥，日本驻沪海军立刻听到风声。下午5时左右，日本海军陆战队大尉大山勇夫及一等兵斋藤要藏驾驶军车开到虹桥机场门口，企图强行进入，遭保安团卫兵阻止，大山等人不仅不停车，反而开枪；保安团遂开枪还击，驻守机场的特务团第8连士兵亦闻声开枪，斋藤企图驾车逃避未果；大山当场在车内毙命；斋藤中弹受伤后，倒在农田中死亡。

上海市长俞鸿钧立即向日本驻沪总领事馆电话通报，并与日方总领

---

① 蒋介石1937年8月1日日记，《本月大事预定表》。

② 蒋介石1937年7月28日日记。

③ 《蒋委员长指示军事委员会政训处处长袁守谦注重民众组织与防空防毒训练以及对日军心战宣传手令》，中国国民党中央委员会党史委员会编印：《中华民国重要史料初编——对日抗战时期》第二编，《作战经过》（二），1981年，第162页。

事冈本季正数次交涉，过程尚属平和。日海军陆战队也一本“不扩大事态”之原旨，发表声明，但背后却暗潮涌动，积极部署兵力。

当时在沪日军属海军第三舰队，有军舰十余艘，岸上则有海军特别陆战队 4 000 余人①，兵力单薄。虹桥机场事件次日，日方即急调佐世保舰队之机动部队，及两支海军特别陆战队约 2 000 余人赴沪增援②，但仍不足以应付扩大的事态。日方深知如要派遣陆军到上海，尚需约 20 天，因此海军省指示在沪日军，“目前应尽量慎重行事”。这是日方处理事件和缓的原因。

(六) 会战经过

下达围攻令战火点燃

8 月 11 日下午，蒋介石得知日本军舰正往上海集中，且有 8 艘运输舰抵达，估计是运载日本陆军来沪，故“决心封锁吴淞口”，准备部署攻击③。晚上 9 时，蒋介石用电话下达了作战命令：令司令长官张治中“率第 87、88 两师于今晚向预定之围攻线推进，准备对淞沪围攻”。同时命令驻蚌埠的第 56 师星夜开赴苏州；嘉兴的炮 2 旅第 3 团（装备瑞典制 L/14 博福斯 75 mm 口径山炮 24 门）和南京的炮 10 团第 2 营（L14 式 150 mm 榴弹炮）也开赴苏州，统归张治中指挥。④

张治中即令，88、87 师于 11 日夜向上海集中。12 日清晨，各部相继抵达南翔、真如、大场、江湾等地。驻南京、嘉兴、蚌埠的部队，则连夜开抵苏州等上海外围地区；第 39 军军长兼 56 师师长刘和鼎奉张治中之命，出任江防指挥官，指挥第 56 师和江苏省保安第 2、第 4 两个团，

① 台北“国防部”史政编译局译印：《卢沟桥事变前之海军作战》，《日军对华作战纪要》第 15 册，1989 年，第 492—493 页。

② 《卢沟桥事变前之海军作战》，第 489—490 页。

③ 蒋介石 1937 年 8 月 11 日日记。

④ 《上海作战日记》（1937 年 8 月 11 日），中国第二历史档案馆编，《抗日战争正面战场》上册，凤凰出版社 2005 年版，第 339 页。

负责太仓至宝山一线的长江江防。[①]12 日下午，蒋介石亲到上海巡视，提醒张治中封锁吴淞口[②]。

上述具有指标性意义的战术作为于 8 月 7 日至 13 日次第完成。象征着从战略到战术作为上都已完备。蒋介石认为，依据国防会议，发动沪战有全军的支持。故曰："全国将领集京赴难；是为胜利之基也。"[③]而手编抗日战术，决定战略得出的结论，即"以战术补正武器之不足；以战略补正战术之缺点，使敌处处陷于被动"。[④]万事皆备，大军只待一声令下。

史称的"八一三淞沪会战"并未于 8 月 13 日发起攻击。是日 13 时，张治中仅向所部下达"警备命令"。实迟至 14 日夜，才下达沪战正式的攻击命令："集团军明（15）日拂晓开始攻击，重点指向杨树浦以西至虹口公园、日海军司令部间；压迫敌人于苏州河、黄浦江而歼灭之。"[⑤]大战一触即发，第九集团军继 15 日拂晓发起第一次总攻起，又于 16、17 及 20 日发起三次总攻。在前三次总攻中，经激烈之争夺，双方皆有重大伤亡。但中方后继乏力，退回原防。张治中为贯彻围攻使命，于 20 日 1 时乘 36 师协同 87 师在天宝路方面取得进展，遂乘势发动总攻，并突破日军阵地全纵深，直抵汇山码头。形势大有可为，讵料日陆军主力增援到达，形势改观，被迫中止攻击，使围攻功亏一篑。

日军增兵战火扩大

8 月上旬，上海风云渐急。日军在东京方面产生激烈辩论，在 10 日的阁议上，海军大臣米内光政以慎重的态度，要求派兵护侨，并促陆军准备动员，陆军大臣杉山元仅表示了解。但在石原莞尔强烈反对下，仍主张陆军派兵仅止于华北；上海、青岛则由海军负责；最终决定以派兵

---

① 《张治中回忆录》上，文史资料出版社 1985 年版，第 121 页。
② 蒋介石 1937 年 8 月 12 日日记。
③ 蒋介石 1937 年 8 月 7 日日记。
④ 蒋介石 1937 年 8 月 13 日日记。
⑤ 《抗日战史——淞沪会战（一）》，第 17 页。

护侨的最小兵力为度。[1]

8 月 13 日上午召开阁议，举行层级最高的四相会议。认为："势态到了这个地步，出兵是不得已。"遂正式同意派遣陆军到上海。[2]8 月 14 日，日参谋本部以临参命第 73 号，编组上海派遣军，以松井石根大将为司令官，辖第 3、11（欠天谷支队）两个师团，协助海军，进攻上海附近之中国军[3]。

从围攻到反登陆作战

8 月 23 日日本两个陆军师团登陆后，当天凌晨开始，中日双方即在吴淞、浏河、宝山、罗店一带，先后展开激战。淞沪会战进入第二阶段，作战重心逐渐由在市区围攻，转移到抗击登陆的日本陆军上海派遣军。

此际，中方增援部队亦陆续开到，并调整编组成立第 15 集团军，初期下辖 3 个军（18、39、74）、8 个师（6、11、14、51、56、58、67、98）。由陈诚出任第三战区前敌总司令兼第 15 集团军总司令。由于部队到达时间不一，兼顾战势发展，遂编成左、右翼两军，以配合第 9 集团军的部署，分别加入其左、右及中央军作战[4]。另将后续到达部队编成预备兵团，以因应作战之需要。

第 15 集团军在陆续到达部队的增援下，逐渐接替第 9 集团军江防任务，执行反登陆作战，试图围歼刚刚登陆立足未稳的日本陆军，夺回罗店、殷行等被日军占据的战场要地。但因日军陆、空火力炽烈，舰炮、飞机狂轰滥炸，国军以血肉之躯，与日军第 3、11 师团展开殊死战，双方攻防焦点在罗店、宝山的争战；创造了罗店争夺战可歌可泣的辉煌战例。退守第一线阵地后，则步步为营，在吴淞、宝山、月浦、杨行等地，亦

① 《从卢沟桥事变到南京战役》，第 366—369 页。

②③ 《从卢沟桥事变到南京战役》，第 369—371 页。

④ 台北"国防部"史政编译局编印：《抗日战史——华东地区作战》，1987 年版，第 45—55 页。

有激烈攻防。

会战扩大日方再度增兵

面对国军的坚强抵抗，日军也陷入苦战，战况陷入胶着。在这种情况下，上海派遣军司令官松井石根请求向上海增派援军，海军也提出增兵请求。

日增兵之议，除了因在沪的战况发展不如预期，最重要的因素还是对华作战方针的争议。8 月 19 日，初次派往上海的部队尚未登陆之前，日本参谋本部即讨论再次增兵上海的问题。

19 日的会议，主要在反映松井军司令日前对派兵赴沪的看法："放弃局部解决不扩大案"，"使用某程度果敢的兵力，谋求传统精神的速战速决"①。松井的言论与主张，迅即成为尔后日军再度增兵的重要理由，并为处理在沪作战张本，对"不扩大方针"的指导产生重大影响。然陆军大臣杉山元对局势的看法仍寄望于："不久后即将发生的华北会战，正是达到此目的的一战。"②这说明，到了 8 月下旬，日本陆军部仍想在华北的会战中解决战局。

9 月 6 日，日继续增兵。决定增派 3 个师团（第 9、13、101 师团）增援上海。首先，命令原在华北的第 11 师团天谷支队归建。其次，在动员 3 个师团集结、运输的阶段中，又先从台湾守备军中抽调重藤支队，迅速派往上海；7 日又发布临参命 96 号，从华北方面军抽调后备步兵（10 个大队）、炮兵（2 个中队）、工兵（2 个中队）、野战重炮兵（1 个大队）、高射炮队（5 个队）等，迅速赶赴上海③，以解燃眉之急。

日军战略转变主支易位

日本基于对苏之顾虑及作战准备，故急于解决在华战局。遂于 10 月

---

① 《抗日战史——华东地区作战》，第 381—383 页。

② 陆军省军事课长田中新一大佐业务日记，摘自《从卢沟桥事变到南京战役》，第 410 页。

③ 《军令部次长嶋田繁太郎海军中将备忘录》，摘自《从卢沟桥事变到南京战役》，第 424—425 页。

初，全面检讨在华军事。时华北战场太原会战态势已决，日军主力对中方之作战，概已形成追击态势；唯对沪作战仍无进展，呈现胶着。日军为打破此僵局，于10月中旬以后，逐渐形成决策，抽调华北部分军力，除以16师团增援上海派遣军之外，另编成第10军，下辖第6、18、114师团及其他必要之支持部队，决定于10月末或11月初在杭州湾北方之金山卫登陆，“推进至上海市西南地区，与上海派遣军共同消灭上海周边敌军”①。于是，华中方面变成两个军的9个师团，华北方面则变成两个军的7个师团，主作战明显地转移至华中②。战略态势全般改变，形成中日主力在华中对决的态势。

杭州湾登陆战局逆转

11月5日清晨，日军第10军司令官柳川平助以3个半师团的兵力，在舰炮掩护下，突然在杭州湾北岸金山卫附近登陆。金山卫地区有多处便于登陆的海滩，蒋介石曾提醒严防，张发奎也注意到这个问题。10月26日中央军撤到苏州河南岸后，浦东战况激烈，兵力不足，不得已把防守沿海部队陆续抽调到浦东作战，造成防务空虚。从金山卫至乍浦几十公里长的海岸线，当时只有第63师的2个步兵连、炮兵第2旅第2团1个连，以及少数地方武装防守，根本无法抵抗人数超过10万、装备精良的日本陆军正规军的突袭登陆。

蒋介石得知金山卫登陆的消息后，发出紧急指令，采取了紧急应变处置，右翼集团第八集团军副总司令黄琪翔紧急抽调第62师、79师，独立45旅等部，赶赴金山卫一线；还令第67军（东北军，军长吴克仁）速经松江向金山挺进，阻止日军登陆，但为时已晚。11月8日夜晚，日军三面突入松江城，67军伤亡惨重，被迫撤退，沪杭铁、公路被切断。9日军长吴克仁在白鹤港指挥所部渡河时，中弹身亡。

---

① 日参谋本部“第十军作战要领案”，引自《从卢沟桥事变到南京战役》，第564页。

② 《从卢沟桥事变到南京战役》，第552—559页。

上海方面，日军于10月31日强渡苏州河，向南推进。11月7日，进攻上海南市。守军第55师165旅（旅长张彬），与日军苦战三昼夜，11日，张彬在巷战中阵亡。12日下午，该旅撤进法租界，上海陷落①。

11月13日，日第16师团沿长江在江苏太仓境内的白茆口登陆成功，前锋直指京沪铁路和公路，与第10军形成合围之势，淞沪地区之中国70万大军顿时陷入危险境地。日第10军占领松江后，不顾不得超越苏州—嘉兴一线的命令，随即兵分两路，分沿太湖东岸及沪杭铁路，直趋青浦、昆山及枫泾、嘉善和嘉兴。此时，中国军队已将成为瓮中之鳖，若不撤退有被日军围歼之虞。

张发奎在10月28日大场陷落、陈诚在11月5日日军登陆金山卫时，都曾建议蒋介石及早撤退，以保全实力进行持久战。蒋介石在11月5日原本已同意撤退，但随即变卦，命令“再打三天”②。蒋介石如此犹豫不决，是因为他一直认为“解决中倭问题，惟有引起国际注意与各国干涉”③。九国公约组织11月3日在比利时首都布鲁塞尔召开组织会议，主要议题就是日本侵华事件，所以他希望再坚持几天，以利国际视听，“此乃抗战牺牲之效果也”④。

但此时，军心已乱。到了11月8日晚上，蒋介石终于下令全面撤退，所有部队撤出上海战场，兵分两路向南京、苏州、嘉兴以西地区转移。由于命令来得太晚、简单而急促，大部分命令无法确切传达下级，各级司令部在状况不明、指挥失控的情形下，形成了混乱的局面。数十万中国将士挤在几条公路上，头上有日军飞机轰炸扫射，后面又有日军地面部队穷追不舍，导致撤退的过程中，人员、装备损失

---

① 焦长富：《防守柘林、浦东纪实》，中国人民政治协商会议全国委员会文史资料研究委员会《八一三淞沪抗战》编审组编：《八一三淞沪抗战》，中国文史出版社1987年版，第222—224页。

② 《陈诚回忆录——抗日战争》，第55页。

③④ 蒋介石1937年10月31日日记。

惨重。

因为秩序大乱，许多部队在撤退的过程中失散。更无奈的是，先前费心建设的几道坚固的国防工事（吴福线、锡澄线等），在毫无准备的状况下，没有发挥任何效用。淞沪会战最后即在大军混乱的退却行动中，画下最后句点。

三、淞沪会战的战略意义

在全面抗战的过程中，共发生 22 次大型会战。无论从会战的规模或对抗战全盘的战略影响，淞沪会战无疑居于最为关键的地位。又因一开始就形成百万之众的大型会战，更凸显淞沪会战复杂的战略情势。

（一）战而不屈启动全面抗战

蒋介石的抗战核心理念，即是看定日人"不战而屈"的伎俩；故以"战而不屈"应之。全面抗战就是这种战略的具体展现。

就作战规模而言，七七卢沟桥事变，仍属区域性局部冲突。但淞沪会战中日双方皆倾全力赴战，为实实在在的全面大战。国军方面，由初期的 3 师 1 旅，逐次增援到达，最后投入上海的兵力，计 75 个师、7 个旅、1 战车营、5 个炮兵团，约 75 万人；连同支持的海、空军，单方面总兵力即高达百万人①。而日军从最初不足 5 千名海军陆战队，经过国内动员，三次大规模的增兵，并由华北抽调兵力赴沪，逐次增加到 9 个师团又 2 个支队（独立作战之旅团），加上其他作战、后勤支持部队，总共亦超过了 40 万人②。

此等会战规模，实已有以"决战"决定战争结果的意味。因为，当时双方投入的兵力，概已倾巢而出。全面抗战前，国军总兵力计有步兵 182

①② 《抗日战史——华东地区作战》，第 214—215 页。

个师、46个独立旅、9个骑兵师、20个独立团及其他的炮兵等支持部队，常备兵约170余万人。①由于疆土辽阔，须待守备，故初期规划使用于第一线的兵力，仅80个师又9个独立旅、9个骑兵师。②此外，在华北的第1、2战区，亦投入52个步兵师、5个骑兵师，③总计使用的兵力已达132个步兵师。故淞沪会战末期，国军所投入之兵力已超过原定计划的总和。

反观日军，卢沟桥事变前，日本陆军的现役部队，编成17个师团、2个战车联队、4个骑兵旅团④。1937年11月初，日军在华投入之兵力，计4个军16个师团又2个支队⑤。除此之外，仅有关东军、驻朝鲜军及日本国内2个常设师团，不但将90%以上的陆军用于中国战场，显亦超过原有的兵力规划。如是观之，沪战确实是全面抗战的开始。

(二) 打破日军战略完成初期战略布局

按1937年的国民政府作战计划，第一步就是要消灭在上海驻防之日军，以为全部作战计划之核心，尔后直接沿江、海岸防御，阻止敌之上陆⑥。此计划的要义在争取主动，掌握先机，并在开战之初即控制全局。

另就形成持久抗战，有利的战略态势言，保持一个东西方向的作战线，对中方最为有利，故在沪发动攻势，迫使日军调华北日军南下，以改变原由北向南的作战线。沪战末期，日军投入在华兵力，华北2个军7个师团，华东2个军9个师团，明显地将主作战转入华东⑦。国军发动沪战的主要目的已达。会战初启，国军围攻日海军陆战队司令部，即打乱

---

① 何应钦：《对五届三中全会军事报告（自1936年7月至37年2月）》，《抗战期间军事报告（上）》，（民国）国防部出版，1948年12月，第2页。

② 台北“国防部”史政编译局编印：《抗日战史——总论》，1987年版，第148—149页。

③ 台北“国防部”史政编译局编印：《国民革命军建军史——八年抗战与戡乱》，1987年版，第146—215页。

④ 《国民革命军建军史——八年抗战与戡乱》，第50页。

⑤⑦ 《从卢沟桥事变到南京战役》，第559页。

⑥ 《国民党政府1937年度国防作战计划》，分（甲）、（乙），中国第二历史档案馆先后于1987年第4期及1988年第1期《民国档案》公布。本节摘自甲案，《民国档案》1987年第4期，第42—43页。

日军所行“不扩大方针”的布局。由于日军受苏联驻远东军的羁绊，在沪作战又陷入华北、华东战场，孰轻孰重的两难；其战略徘徊在“扩大”与“不扩大”方针，与“速决歼灭”之间；因兵力不敷运用的犹疑不决，一步步地蹈入持久抗战的泥淖之中。

日方因而逐次增加兵力，扩大作战规模，最后形成中日两军倾全力在沪决战的态势。这个后果，完全出乎当时日本陆海军的预料，中国会将如此强大兵力，集中至上海方面，这是日方对中日战争的失算。而石原莞尔则更直接地将其盘算，摊在决策过程中，表示：“上海危险就撤侨，损失一亿也好，两亿也好，侨民损失多少，（日本政府）全赔给他们。这比起战争便宜多了!”

相对而言，9月蒋介石即看清了当时的作战情势，日本已犯了战场主、支易位的错误，谓：“敌之战略弱点，乃以支战场为主战场……彼愈进愈穷，进退维谷，不难旷日持久，以达我持久抵抗之目的。”①

(三) 政略战略配合的失策

寻求国际解决，是蒋介石基于1932年一·二八淞沪作战的经验。因为，在上海打仗，势必影响列强租界的利益，起而斡旋、干涉，有可能重演“一·二八”国际调停的历史；俾争取宝贵时间，并视为持久抗战中的一部分。这一思考不断地反映在沪战之中。10月26日夜晚，蒋介石命守军撤到苏州河南岸，重新布防②。留置88师524团第1营的部分兵力，死守四行仓库（即著名的“八百壮士”），目的是向即将召开的九国公约会议显示中国军队并未放弃上海市区。租界当局怕受到日军炮火的株连，英、法、意领事都出面协调，最后谢晋元部奉命撤入租界。

11月5日，沪战对中国不利的形势已至为明显，蒋介石原本已同意

---

① 以支战场为主战场，是蒋介石认知“日本以美、俄为目的敌”。蒋介石1937年9月2日日记。

② 《顾祝同致蒋介石密电》（1937年10月26日），《抗日战争正面战场》上册，第400页。

撤退，但亦基于九国公约会议的召开、国际干预的考虑，随即变卦，命令“再打三天”①。以致失去撤退的良好时机，遭致惨重的损失。

寄望国际干涉，德国驻华顾问早有先见，曾建议蒋介石，指出：“华盛顿九国公约，实际早成废纸，中国苟不自卫，则他国无力相助。”②沪战最后的失策，印证了德国顾问的所言不虚；而有史家评为“战略为政略殉”③。

另从持久抗战之主旨言，应本消耗日军保留实力、诱敌深入之原则。会战至11月上旬，日军再次增兵，分别在杭州湾及白茆口登陆后，诱使日军主支易位的战略目的已达。即应不失时机退出战场，以保全实力及既有战果。然当时的处置，不但悖离持久抗战的原则与决策；且在退却中遭致无必要的重大伤亡。事后，指挥淞沪战役的陈诚都忍不住质疑“似有决策，似无决策”。④

就战略目的而言，沪战已达持久抗战原始设计的目的，虽然失败，但在战略上亦有正面的意义⑤，是谓惨胜。反之，日军虽胜，但陷入中、苏两面作战的困局，且未彻底消灭国军，屈服中方抗战意志；战争前景未决，种下长期作战、最后败亡的因子，一切作为仍皆落空。

（四）厚植持续战力达成持久抗战

依据战争理论，在实力相差悬殊的战争中，精神战力尤为制胜的张本。中日之战，中国要面对日军绝对优势的战力。在战场上，须依靠数量优势及无畏的牺牲精神，以对抗日军无情炮火的摧残。战前，日军即扬言“三月亡华”，但在沪战三个月的艰苦作战中，中国粉碎了日本“亡华”的迷梦；把中国军民民族意志激发起来了。会战初期，蒋介石用嫡系

① 《陈诚回忆录——抗日战争》，第55页。
② 《德国驻华军事顾问团工作纪要》，第60页。
③ 李君山：《上海南京保卫战》，麦田出版公司1997年版。
④ 《陈诚回忆录——抗日战争》，第58页。
⑤ 马振犊：《惨胜——抗战正面战场大写意》，九州出版社2012年版，第103页。

部队不惜代价地打出几场硬仗，证明抗战并非消耗地方部队。中、后期，各地方军纷纷表态支持，积极参战，各地军队都跋涉而来，连远在西南的川军、黔军、滇军，也来参战；破除了地方割据；统一了中央号令，真正把中华民族的心连在一起。陈诚指出："上海一隅之抵抗，实促进全国一致共赴国难，边省部队皆出而应战，形成统一之局。"①

在"持久抗战"的思想中，确保持续战力是最后胜利的基本条件。故在规划中，以确保上海等沿海港口、维持对外交通为第一目的。倘若此计不成，则需迁移沿海工业至抗战根据地。淞沪鏖战三个月，国民政府把上海和华东沿海的机关、学校、工厂、文物等以各种交通工具，运往武汉、四川、云南；工厂继续生产，学校弦歌不断，使得经济、教育、文化得以延续，军事上的持续战力得有依附。

（五）战术错误失去先机

沪战的错失，蒋介石归咎于"绪战第一星期不能用全力消灭沪上敌军"。认为：何应钦"未将所有巷战及攻击武器发给使用"，待"战车与平射炮催促使用，则敌正式陆军已在虬江码头与吴淞登陆矣"②。就战略目的言，这是沪战首要追求之目标，若不能达成，会战意义将大打折扣，故为蒋介石特别重视。8 月 13 日，蒋介石曾指示张治中："对倭兵营与其司令部之攻击，及其建筑物之破坏与进攻路线、障碍之扫除，巷战之准备，皆须详加研讨"；"倭营钢筋水泥之坚强，确如要塞……究能破毁否？希再研讨。"

但从后来的发展看，张治中似乎并未理解蒋介石的用意，也未认真执行这个指示，以致留下遗憾。唯就蒋介石认为应早期使用战车与平射炮，能否解决攻坚问题，已无法验证，亦只是一种可能的失算。然而在战术上确有检讨的空间。

---

① 《陈诚先生回忆录——六十自述》，台北"国史馆"2012 年版，第 64 页。

② 蒋介石 1937 年 11 月 20 日日记，《本周反省录》。

8月20日，第36师协同第87师发动第四次总攻，突破日军阵地，直抵汇山码头，日军防线呈现动摇，然因后继兵力未跟进投入，日军增援到达而功败垂成。此一结果，对于初期围攻，提醒了一个战术上的反省方向。在蒋介石手编的抗日战术中，教以“战术补正武器之不足”[①]，即已料到有此武器不足的情况发生。做必要的准备，是指挥官责无旁贷的事情。唯补正缺点必需时间，而张治中所谓提早一天就可拿下目标，未必全无道理。但从战术的观点来看，围攻的战术布局，其精神在中央突破，向两翼席卷，切断日军从黄浦江的增援，压迫日军于黄浦江而击灭之。然而实际的行动与战术想法迥异。重点置于沿北四川路、五洲公墓、持志大学方面，形成攻坚，不但使日军坚强工事发挥其效，亦因国军攻坚装备不足而自暴其短，确属战术失败的致命伤，颇值检讨。

四、结语

淞沪会战，中、日双方在上海鏖战三月，都付出了沉重的伤亡代价。国军总共投入兵力75万人左右，死伤超过20万人[②]；日军亦出动了超过25万人，死伤4万余人（战死10 076人，战伤31 866人，合计41 942人）[③]。中日伤亡比约为4.76∶1，而且中国最精锐的中央军三分之二在这场战役中折损，尤其是蒋介石苦心训练的德械师，几乎损失殆尽，对整个中国的战力而言，是极为沉重的损失。但亦有正面的意义。

---

① 蒋介石1937年8月13日日记。

② 据1937年11月5日南京军事会议何应钦的汇报，第3战区8至11月初共伤亡18.72万人（参见徐永昌1937年11月5日日记，《徐永昌日记》第4册，第167页）。第3战区在这三个月中还有一些别的小伤亡，而11月初淞沪会战尚未结束，估算整个淞沪战役国军的伤亡应稍高于18.72万这个数字。

③ 日军淞沪损失人数，有不同的说法。此处采用原始数据：日本上海派遣军参谋长饭沼守日记，1937年11月16日（南京战史编辑委员会编：《南京战史数据集》，偕行社，1989年，第191页），略高于日方公布的其他数字。根据程兆奇的研究，日军伤亡高于此数，约为44 000—44 500人之间。详见程兆奇：《第二次淞沪战役日军死伤人数钩稽》，严耀中主编：《论史传经》，上海古籍出版社2004年版，第444—448页。

整体而言，国军是战术失误、战略成功的[1]。粉碎了日本所谓的“三月亡华论”；破除了军队的地方割据，统一了中央号令，促进了军队的团结，一致对外，形成抗战最后胜利的保证。

孙子曰“军争为利，军争为危”，故以战争的付出评价战争的获得。从日军在淞沪会战期间的决策者的回忆中，看出了日军的懊悔。河边虎四郎认为，当时未预料到，中国方面将其强大兵力集中至上海。也就是对战略付出没有盘算。而石原莞尔则更直接地表示侨民损失多少，全赔给他们，“这比起战争便宜多了!”这句比战争便宜，不但道出所谓的“军争为危”，也隐含了日军在沪战中的战略失策。而中方在战略上，率先发动攻势，制敌先机，自作战开始即掌握主动，控制整个会战的进行，扰乱了日军“不扩大方针”的布局；打破了“速战速决”的盘算；导致主作战线由南北转为东西；并误导日军不断在上海增兵，形成主支易位，寻求不得已的决战态势。

（作者单位：中国台湾“中华战略学会”）

① 张铸勋：《从淞沪会战析论日军侵华作战线改变——抗日战争最重要的战略指导》，《抗日战争是怎么打赢的》，台北“国防大学”编印，2014年版。

政治 · 军事

淞沪会战守势时期作战之评析

滕昕云

淞沪会战历经三个月鏖战，主要分为围攻时期（8月14日至8月22日）、反登陆时期（8月23日至9月11日）、守势时期（9月11日至11月5日），以及转进时期。其间国军投入约70个师的庞大兵力，日军亦动员达30万人之众，这些部队最主要系在守势时期投入淞沪战场。本文即探讨淞沪会战守势时期所发生的战斗的特性，及其对于国军统帅部在战略决策上的影响。

一、淞沪会战守势时期

1937年9月6日，国民政府第3战区以宝山城遭日军攻占，将吴淞、张华浜、罗店、川沙口滩头堡合而为一，而左翼作战军对罗店之围攻亦未奏效，遂颁布第二期作战计划，下令各部队转移至浏河镇—罗店—蕴藻浜—江湾—洋泾一线固守，至此淞沪会战反登陆作战阶段结束，开始了守势时期作战。

淞沪会战守势作战时期，从9月11日至10月26日，日军占领大场，迫使中方中央作战军向苏州河右岸转移为止。这一段时期，国军坚持在一条连续的战线上，承受日军猛烈的攻势，其中虽然数度向后移动调整，但一直到上海总撤退为止，始终维持着这一条长约五十公里的连续的完整防线，和日军进行惨烈的"阵地战"①。国军的战斗序列区分为左翼作战

① 黎东方：《细说抗战》，远流出版社1995年版，第74页。

军（陈诚）、中央作战军（张治中，后为朱绍良）、右翼作战军（张发奎）。这个时期的淞沪会战，表现出了第一次世界大战堑壕战的特色。

由于战场形势的局限性（北起长江，南至苏州河、黄浦江），双方机动的空间受限，于是一条连续战线得以形成。连续战线的意义不仅是一条将战场区隔为敌我所控制与活动之地区的接触线，在军事上而言，连续战线即表示一切迂回与包围的空间将因此而丧失，攻击的一方被迫只能采取正面突破的战法。淞沪会战战场形势恰如一个小型的第一次世界大战西线。日军攻势的进行被迫放弃其追随德国军事思想而来的机动性迂回包围战法，而必须采用代价最高昂的正面攻击。于是“防御是战争较强形式”的明训得以在上海实现。①日军虽然拥有较现代化的装备与战术，但是在面对线性防御的优势时，还是只能服从于这个原则。在 9 月 11 日至 10 月 20 日这一段时间，日军的攻势一般而言只向前推进了五公里而已②。

在这种正面的攻击施行上，日军有其一贯的标准程序。攻击分为三个阶段进行：③

第一阶段：先以飞机集中轰炸，破坏我工事，并袭击我后方，继以炮兵以及海军舰炮向我阵地轰击。

第二阶段：以战车掩护步兵开始进攻，炮兵延伸射程，飞机亦临空阻我后续部队增援。

第三阶段：在战车支持步兵达成突破后，突入兵力将向左右席卷，以造成我方战线的动摇。此时后续部队随即投入，速构工事进行巩固。

这一套战法还是和一战时的战术相似：“炮兵征服、步兵占领”，利用大规模的炮兵射击为步兵的攻击前导；战车的作用在于带领步兵突破

---

① “防御是战争的较强形式”为克劳塞维茨《战争论》中的论述，其原文为“在战争遂行中，防御是较攻击为强的形式”（Die verteidigende Form des Kriegführung ist an sich starker als die angreifende）。见 Carl von Clausewitz，*Vome Kriege*，p.139。

② 黎东方：《细说抗战》，第 92 页。

③ 顾祝同：《墨三九十自述》，台北“国防部”史政编译局 1981 年版，第 171 页。

坚强设防的战线；甚至炮兵的观测仍是以一战的办法用高空系留气球行之。只不过日军实施的规模相较一战西线要小了许多。在这种一战色彩浓厚的战场上，国军的军事体系、观念以及较逊的武器装备正可以有相当的表现，因为在这种战争中，其战术要求是以固定状况与计划为依据的静态线性防御为主要的战法，因此国军部队可以坚守阵地达到相当的时间，甚至根据国军在淞沪战场上的表现并结合后来西班牙内战的经验，英国军事评论家李德·哈特上尉（Capt. H.B.Liddell Hart）在第二次世界大战爆发前还撰文直陈，在防御的优势下，即使是一支装备拙劣的部队亦能击退优势之敌①。

虽然整个作战的形式是以一战堑壕战为主，不过在淞沪战场上还是表现出了现代战争的若干特性。这是第一次空中武力的优势对于战场上的控制产生了如此可观的效果，致使缺乏空中优势的一方在地面上的活动受到严重的限制。许多论述提及日军飞机在战场上空对国军部队妨碍甚大。日军飞机对于战场上国军的活动只要一经发现，立即发动攻击。无论是大部队运动或者是前线阵地上野战厨房的炊烟，都难逃其摧毁。于是国军的一切活动只能限制在夜间实施。白天一到，日军飞机飞临战场上空，国军的活动就必须沉寂下来。这种滋味尔后将为二战中后期北非以及西线的德军所品尝，面对着联军空权压倒性的数、质上的双重优势，德军在白天的活动几乎完全停顿。不过由于淞沪会战已经转为阵地战形式，是属于静态的线性防御，国军在这种状况下，除了前线官兵生活受到困扰外（由于只能晚上开伙，白天吃不到任何东西），作战上尚不致产生绝对致命的影响。国军亦常利用夜间对日军阵地发动小规模之夜袭，也都获有相当战果②。日机对于国军的影响虽然严重，但是其战术运用似乎并无一定的明确计

① Len Deighton：《闪击战——自希特勒之崛起至敦刻尔克撤退》，台北“国防部”史政编译局1981年版，第141页。

② 郭汝瑰：《第十四师杀敌见闻》，《原国民党将领抗战亲历记：淞沪会战》，中国文史出版社2015年版，第248页。

划与目标。除了战术对地密切支持外，日机的行动较为类似临机猎杀的出击，也就是像老鹰一般盘旋在上空，只要一发现有利目标，即俯冲攻击。日军空中武力未能实施战场阻绝，有计划有系统地对一切通往战场的铁公路运输进行攻击，彻底将国军送往淞沪战场的人员物资予以断绝，否则，国军的战斗当更艰苦。①

二、国军成功坚守原因

淞沪国军在守势时期能够在装备与训练悬殊的状况下，坚守阵地长达月余，数度成功击退日本上海派遣军的攻势，主要得归功于以下几点原因：

（一）为战场上兵力的密度大

国民政府在长达五十公里的战场正面上，投入了近五十个师的兵力于第一线上，平均一个师所担负的防御正面有的还不到一公里。部队在如此狭小的正面上展开，势必要采取纵深配备，否则战场将过度拥挤。于是，国军即可以利用大密度的防御兵力以及纵深的布置而使得防御的效能倍增。日军在上海的兵力至11月上旬止，一共六个师团暨若干支队、支持单位等10余万人，日军在攻击时采用重点式攻击，亦即在一有限正面上集中兵力进行突破，因此可以抵销全般态势上数量因素的不利。加以其火力支持精准、各种战术运用技巧纯熟，因此给予国军极大之压力。不过国军因为数量的优势，因此仍能在这种“阵地战”中坚守阵地，当然伤亡十分惨重。日军攻击能够达成突破之处，常常是国军防线上兵团之接合部，如对蕴藻浜南岸的攻击即是②。两部之接合处乃为军事作战中一贯的弱点所在。于是日军得以利用集中重点的攻击突穿国军之脆弱部。

① 蒋纬国：《抗日御侮》第五部，黎明文化出版有限公司1978年版，第92页。

② 台北“国防部”史政编译局编印：《国民革命建军史》第三部（上），1987年版，第831—832页。

(二) 国军部队战力为抗战中最高峰时期

淞沪会战是抗日战争中第一次大规模会战。国民政府统帅部调派大批部队前往参战。因此所有的部队虽然编装不一、战力不尽相同，不过由于第一次上前线，实力均相当完整。当时蒋介石的嫡系中央军大部均投入在淞沪战场，这些部队无论指挥官素质、装备、训练、作战、协同以及补给等各方面都较地方部队为强，因此可以说是国军在抗战中所曾集结过最强大有力的大兵团，各部队战力亦可以说是抗战期间最高的阶段①。这是淞沪会战守势时期国军得以坚守战线的主因之一。之后随着抗战的进程持续下去，由于整补系统的严重不足，各师战力每况愈下，人员编装之缺额无法统统补足，于是各师转战越久，实力越残破。抗战中后期，亦有一师员额仅为满编之一半者，其战力当可想而知了。不过在抗战爆发之后，国军许多制度体系尚能运作有效，因此国军在沪战力可以说是抗战全期中最高的。战场上纵使有大量的伤亡，不过因为运输与补给制度此时尚称健全，各师实力虽无法完全恢复，亦能达到原本之八至九成。

(三) 野战部队补充制度之适宜

当时对于部队的补充，国军采取了补充有战斗经验的旧单位、而不调换新单位上战场的措施。也就是说，除了极端必要的情形下才将前线上的部队撤回后方整补，则尽量让有战斗经验的单位留在火线，而将新兵拨补入老兵的行列之中。这个意见据说是陈诚所提，亦有说是德国顾问的想法②。于是各省的保安团队或者是若干战力不足的新到师，均将之

---

① 陈忠龙、胡龙海：《略论“八一三淞沪会战”战略指导上的得失》，黄玉章主编：《世界反法西斯战争中的中国战场》，国防大学出版社 1989 年版，第 301 页。

② 说是陈诚所提的是刘劲持的说法，见《淞沪警备司令部见闻》，《原国民党将领抗战亲历记：淞沪会战》，第 49 页。而在熊新民的文章中，则指称为德国顾问的建议，见熊新民：《杨树浦与江湾抗战》，《原国民党将领抗战亲历记：淞沪会战》，第 82 页。不过，熊文中记载为“法国顾问”，但是当时国军中并无法国顾问，应是德国顾问之误。

分割配属给前线上的第一线部队。这个做法无疑是正确的。战斗经验的获得是要付出血汗等严苛的代价。一个新到达的师被投入战线上，在甫抵达战场对战场环境一切陌生的情形下，常常会遭致重大伤亡而战斗效能有限。最好的办法是将新兵拨补入老兵的行列中，让有战斗经验的人员指导初上战场者在战场上的一切战斗技巧与求生本领，使一支战斗经验丰富的部队达到足额，恢复其战力。日后在二战苏联战场上，德军即饱尝缺乏具有战斗经验的部队之苦。希特勒迷信数量，将大量新编成的单位送上战场填补空隙，以制造师级部队数量增加的假象，却不将长久停留在战场上的久战单位补足。于是新到的师在缺乏战斗经验、对战场环境不熟悉的状况下通常立即遭致重大的伤亡，而极端有价值的老单位因严重缺额而无法发挥其效能，亦因此而逐渐消耗殆尽。整个东线的德军即在如此的恶性循环下战力减弱。淞沪会战国军能够始终坚持在一线，该补充制度应是一大功臣。

三、“阵地战”对统帅部在淞沪用兵之影响

关于淞沪会战后期，国军统帅部常有论述论及为何在淞沪战场投入如此庞大数量的部队，在一狭小的战场上坚持如此之久。固然统帅部执意在上海坚守，而不采用将部队撤至后方另组战线持久抵抗的较明智作法，遂决定源源不断投入主力于淞沪战场。但是在“阵地战”、“消耗战”等战争形态的遂行下，大量师级部队的投入亦是有其不得不然的客观形势。

淞沪会战国军坚守阵地长达一月，虽然屡次击退日军，但是蒙受极大之伤亡。在这种“阵地战”战争中，双方均体验到了一战各参战国所面临的状况。“阵地战”（der Stellungkrieg；Trench Warfare；中方常用语为“堑壕战”）的另一个同义词就是“消耗战”。当面对着“防御是战争较强形式”所形成的僵局时，攻击的一方常常在无计可施的情形下，只能企图用

大量的火力毁灭敌人的阵地、杀伤敌人的人员，以削弱敌人的战力。在这种情形下，物质与人命的消耗将超出指挥当局的计算。日军并未预料到淞沪的战事会演变成阵地战，因此并无因应的措施。战事发展到10月份时，上海战场的日军发现他们的弹药存量已经严重不足。炮兵一天的用量被限制在0.2个标准基数量，使得第一线师团无法充分得到炮兵火力支持①。这是因为在"阵地战"中炮兵弹药的消耗要较一般野战还要大，使得作战中的弹药需求量超出标准计算配额。

对于中方而言，"消耗战"的效应同样严重地影响了国军的作战。由于我军的战力一般而言较日军为逊，于是如欲维持一条连续不断的战线，势必要求在该线配置较一般状况为多的有力部队才得固守。加以日军现代化武器精良，运用技术熟练，杀伤力大，造成国军的伤亡超出预估之范围。于是为了在如此的状况下继续固守战线，维持一贯的兵力密度与战力，必须不断投入新锐部队至战线上，以填补因长期消耗而可能产生的弱点和空隙，否则淞沪战线将不可能坚守长达十周之久的时间。淞沪会战期间，国军统帅部持续不断将各地赶到的新单位逐次送上前线，即是为了应付"阵地战"与"消耗战"的因应措施。由于初步坚守的成功，为了继续维持已经建立起来的防线，却不得不投入更多的兵力在其中。在这种情形下，讲求持久抵抗以消耗敌人的国军在上海被迫同样陷入"消耗战"之中而无法抽身，再加上日军现代化武器的惊人威力，国军因而遭致惨重的伤亡。这种对于"阵地战"所产生的严重消耗，国军与日军同样始料所未及。

另一方面，日军由于动用的部队本来就比较少，且系属于攻击的一方，同时其装备与训练更精良，而国军所能形成的火力有限，因此其伤亡数字相较之下并不似国军一样高，不过其伤亡比例在日军指挥高层眼

---

① 《从卢沟桥事变到南京战役》，第544页。

中却又是另外一层意义。由于他们所面对者为其一贯不放在眼里的中国军队，而战事在进行近三个月却未能有决定性的进展，在这些情形之下，如此的伤亡是日军所绝对无法忍受的事实。鉴于淞沪战场上的惨重杀戮，日军便谑称上海战场为“血肉磨坊”！总结在淞沪会战期间双方伤亡的人数，国军为30.35万人；日军则是伤31 257人，阵亡9 115人。不过据孙元良将军的估计，国军伤亡人数在18万上下。这一数字更有蒋介石的谈话以为支持。在1938年3月8日对将校研究班的学员讲话中，蒋即提及“我们在上海牺牲十九万人！”即使算这个数字是正确的，却也已经足以惊人了！

四、小结

国军在淞沪会战后期和日军展开惨烈又消耗重大的阵地战形式的战争，诚然表现出了“防御是战争较强的形式”这个定律，但是在现代化武器与火力之下，国军蒙受了重大的伤亡，的的确确是实现了“以血肉筑长城”的悲壮豪情。日本帝国陆军在面对我军所构成的连续战线，在数度突破未果，且亦遭致惨重伤亡的情况下，淞沪会战俨然成为一个严重的军事僵局。日军已然深陷泥淖，当初日军大本营所预期的速战速决、“一击”的战略构想，遂为淞沪国军所彻底打破。

（作者单位：中国台湾淡江大学“国际事务与战略研究所整合战略与科技中心”）

一·二八淞沪抗战中的义勇军

邓一帆

义勇军抗日斗争是一·二八淞沪抗战的一个重要组成部分。在这场典型的以弱抗强、以寡敌众的战争中，一支支由民众自发组成的义勇军纷纷拿起武器积极投入到对日作战和各种战地、后方服务中，为保卫上海发挥了积极作用，成为支持中国守军坚守阵地三十多天，并以劣胜优多次击败日军的重要力量。本文根据现有资料对一·二八淞沪抗战中的义勇军进行了整理和分析，希望能借此文抛砖引玉，挖掘出更多的史料，使这段尘封的历史得以补充和完善，让年轻的一代了解并永远铭记那段峥嵘的抗战岁月。

一、义勇军的概况

九一八事变后，人民群众的抗日斗争如火如荼，各种抗日团体纷纷成立，富有光荣反帝爱国传统的上海人民更是走在全国民众抗日运动的前列，以学生义勇军为先导，上海民众义勇军在全市各界普遍地组织起来。一·二八淞沪抗战爆发后，上海各界义勇军和全国各地援沪义勇军活跃在淞沪战场和上海地区，配合和支援爱国抗日军队前线作战，为淞沪抗战作出特殊而巨大的贡献。

一·二八淞沪抗战爆发的当天，上海市政府曾发给南京行政院一份密电："现在本市各种义勇军，风起云涌。如中华民国退职军人抗日救国义勇军、中国国民精忠义勇军、中华民国抗日救国敢死队、灾民义勇团、国民奋进会……有退伍军人组织者，有系市民及工人所组织者，纷呈本府备案，或请保护前来。”

据初步统计，在一·二八淞沪抗战中共有义勇军六十余支，约两万余人。

义勇军一览表

	名　称	人　数	领导者	组　成
1	上海民众反日救国联合会义勇军	3 000余人	季　苏	沪西反日罢工工人、闸北失业工人和一部分学生、知识分子，由中共江苏省委直接领导
2	中华民国退职军人抗日救国义勇军	1 000余人	仇鸾燮	国民党军队一些退职的爱国军人
3	复旦大学学生义勇军	100余人	林继庸	学生
4	上海市民联合会救国义勇军（共25区）	每区约百人	王屏南、王肇成	在职店员、职员、城市贫民、工商业者、自由职业者，也有个别归国华侨青年
5	上海市民义勇军先锋大队（两批）	400余人	王志祥	上海市民
6	上海市民义勇军第一大队	240余人	王屏南	上海市民
7	冯庸大学义勇军	126人	冯　庸	教师、学生
8	上海法政院学生义勇军	8人	麻乃绥	学生
9	十九路军随营学生义勇军	第一大队199人，第二大队224人，第三大队176人，军官研究班55人	彭培亮、王屏南、戴天人	4月10日—5月18日改编上海各大学义勇军为第一大队，以彭培亮任中校大队长；上海市民义勇军改编为十九路军随营学生义勇军第二大队，以王屏南任中校大队长；改编南京中国抗日救国义勇军铁血军为第三大队，以戴天人任中校大队长。改编援沪讨日义勇军为军官研究班
10	上海各大学义勇军	500余人	温广彝、于璞今、顾传冈，参谋连丕烈	学生

续表

	名　称	人　数	领导者	组　成
11	仰光华侨青年团救国义勇队	65人		缅甸华侨
12	勃生、渺咯合组华侨义勇军	54人		缅甸华侨
13	华侨抗日救国义勇军	252人	吴　越	北伐军旧部，分别来自马来亚、菲律宾、泰国、缅甸、越南和日本等地
14	上海邮工童子军团	100余人	朱学范	上海邮政系统内十八岁以上者
15	水木业义勇军	500人	张世发	上海水木业青年工人和个体劳动者
16	上海市商会社会童子军团	200余人	叶春年、卢绪章	大部分是商店店员和学徒
17	上海花纱业义勇军			上海花纱业界人士
18	上海市童子军战地服务团	600余人	汪　刚	市理事会教练班等童子军及服务员
19	湖南青年铁血救国团	20余人	胡　彬	
20	沪东民众便衣队	300余人	孙华山	
21	上海中学联青年义勇军			
22	招商职工义勇军	队员卞长儒、胡茂枕等12人	俞仙亭	招商职工
23	上海市民抗日决死队三大队	1 500人		上海市民
24	淞沪抗日义勇军	3 000余人	王亚樵	工人、学生、市民
25	救国决死军	1 000余人	余立奎	由淞沪抗日义勇军改编而成
26	驱日前线敢死队		倪　权	
27	南京中央大学学生铁血军团	56人	徐挽澜	
28	四川省抗日救国义勇军敢死队成都第一队	27人	陈潜夫	军界人士、青年学生和工人

续表

	名　称	人　数	领导者	组　成
29	西南在野军人抗日救国北上敢死队			在野军人
30	中国青年反日救国团援沪讨日义勇军第一大队	40余人	罗春霖	
31	讨日援沪义勇军			
32	中国青年反日救国团援沪讨日义勇军第二大队	60余人	冯君怀	
33	中国青年反日救国团援沪讨日义勇军第三大队	83人	兰　斌	
34	上海市总工会义勇军消防救护队	300余人	朱学范	从邮务、卷烟、酱业、牙刷业等各行业义勇中抽调出来
35	国民救国会义勇军（国民救国军）	5 000余人	朱子桥、张子廉、褚慧僧、顾九如	
36	苏北大刀队			苏北民众
37	南京路商界联合会义勇军			
38	南京中国抗日救国义勇军铁血军	125人	戴天人	
39	上海救国义勇军第一中队	40余人	王　秉	
40	上海救国义勇军第三大队	91人		
41	救国军先锋队		刘慕苏	
42	铁血救国军		朱　琳	
43	救国义勇军	500余人		
44	义勇工兵队	300余人	严啸候	
45	泰兴县救国义勇军第一大队	20余人	董笑天	地方警察

续表

	名　　称	人　　数	领导者	组　　成
46	中国青年铁血抗日团	16 人	骆　骏	
47	奋勇先锋队		蒋玉枕、吴坤山、张志刚	
48	中国国民救国军第一军第一师		孙　炎	
49	上海义勇团		朱为珍、黄建平	
50	国民救国志愿军	200 人	张　煊	
51	天津骷髅团	80 余人		
52	救国义勇军励志社	300 人		
53	四川开江青年讨日义勇军	60 余人		
54	上海市国术馆大刀队		唐　豪	上海市国术馆馆员
55	日厂退职同志赴东北抗日救国敢死队			日厂退职同志
56	中国国民精忠义勇军			
57	中华民国抗日救国敢死队			
58	灾民义勇团			
59	国民奋进会			
60	上海青年自愿决死抗日救国团	55 人	叶　斌、章少麟	

二、义勇军的主要活动

义勇军在一·二八淞沪抗战中发挥了多方面的作用，他们有的在战壕中奋勇作战，有的在前线抢救伤员，担负警戒、情报等重要工作，有的在后方开展支前和群众宣传鼓动的活动，这些民众自发组成的准军事武装与十九路军和第五军结成真正的血肉长城，以前所未有的团结和坚强在战场及后方各尽其力，从各个方面支援了抗战。

（一）战地勤务工作

大部分义勇军几乎承担了所有的战地勤务工作，有力地配合正面作战，如为部队挖战壕、筑工事，在后勤运输线上运送食品、弹药，负责通信联络、传递文件，在前后线间抢救伤员、收容救济难民，以及一些重要场所的警卫、管理工作等，其中作出卓越贡献的义勇军有：

上海民众反日救国联合会义勇军（以下简称民反义勇军）。这支在淞沪抗战的炮火中诞生的义勇军由中共江苏省委直接领导，共有近 3 000 余人，编成救护、担架、运输、募捐、宣传、慰劳等队，来回穿梭于前线与后方之间救护、运送伤兵，帮助挖战壕、修筑工事，慰劳抗日将士，宣传抗日救国①，被十九路军誉为“真正的义勇军骨干”。左翼作家楼适夷曾回忆：“2 月中旬，闸北八字桥炮火还没隐熄，臂上佩着民反红十字章的民反救护队，就已出生入死地在血淋淋的战场中抢救负伤的将士。”为方便随时接受各种紧急任务，民反义勇军将前方办事处设在十九路军前线指挥部隔壁。有次，前方修筑工事急需大批麻袋，民反义勇军前方办事处立刻去后方发动民众筹集，不到一天时间，一辆辆卡车就满载着麻袋运到前线，解决了前方部队的燃眉之急；民反义勇军还经常及时完成向闸北前线的官兵们运送弹药和主副食品的任务，“对作战、供应各方面，起了积极有效的作用”②。

华侨抗日救国义勇军（简称华侨义勇军）。这支义勇军是九一八事变后陆续从海外归来准备参加对日作战的北伐军旧部，一·二八事变爆发后，国民政府将他们集中训练，并编入十九路军 61 师。2 月 1 日，华侨

① 陈丽凤、毛黎娟等：《上海抗日救亡运动》，上海人民出版社 2000 年版，第 135—139 页。

② 蒋光鼐、蔡廷锴、戴戟：《十九路军淞沪抗战回忆》，《武汉文史资料》2007 年第 7 期。

义勇军发表通电表示："小不丧军人之人格，大不失中华之尺土，战死而已。"①3日开赴上海，16日正式投入战斗，主要在闸北、江湾和吴淞从事抢救伤兵、挖掘战壕、运送弹药等战勤工作，有史料记载："华侨义勇军与上海市民义勇军是各种义勇军中成绩最佳、最勇敢、最有功勋者。尤其是华侨义勇军，在火线上共同作战，在后方不断挖战壕，所受的痛苦亦最多。"②

上海市童子军战地服务团。淞沪抗战爆发三天后，上海市童子军理事会便组织起战地服务团，截至3月10日，共办收容所13所、地方维持会托管收容所3所，收容难民万余人，遣送难民三批共计1.5万余人，设立警卫伤兵医院五处；服务团先后组织三批团员奔赴苏州、松江、正义、昆山、无锡、南翔、真如、句容、南京以及沪宁路、沪杭路一带，从事筑路、监工、架桥、侦察、运输、招待、通信等工作，还架通了昆山至常熟的电线③；还有部分团员主要担负收容救济难民、募捐、代收代运慰劳品，以及一些重要场所的警卫、管理工作，十九路军车辆的进出也因他们而得到有序管理。服务团还挑选善于驾驶的12人，组织"前方传讯队"，为真如总指挥部交通处传递重要公文。战地服务团在一·二八战役中的卓越贡献受到国内各界广泛称颂，童子军事业创始人，英国陆军中将贝登堡也亲自写信给予嘉奖慰劳。

上海市商会社会童子军团。该团于1927年11月成立，淞沪抗战爆发后，该团迅速集合队伍，组成救护队、担架队和后方服务队，抢救难民，救护伤兵，代收、运支前物资，仅1月29日晚至1月30日在闸北、虹口、江湾、杨树浦一带就救出难民数千人，该团的罗云祥、鲍正武、毛征祥、应文达四名团员，在前往战区救护难民的途中不幸被日军劫持

① 《申报》，1932年2月2日。

② 曾瑞炎：《华侨与抗日战争》，四川大学出版社1988年版。

③ 《一·二八后的上海教育事业》，《申报》，1932年5月9日。

杀害，开中国童子军牺牲之首例①。军团“愤暴日之残酷，敬国军之忠勇”，积极组织前线担架队赴一线抢救伤员，并奉78师令，沿京沪路收容该师伤兵1 500名②，未编入担架队的团员则组成运输大队，每日把物资从市区押运至前线，返程时接回前线下来的伤员。战役结束后，十九路军总指挥部赠予军团“纪律严明”大旗一面，每队员奖章1枚，童子军团不畏生死，广泛参与各种战地及后方服务的服务精神和牺牲精神受到世人的肯定和嘉许。

上海邮工童子军团。该团于一·二八事变当天成立，在战地救护、输送难民、传递军情、投送密件等方面做了大量工作。当时的战地服务快报曾这样报道邮工童子军的活动：“童子军瞿××带着机要公函投送吴淞翁照垣将军，骑车行至张华浜附近，日兵瞥见，用枪射击车后轮，瞿伏身疾驰，泥溅身脸，幸未伤身，完成了使命。有外国记者目睹，著文赞扬。”邮工义勇军还把数辆绿色邮车改漆为白色间有红十字标记的救护车，开赴战场抢救伤兵。3月3日，担任通信和救护工作的童子军陆春华、陈祖德、潘家吉在从嘉定绕道南翔往上海联络的途中被日军杀害。邮工童子军的英勇事迹受到十九路军军长蔡廷锴将军的赞誉，蔡将军称他们为“铁军”！

除上述几支义勇军外，还有上海花纱业义勇军昼夜不息地配合十九路军防守周家渡火药库30多天③；招商职工义勇军勇赴炮火连天的前方一线担任救护任务；上海市总工会义勇会消防救护队穿梭在硝烟弥漫的闸北战地开展消防救护工作；苏北大刀队手持大刀冒着生命危险在长江南岸守备并到青阳港第二线参加防御工作；上海救国义勇军第三大队赴

---

① 中共上海市委党史资料征集委员会编印：《上海市商会社会童子军团与绿营联谊社简史》，1992年。

② 《市童军请拨款劳伤兵》，《申报》，1932年3月20日。

③ 华振中、朱伯康：《十九路军抗日血战史》，神州国光社1932年版。

闸北天通庵路承担掘战壕、堆炮垒、竖木柱、张电网等工作……诸如此类的义勇军抗日义举数不胜数，他们与部队官兵团结一心，出生入死，服务战场，为支援前方作战和救助战区难民做出了巨大贡献。

(二) 参加前线的对日作战

在十九路军的统一指挥和部署下，小部分义勇军直接参加了前线的对日作战，这些没有经过正规军事训练的民众武装力量，在国家、民族面临生死存亡的紧急关头，毅然奋起抵抗，与正规军一起在闸北、吴淞、庙行、宝山、浏河等各个战场上出生入死，并肩作战，顶住了兵力数量占优势、装备更是先进得多的日军陆、海、空军的多次疯狂进攻，迫使日军数次增兵，屡易主帅，死伤逾万，给日本侵略者以沉重打击。其中表现出色的义勇军有：

上海市民义勇军第一大队。1932 年 2 月 1 日，由律师王屏南率领的上海市民义勇军第一大队成立，2 月 20 日，市民义勇军按旅部命令，接替军事地位重要、宝山—浏河防线的第二线枢纽嘉定的防务。2 月 27 日，市民义勇军又奉命开赴宝山前沿阵地，接防后，义勇军日夜修筑工事，布岗设哨。3 月 1 日，日军以战舰、飞机、大炮猛攻宝山，当时宝山阵地只有 18 名正规军，214 名市民义勇军，64 支步枪、12 000 发子弹、400 颗手榴弹、9 颗地雷以及一些大刀和梭镖，面对数量和武器装备都优于己方几十倍的日寇，义勇军没有退缩，他们下定为国献身的决心，坚守阵地，与敌激战一个多小时，使敌军始终不能前进一步①。战后，翁照垣对王屏南说："宝山若非你部坚守，倘若日寇登陆成功，我旅腹背受敌，必被包围撤不出来，后果不堪设想。"充分肯定了市民义勇军坚守宝山的功绩。4 月 26 日，这支义勇军被改编为十九路军随营学生义勇军第二大队。淞沪停战后，6 月 10 日，在无锡举行十九路军随营学生义勇军毕业典礼，

① 中国人民政治协商会议上海市委员会文史资料工作委员会编：《抗日风云录》，上海人民出版社 1985 年版，第 171 页。

随营学生义勇军解散。

中华民国退职军人救国义勇军。一·二八事变当晚，退职军人救国义勇军200余人分成10个组在闸北协助十九路军抗击日军的进攻，他们仅有60余支枪，多数人徒手与敌搏斗，以伤亡4人的代价在天通庵毙敌20余人，并缴获枪支40余支①。2月1日，退职军人义勇军第六师在中兴路成立，68岁的仇鸾夔任司令，当天，官兵1 000余人就开赴闸北前线协同十九路军对日作战②，使坚守闸北的十九路军如虎添翼。

水木业义勇军。该军于九·一八事变后成立，1932年2月5日编入第60师120旅第5团随军作战，2月10日得到枪械后获准进入前线作战，他们先在宝山路、西宝兴路一带与日军对垒，2月15日，协助120旅第6团防守天通庵路，24日又随同第6团调到江湾参战，与第6团并肩作战，进攻体育会路持志大学内日军，屡挫敌锋。水木业义勇军还参加了庙行之战，随同第60师支援88师，对日军采取大包围，围攻敌军，使敌军受重创。③

冯庸大学义勇军。一·二八淞沪抗战爆发后，冯庸当即带领126名学生组成义勇军，编为3个中队，南下上海配合十九路军抗战。2月13日抵达上海后，配合守军警戒浏河前线，在阻击日军在浏河附近登陆战役中，与中央军校教导总队并肩战斗，直至前线守军向后方转移，才随军撤出阵地。尤其值得一提的是，冯庸义勇军中有16名女学生组成的"女子抗日义勇军"，她们被时人誉为"抗日花木兰""现代花木兰"，一时间广为传颂④。

王亚樵与救国决死军。淞沪战役爆发后，"民国第一侠"王亚樵利用

---

① 《申报》，1932年1月30日。

② 《申报》，1932年2月1日。

③ 《时事新报》，1932年4月1日。

④ 张恺新：《抗战中的冯庸与冯庸大学》，《中国近现代史史料学学会学术会议论文集之七——中国近现代史及史料研究》，2007年。

自己的社会影响，组建了淞沪抗日义勇军，开赴太仓战场，配合十九路军作战，淞沪抗日义勇军后改编为救国决死军。决死军选拔精干人员组成敢死队协助十九路军侦察、爆破，并袭击日本司令部，有力地牵制日寇前方兵力，在敢死队的打击下，日军司令部被迫撤至侵沪主力舰“出云”号兵舰。2月29日，日本陆军大将白川义则奉命亲临上海吴淞口，在“出云”舰上坐镇指挥，王亚樵得知这一情报后，从敢死队中挑选了熟识水性的士兵潜入水中，在“出云”号的底部安装炸弹，严重震伤了“出云”号，大大挫败了日军的士气。王亚樵还把自己的斧头帮组织起来，以“铁血锄奸团”名义暗杀敌寇汉奸，跟随他多年的司机王阿毛，受王亚樵之命锄杀日寇汉奸，在所驾车辆被日军强行征用时驾车冲下黄浦江，和车上的几十名日军及武器同归于尽。淞沪停战后，日寇在虹口公园举行“淞沪战争胜利祝捷大会”，王亚樵派部众配合朝鲜义士潜入园内，引爆炸弹，炸死了日军侵华最高司令官白川义则大将。

除此之外，还有沪东民众便衣队在2月1日于江湾路附近痛击正由江湾向翔港方面溃退的日军百余人，击毙日兵3人。2月21日，南京中央大学义勇团奋勇击退敌军向潘家宅的进攻。国民救国会义勇军在闸北太阳庙、引翔港、宝山路一带与日军激战数次，颇占优势①。南京中国抗日救国义勇军铁血军参加了保卫吴淞的战斗，在潘家宅战斗中不幸战死4人。四川省抗日救国义勇军敢死队编入十九路军156旅在上海昆山前线加入作战等。这些义勇军作为活跃在淞沪前线的抗日有生力量，有力地打击了日军，在淞沪抗战中立下不可磨灭的历史功绩。

（三）开展抗日宣传活动

义勇军开展各种形式的抗日宣传活动，激发民众的觉醒，动员民众支援抗战。复旦大学学生义勇军是上海青年学生义勇军中一支最活跃的

---

① 《时事新报》，1932年1月31日。

队伍，在闸北保卫战中，他们背着一顶写有十九路军四个大字的铜鼓大笠帽，到北站、天通庵一带群众集中地段进行宣传，召开战区市民大会宣传抗日救国的道理，散发学生们自己采访、编印的《战地快报》，介绍十九路军的英雄事迹，并在苏州河以北对着租界刷出“为和平而战”“为正义而战”等大幅外文标语；后又与中国公学、法政学院等校的学生义勇军一起，从真如出发，沿沪宁线北上。他们每到一地，就召开群众大会，并自编自演抗日剧，如《铁与血》《小白龙》等，鼓励当地农民投身到抗日救亡斗争中去，深受农民们的欢迎①。市民义勇军转移至松江后，一面整理队伍，一面开展抗日宣传。他们以游行、集会、演讲等形式，揭露日本侵略军的罪恶，动员民众抵制日货，支持抗战。民反义勇军还针对十九路军多是广东人说粤语的特点，特别挑选了义勇军中暨南大学的广东籍学生组成宣传队，赴前线慰问官兵，宣传抗日救国的形势，鼓舞官兵们为国杀敌的勇气和信心。这些活动对支援十九路抗战发挥了重要作用。

（四）发动民众进行支前活动

义勇军积极募集钱款、物资，输送至前线。童子军战地服务团为解决十九路军粮食、燃料不足的问题和维持 10 余万灾民日常生活，派童子军出外募捐，并在沪各大报纸刊登哀启，恳请各界人士解囊相助。留在后方的民反义勇军组成 100 多个募捐队，以举行小型报告会、化装演讲、表演短剧等形式，向广大群众进行反日救国的宣传和募捐。上海人民、各地民众和海外华侨把支援前线视作自己爱祖国、爱家乡的光荣职责，纷纷热烈响应捐献的号召，竭尽所能，有钱出钱，有物捐物。义勇军与上海各团体抗日救国联合会在淞沪抗战期间共募捐到现金 1 000 多万元，还有大量的食品、日用品、药用品、通信器材、交通工具、军用物资等，

① 中国人民政治协商会议上海市委员会文史资料工作委员会编：《抗战风云录》，上海人民出版社 1985 年版，第 188—194 页。

十九路军的军饷开支和衣食供给也全部来自民众的捐助[①]。蒋光鼐在1962年《在上海各界纪念一・二八三十周年大会上的讲话》曾感叹道："这回战争上所表现的力量是民众的；所以，如有光荣可言，亦是民众的光荣。惟民众的力量才是伟大的、真实的力量。离开了民众，我们便失去了内在的生命和存在的价值了。"

三、义勇军的特点

（一）人员的广泛性

义勇军人员突破了行业界限，几乎包括了所有行业，如学生、工人、店职员、商人、难民、自由职业者、农民、在野军人等；突破了地域界限，上海本地的约占一半，另一半外地来沪的义勇军来自广州、南京、北平、天津、无锡、吴县、泰兴、沈阳、四川、湖南等全国各地，还有从海外归来的华侨义勇军；突破了年龄界限，有年逾花甲的68岁的义勇军司令，也有稚气未脱的15岁童子军；突破了党派界限，有中共领导的民众反日义勇军，有以国民党退职的爱国军人为主的中华民国退职军人救国义勇军及其他党派和团体组织的义勇军；超越了阶级界限，有社会名流、政界要人、人力苦工，甚至还有曾被认为没有家国观念的地痞流氓。这些来自不同党派、民族、地域、宗教、年龄、阶层和行业的义勇军空前团结在一起，共同反抗日本侵略者，在中国抗战史上第一次展示了全民抗战的巨大威力，为日后更加浩大的全民族抗战奠定了基础。

（二）组织的自发性

沪战爆发后，上海各界义勇军和各地来沪义勇军纷纷前往十九路军

---

① 余子道：《抵抗与妥协的两重奏——"一・二八"淞沪抗战》，广西师范大学出版社1994年版。

总部请缨杀敌，要求随军参战，或要求给予战地勤务和后方支前任务。为统一管理、指挥和协调各义勇军，十九路军军长蔡廷锴特意指定第78师秘书徐名鸿专门负责这方面的工作，并任命总部高级参谋华振中为义勇军总指挥，78师156旅旅长翁照垣兼副总指挥；其中中华民国退职军人抗日救国义勇军、南京中央大学学生铁血军团、冯庸大学义勇军、上海青年自愿决死抗日救国团原是准备开赴东北三省对日作战收复失地；华侨抗日救国义勇军1931年11月抵南京后，就要求政府予以改编，但没有如愿，直到一·二八事变爆发后才被集中训练。

这些都表明义勇军并没有明显的政党或组织进行事先组织和统一发动，是民众面对战争威胁，为求民族生存而自发组织起来。但也正因为这些义勇军没有统一的组织和领导，不能形成整体的抗战力量，以至于在十九路军撤离上海后，义勇军人员的编制、归属，给养等许多问题就凸显出来，很多义勇军不得不解散。

(三) 抗战的坚决性

在长达三十多天的作战过程中，各义勇军为保家救国，为十九路军和第五军箪食壶浆，同他们生死与共，表现出百折不挠、前赴后继，为民族自卫而献身的崇高爱国主义精神和英勇无畏的斗争精神，即使妇女义勇军战士也表现出令敌人震惊的坚强，她们在学校、医院、商场、寺庙、教堂设立的伤兵医院里担负伤兵的医护工作，在抗日斗争中尽自己的责任①。蒋光鼐对此曾作高度评价："上海工人、学生、妇女纷纷成立抗日义勇军、战地服务团和救护队，他们深入前线，出生入死，协同部队作战，使淞沪抗战成为一个轰轰烈烈的群众抗日运动，十九路军才能以劣势装备，抗击着装备有现代化武器的日本侵略军达一个月零二天之久，给日本侵略者以打击。"

---

① 《十九路军抗日血战史》，第468页。

四、义勇军参战的重要意义

(一) 唤起了中华民族的新觉醒

在一·二八淞沪抗战中，参战义勇军来源之广泛，规模之巨大，热情之高涨，为前面历次战役所未有，他们的行为为全国抗日军民做出了表率，振奋了各路抗日力量的斗志，进一步鼓舞了中国人民的反日爱国热情；一·二八淞沪抗战中军民团结一致联合抗战所焕发出来的强大力量，使中国人民更清醒地认识到停止内争，共御外侮的重要性，正如《申报》所说的："此战有若一声洪钟，敲破我民族二十年来酣于内战之心理，影响我民族之前途，至巨至深。"①

此后的中国就如美国著名作家和新闻记者埃德加·斯诺在目击一·二八事变的报道中写道的"中国终于被某种东西震醒了!"那样，全国人民反日爱国运动出现了新的高潮，各地青年学生纷纷涌向南京，向国民党中央和国民政府请愿示威，要求政府出兵抗日，各地爱国群众所组织的义勇军更如雨后春笋般地涌现出来，长城内外，大江南北，到处燃起抗日烽火，抗日救亡运动彼伏此起，不断高涨，汇成了空前高涨和壮阔的抗日热潮。

(二) 给日本侵略者以沉重打击

日本海军统帅盐泽幸一少将刚一开战便狂妄叫嚣上海"一旦发生战事，4 小时即可了事"②，日军第二任统帅野村吉三郎中将曾说："在吴淞踏平华军壕沟之日，为时不远，届时即可结束华东之抵抗。"但最终作为弱国的中国，居然通过血战重创了优势的日军，粉碎了日军侵占中国上海的企图，日本历史学研究会编的《太平洋战争史》认为："在淞沪战役中日本所以失败，是因为中国人民的抵抗"，这是日本侵华史上第一次出现这样的结局。对此，日本统治阶层感到深刻的危机，藏相高桥说"我国

---

① 《追悼沪战殉国将士》，《申报》，1932 年 5 月 28 日。

② 温济泽：《九一八和一·二八时期抗日运动史》，中国工人出版社 1991 年版。

海外信誉正在急剧下降，目前在海外筹划资金几乎已不可能，这样下去，军费连三个月也维持不了，而且国内形势也真是令人不寒而栗”。“军事上的失败使军部丧失信心，这就使得它此后暂时放弃了侵略中国本部的念头而专心从事经营满洲和华北”。①这次战役打乱了日军的侵略部署，推迟了日本军国主义全面侵华战争的爆发，使中国赢得了宝贵的时间用于发展国防与战备，为迎接全面抗战的到来打下了基础。

（三）赢得了国际舆论的广泛同情和普遍钦佩

在一·二八淞沪抗战之前，强权理念和殖民主义传统让英、法、美、德等国在中日冲突上袒护日本，认为中国屈服于日本更符合他们的在华利益，但淞沪抗战中国军民所表现出的团结御侮、血战到底的强烈爱国主义精神，一扫中国自清末以来“东亚病夫”“一盘散沙”的屈辱形象，为中国赢得了国际社会的同情和支持，扩大了中国抗战在国际上的影响。在一·二八抗战中美英各国对中国抱同情、支持的态度，驻沪各国武官纷纷前往十九路军驻地慰问支持，各国媒体也争先赞誉中国军民抗日的英勇事迹，德国《波森日报》称：“全国对于34日激战之反响，以为不论上海不宣而战之结局若何，其直接结果，已使中国站在新纪元之门阈。”②

（四）为抗日民族统一战线的建立奠定了基础

斯诺目睹了淞沪战役的全过程后，在所著《复始之旅》一书中写道：“上海‘一·二八’之战对中国人民的思想产生了永久的不可逆转的影响。它使中国许许多多青年人相信，如果全国团结一致进行爱国斗争，中国就是不可战胜的。”

民众义勇军的参战，使一·二八淞沪战役具有了浓重的人民抗战的色彩。从这场战役开始，中国人民抗击日本侵略者的组织状况发生了根

① 日本历史学研究会编：《太平洋战争史》第1卷，金锋等译，商务印书馆1962年版。

② 《十九路军抗日血战史》。

本变化，即不再是个别仁人志士的匹夫之勇，也不再是部分民众或少数军队的局部抵抗，一致抗日的呼声深入人心，全国上下各党派、各阶级、阶层、团体、海内外华侨及华人后裔齐集在抗日救国的旗帜下，他们自觉地把个人命运与祖国的命运连在一起，以爱国赤子之心投入到这场艰苦卓绝的反侵略斗争中，筑成全民抗日的万里长城，为这场民族解放战争最后的胜利作出了积极而伟大的贡献。

五、结束语

一·二八淞沪抗战是中国军民在爱国主义旗帜下团结一致、齐心协力抵抗日本帝国主义侵略的正义之战。在民族危亡的紧急时刻，各阶层和各行业民众自发地组成义勇军，为维护民族尊严和国家领土的完整进行了顽强的抗争，在他们身上所彰显出的不屈不挠、团结奋战的民族精神和爱国主义精神，不仅贯穿中国十四年抗战的始终，是中国取得抗日战争伟大胜利的精神力量，更是今天凝聚中华民族的精神支柱，对当今社会发展和时代进步有着重要的现实意义。

团结统一是中华民族精神的重要内容，也是爱国主义精神最基本的要求，早日完成祖国统一、实现中华民族的伟大复兴是时代赋予我们的主要任务，代表了中华民族的根本利益，反映了中华民族前进和发展的历史要求。在日本的右翼势力和军国主义依然猖獗的今天，我们要以史为鉴，居安思危，秉承抗日义勇军的遗志，高举爱国主义伟大旗帜，团结一致，积极应对和妥善处理国际国内各种挑战，为实现民族独立、国家统一、社会进步而奋斗。

（作者单位：上海淞沪抗战纪念馆文史部）

外交 · 经济

八一三抗战期间的上海金融业

吴景平

长期以来，史学界对于1937年淞沪会战的研究，侧重于军事领域，包括国民政府的军事决策、部署以及战事的推进。本文以当时金融市场的波动为背景，着重围绕《非常时期安定金融办法》的制订实施，以及中中交农四行联合贴现机构的成立与运作，梳理上海金融业与国民政府之间的互动关系，以冀拓展关于八一三抗战的研究领域。

一

1937年7月卢沟桥事变发生后，上海金融领域的稳定亦受到较大的影响。当时负责执掌安定金融的行政部门为财政部，而财政部长孔祥熙正在欧洲访问，蒋介石便指示财政部政务次长徐堪赴上海，与时任中国银行董事长的宋子文商议如何维持金融稳定。徐堪在上海期间，把金融市场情况及时报告蒋介石和财政部，其中首要的便是外汇出售情况。自1937年7月7日卢沟桥事变发生后，大量存户纷纷从银行提款，用以向中央、中国、交通三行购买外汇，资金逃逸的数目巨大。如7月15日，三行共售出英金65 000镑，美金25万元①；7月17日三行出售英金21万镑，美金25 000元②。据统计，从1937年7月10日至8月12日止，

① 《财政部政务次长徐堪致常务次长邹琳电》(1937年7月15日)，台北“国史馆”：《蒋中正总统文物档案》，档号002080109000001003002a。

② 《财政部政务次长徐堪致常务次长邹琳电》(1937年7月17日)，台北“国史馆”：《蒋中正总统文物档案》，档号002080109000001003003a。

政府各银行售出的外汇计达750万镑之巨，而在上海战争爆发前一星期内售出的外汇，即在150万镑左右①。外汇的出售数，直接反映了法币的提存取现情况。同样从7月10日到8月12日止，就存户向银行提存而言，上海商业储蓄银行约被提存2 500万元，占存款总额的16%以上；浙江兴业银行约被提存1 700万元，占存款总额17%以上。而提存之风尤以8月上旬为最烈，当时银行应付提存，实在是一项艰巨痛苦的工作②。自1935年实施法币政策之后，法币脱离了银本位，其币值在相当程度上是通过法币的汇率来体现的，市场对外币的需求状况，直接反映了法币乃至整个金融市场的稳定情况。

1937年八一三事变发生的当天，应上海银钱业的要求，国民政府财政部就允准上海银钱业暂行停业两天，并通告各地："各省财政厅长，财政特派员并转银钱业公会均览：兹以沪市时局严重，交通阻滞，银钱业收支深感不便，影响金融流通，经迭命准上海银钱业公会转知各行庄，自即日起，暂行休假二日；并以各埠与沪埠金融关系密切，可一律办理，业经电知在案。现在由部妥定办法，务使银钱业不因交通阻滞而稍感困难，于休假期满，即行开市；仍希转知各业共体时艰，静候处理，勿稍惊恐为要。"③两天休业期满，8月15日是星期日，按理次日即8月16日即须开业。上海银钱业以战事日益激烈，无法正常营业，遂在15日上午9时召集两业紧急会议，认为上海"战事正剧，租界在外滩后马路一带，形势亦万分严重，明日究应如何办理，此为先决问题，特提请讨论"。复议决呈请财政部允准继续休业。

另外，就如何维持战时金融，上海银钱业与国民政府的代表方保持着密切的沟通协商。在8月12日深夜，上海银行公会和钱业公会便召集

---

① 朱斯煌主编：《民国经济史》，银行学会编印，1948年版，第129页。

② 汤心仪、朱斯煌、潘吟阁等编撰：《战时上海经济》第1辑，立达图书公司1945年版，第3页。

③ 《文汇年刊》1939年刊。

全体会员行庄紧急会议，议定了《维持金融暂行办法》五条，当即征得财政部政务次长徐堪的同意；并于8月13日凌晨派代表面商宋子文后，改为以下四条：

(1) 各行庄所有客户往来透支，除同业外，于十三日起一律暂行停止加欠，自实行后如有继续存入者，准予照数支用。

(2) 各行庄所有未到期之各种定期存款，自十三日起不得通融提取；如须做抵押者，至多以一千元为度，在二千以内之定期存款，至多以对折作押；其已到期之存款本息除转存者外，如提取时悉照第三条活期存款办法办理。

(3) 各行庄所有各种活期存款一律以同业汇划付给，如须取法币，其存款在一千元以下者，按月至多得取二百元；其在一千元至二千五百元者，按月至多得取二成；其在二千五百元至五千元者，每户按月取数不得过五百元；其在五千元以上者，按月得取一成；如有续存或新开户者，以分别存入之原币随时照数给付；如工厂发给工资须用法币，得另行商办。

(4) 各行庄之同业汇划轧账头寸，照交换所向章办理。①

如前所述，自从卢沟桥事变爆发以来，上海金融市场已经感受到客户以种种理由要求透支以及存户要求提存的压力，如果不加明确限定，那么一旦中日战事在上海全面开打，那么大部分银行钱庄均将难以应对。所以上海银钱业公会紧急作出的上述规定的前三项，分别对于客户往来透支、定期存款和活期存款的处理，做出了严格的限定，防止大量资金被抽出外逃，以冀减少市场压力。至于同业之间的“汇划”即票据结账，仍按照上海票据交换所以往的规定。上海银钱业公会全体会议决议通过

① 《全体银钱业紧急会议》(1937年8月13日上午8时)，上海市档案馆馆藏上海银行商业同业公会档案，档号S171-1-71。

了上述办法，打算即日起由公会通告实行，并分电各地公会知照。但就在此时收到了财政部关于停业两天、“由部妥定办法”维持金融的电令，上述暂行办法没有立即公告。

徐堪和宋子文本来就在考虑拟订发布稳定全国金融的方法，于是“参酌”上海银钱业公会通过的四项方法文稿，“定有《非常时期安定金融办法》七条，通令全国各行庄自开业日期遵照办理”。8月15日财政部公布的《非常时期安定金融办法》内容如下：

(1) 自8月16日起，银行钱庄各种活期存款，如须向原存银行钱庄支取者，每户只能照其存款余额，每星期提取百分之五，但每户每星期至多以提取法币150元为限。

(2) 自8月16日起，凡以法币交付银行钱庄续存或开立新户者，得随时照数支取法币，不加限制。

(3) 定期存款未到期者，不得通融提取，到期后，如不欲转定期者，须转作活期存款，但以原银行钱庄为限，并照本办法第一条之规定办理。

(4) 定期存款未到期前，如存户商经银行钱庄同意，承做抵押者，每存户至多以1千元为限；其在2千元以内之存额，得以对折作押，但以一次为限。

(5) 工厂公司商店及机关之存款，如发付工资或与军事有关须用法币者，得另行商办。

(6) 同业或客户汇款，一律以法币收付之。

(7) 本办法于军事结束时停止。①

该办法的施行，是国民政府统治地区的金融政策开始由平时转向战

---

① 沈雷春、陈禾章编：《中国战时经济志》，沈云龙主编：《近代中国史料丛刊三编》第197辑，文海出版社1988年版，第2—3页。

时的重要标志。财政部方面对于《非常时期安定金融办法》的主旨，有着内部的诠释，认为“一读即可知其用意，今简言之即为节制不必要之消耗，防止资金之外溢，保持金融之稳定，胥在乎是。盖在战时既不容拥巨资者之逃避盖藏，而一般无益之消耗，亦应力求节省，以期保存血脉，充实国力。若仍照平时不加限制，各商业银钱行庄势必多数倒闭”①。如果对比上海银钱业公会拟订的《维持金融暂行办法》和财政部公布的《非常时期安定金融办法》，就可以看出，上海银行业公会的各主要内容，均为财政部当局采纳，只是以更明确具体的规定推向全国。财政部与上海银钱业公会无论在市场风险的担忧还是在防范措施的考虑，都是高度一致的。

《非常时期安定金融办法》颁布后，财政部为监督各银行营业，审核各行庄逐日收付款项是否完全符合规定起见，特制定银行法币收付表，令由银钱业公会转知上海各行庄，从8月18日起，上海地方一律于每日午后五时前，直接送财政部钱币司驻沪办事处查收；各地分支行，直接送当地中中交农四行联合办事处查收②。这一做法一直持续到1937年12月。

上海银钱业公会对于财政部《非常时期安定金融办法》，曾“议决通告各行庄遵照办理”③。但是，与全国其他地方不同，上海金融市场流通的头寸有汇划（票据）和划头（法币）之分，《非常时期安定金融办法》只是提到了对于法币提存取现的限制，“而汇划尚未解决”。为此，8月15日上海银钱业公会在紧急商议时，担心“一经开业，各种工商业为周转

① 《财政部政务次长徐堪致常务次长邹琳电》（1937年8月23日），台北“国史馆”：《蒋中正总统文物档案》，档号002080109000001003005a。

② 《财政部致上海市银钱业公会函》（1937年8月16日），上海市档案馆馆藏上海银行商业同业公会档案，档号S173-1-306。

③ 《全体银钱业紧急会议》（1937年8月15日上午9时），上海市档案馆馆藏上海银行商业同业公会档案，档号S171-1-71。

起见，及存户或有搬移汇划头寸，各行亦须预为匡计。”认为在此非常时期，“自应团结互助，渡此难关”。上海为全国金融枢纽，各地工商业全赖上海方面调剂，长期以来上海金融同业之间、金融业与工商业之间已有十分密切的关系，《非常时期安定金融办法》的有关规定在稳定市场的同时，无疑也会对上海金融与工商业的资金周转产生呆滞和阻碍作用。为便利上海同业之间以及上海与各地同业间的往来，调剂市面，便利货物流通起见，上海银钱业公会在对原拟暂行办法进行修正后，提出了关于实施《非常时期安定金融办法》的补充办法四项，于16日获得财政部批准公布：

> (1) 银钱业所出本票，一律加盖同业汇划戳记，此项票据只准在上海同业汇划，不付法币及转购外汇；
>
> (2) 存户所开银钱同业当年8月12日以前所出本票与支票，亦视为同业汇划票据；
>
> (3) 银行钱庄各种活期存款，除遵照部定办法支付法币外，其在商业上往来之需要，所有余额得以同业汇划付给之；
>
> (4) 凡有续存或新开存户者，银行钱庄应注明法币汇划，取时仍分别以法币或汇划支付之。①

上海银钱业上述补充办法的目的，是要在实施《非常时期安定金融办法》之后，以汇划票据弥补市面金融筹码供应的不足，缓解上海市面商业资金紧张的局面。此后，经财政当局的允准，在汉口、广州、西安、郑州、济南、长沙、重庆等城市也实行了大体相同的办法，可见当时对于上海银钱业的重视，以及对上海银钱业在全国金融同业中主导地位的认可。

---

① 中国第二历史档案馆等编：《中华民国金融法规档案资料选编》上册，档案出版社1990年版，第627—628页。

但是，财政部虽然同意上海银钱业的补充办法，却命令上海银钱业公会交出自1932年一·二八淞沪抗战之后设立的联合准备库和票据交换所："所拟补充办法四条，在此非常时期，姑准照办；但为保持金融正规，并维护正常业务起见，应将该两公会所组之联合准备库及票据交换所，由部委托中、中、交三行确实管理，以杜流弊而奠金融。"①另外，财政部根据实际情况于8月中下旬对限制提存的规定做了适当调整，如对于缴付税款，经四行审核证明，可以无限制支取法币；存款额在300元以下者，不受5%的限制；定期存款到期时，其利息按活期存款办法支取②。又如，对于《非常时期安定金融办法》中第五条即工厂、公司、商店及机关之存款为发付工资需用法币者，财政部同意可有各有关单位的负责人员具备申请书，开明请求付款的数目、请款理由、用途及详细支配方法，署名盖章后，送中中交农四行审核签准，得向原存款行庄依通常手续支取款项③。在执行《非常时期安定金融办法》过程中，上海与其他地区视具体情况而略有变动，但是《办法》的基本原则并没有改变。

为了应对财政部的限定，上海金融业实行了同业内部的短期拆放。1937年8月18日，上海市银行业联合准备委员会通过了同业汇划拆放暂行办法12条，规定各会员银行及非会员银行，均可在不超过该银行实收资本及公积金之总数的额度内，并提供担保品，可向该委员会申请拆放，拆放期限不超过10日④。到21日止，向该会拆借汇划款项的银行便达20家，拆款总额计6 028 300元，各行缴存该会拆款担保品共计8 094 148元⑤。这样，那些头寸最紧缺的银行得以暂时缓解面临的困境。

尽管有财政部的《非常时期安定金融办法》和上海金融业的补充办

①②③ 《文汇年刊》1939年刊。

④ 沈雷春、陈禾章：《战时经济法规》，沈云龙主编：《近代中国史料丛刊三编》第198辑，文海出版社1988年版，第2页。

⑤ 《上海市银行业同业公会联合准备委员会致上海市银行业同业公会函》（1937年8月23日），上海市档案馆馆藏上海市银行公会档案，档号S173-1-96。

法，上海各华商行庄仍面临存户纷纷提取存款的压力。以上海商业储蓄银行为例，1937 年 6 月其存款总额为 20 194 万元，10 月 8 日减至 14 400 万元，12 月底进一步下降到 12 921 万元，半年时间里存款竟减少了 40%。①事实上，不仅对上海商业储蓄银行，而且对上海整个金融界，这都是 1931 年九一八事变以来最严重的提存风潮。另外，当时全国各地汇往上海的款项较多，《非常时期安定金融办法》规定以法币支付而无明确限制，这实际上也影响到上海金融稳定。于是，上海各银行商定，尽可能以汇划支付。

二

七七事变之后，国民政府便考虑在各政府银行之上，成立临时性的金融管理机构："迄'七七'事变后数日，委座以战时金融措施关系重要，不容稍有疏忽错误，面饬本席迅组金融委员会，负执行国策之责。当由委座亲定委员名单，并由本席请以宋董事长为委员长。"②当时宋孔关系颇不融洽，宋子文曾致电蒋介石推却出任该临时金融管理机构的负责人："特急。南京　蒋委员长钧鉴：世电奉悉。特密。弟前函所陈，并无坚持贯彻主张之意，更无虚饰推却之心。惟金融主管属于财部，弟只可从旁协助，实觉不便指挥，此责更无从负起。弟之个性为最肯负责之人，质直言之，当邀曲谅。"③宋子文虽然没有按照蒋介石的意愿，在孔祥熙出国期间出面主持安定金融的政府机构，但出面在各政府银行之间进行协调，至 7 月 29 日，财政部颁令中中交农四行在上海组织贴现放款委员会，共

---

① 吴经砚：《上海商业储蓄银行历史概述》，引自《陈光甫与上海银行》，中国文史出版社 1991 年版，第 27 页。

② 《徐堪谈四联总处成立的经过》（1945 年 8 月 23 日），重庆市档案馆、重庆市人民银行金融研究所合编：《四联总处史料》（上），档案出版社 1993 年版，第 66 页。

③ 《宋子文致蒋介石电》（1937 年 8 月 1 日），台北"国史馆"：《蒋中正文物档案—特交档案—金融（一）》，002-080109-001-003-012a。

同办理同业贴现业务。财政部并拟订了贴放办法草案，在正式公布之前征求上海金融界的意见。上海银行公会即在执行委员和常务委员的联席会议上，对草案逐条讨论，认为“最重要而必须修改者，如商业票据贴现期限、放款期限，均应照原定办法放宽；又如公债押款，现定照市价七折，自经限价以后，已不致跌入七十元以内，则抵押折扣亦应放长，似以照市价九折为宜；尚有押品之中，应加入存厂原料一种，惟为工厂尚在继续生产之际，自不能移至指定仓库存储，不妨由该会派员驻厂管理”①。这些意见由银行公会负责人吴蕴斋出面，与四行贴现放款委员会接洽，分别予以修正。

1937年8月9日，四行联合贴放委员会正式挂牌运营，核办对上海金融同业的贴现与放款事宜。当时每日由四行代表商定贴现率和放款利率后，再由中央银行挂牌公布；凡经审定通过的贴放款额，由中中交农四行大体按照35%、35%、20%和10%的比例承担。放款的利息，则就放款期间的平均利率计算。中央银行逐日把贴放款项收付报告表分送中国、交通、农民三银行，以资接洽②。至10月下旬，接受各方申请放款总额为2 500万元，实际放款余额1 500万元，内贴放现款占10%，抵押放款占90%，贴现率为周息8厘，放款仍为每千元日息3角。③财政部还令中中交农四行在上海联合设立审核委员会，办理对特别支取款项的审核，并制定特别支款申请书，由需要申请支款的公司行号填写，且由存款行庄提供证明后，再送交四行审核委员会审核④。

但这只是四行在贴现、放款和审核支款等普通业务中的合作与协调，

---

① 《上海银行公会第26次执行委员会暨第22次常务委员会议决案》（1937年8月3日下午5时），上海市档案馆馆藏上海银行商业同业公会档案，档号S171-1-71。

② 《贴放委员会致中国农民银行函》，上海市档案馆馆藏上海市银行档案，档号Q61-1-240；另参见《中国银行行史》（1912—1949），中国金融出版社1995年版，第441页。

③ 《银行周报》第21卷第42期，1937年10月26日。

④ 《财政部令上海市银行钱业同业公会》（1937年8月20日），上海市档案馆馆藏上海银行商业同业公会档案，档号S173-1-96。

还不是一个新的金融机构的成立。旋即八一三淞沪抗战爆发后，根据财政部的命令，在联合贴放委员会外，设立中中交农四行联合办事处，于8月16日在上海法租界正式办公。四行联合办事处最初由宋子文负责主持，“每日开会一次或数次不等”，“凡财政部决定之措施，如安定金融办法等等，均由本总处赞襄及执行”①。当年10月底财政部长孔祥熙回国后，由孔主持四联办事处事务。国民政府设立四行联合办事处，旨在避免各家政府银行之间的歧义，以实行统一管理和指挥，进而对各行的资金进行统筹分配，以应对因战事而导致的金融紧急情况。但是，之所以选择在上海设立四行联合贴放委员会和联合办事处，除了稳定上海金融业和金融市场外，还企图进一步强化上海在调剂内地金融方面的中心作用。在国内其他重要城市设立的四行联合办事分处和联合贴放分会，均受上海节制。

8月18日，国民政府以上海银钱业同业汇划方法，不适用于内地都市，为安定内地各都市金融，并维持其市面流通，特由财政部致函中中交农四行，先就设有分支行的重要都市各设联合办事处。8月26日，为调剂内地金融，谋求内地生产事业的发展，复令四行在各重要都市设立贴放委员会②。同时政府制定并颁布了《贴放委员会办理贴放办法》14条，及《贴放委员会办事细则》。为配合国民政府金融、经济重心的战略转移，8月26日，财政部又通令颁布了《中、中、交、农四行内地联合贴放办法》及《办理内地贴放细则》。其中贴放办法第三条乙项规定“转抵押，各金融机关就其原有押款之押品，合于第四条所列者，得请求为转抵押”；第七条规定“转抵押款项不得超过原抵押余额”。所以，此项贴放办法，半为商业抵押放款，而另外因有转抵押的规定，实际上已具有

① 重庆市档案馆、重庆市人民银行金融研究所合编：《四联总处史料》（上），档案出版社1993年版，第66页。

② 沈雷春编：《中国金融年鉴》，沈云龙主编：《近代中国史料丛刊续辑》第613辑，文海出版社1977年版，第30页。

中央银行调剂金融的功能[①]。对于贴现率及放款利率，由贴放委员会逐日决定，后由中央银行挂牌公布。放款之利息则就放款期间之平均利率计算之。至于贴放款项之收付，中央银行例有逐日收付报告表分送中国、交通、农民三银行，以资接洽[②]。这样，四行联合贴放委员会成为市场信用伸缩的中枢，全国金融市场组织机构得到改善和加强，政府对金融的控制能力也相应增强，国家银行领导金融，调剂工商的实力也随之增强。

在八一三战事期间，除了四行联合贴放委员会对上海银钱业提供资金融通方面的帮助之外，四行各自也致力维持上海金融市场。1937 年 8 月 13 日战事爆发之初，根据财政部命令，中中交农四行均休业两天。根据财政部的指示，8 月 17 日中中交农四行均由上海外滩迁至较为安全的法租界开业。其中，中国银行的总管理处迁至霞飞路上海分行的办事处楼上办公，交通银行的总行亦移至霞飞路所租房屋办公。9 月 21 日，交通银行总行改组为总管理处，同时成立上海分行[③]。尽管财政部 9 月 25 日密令在上海的中中交农四行中枢机构迁往南京，但实际上这些中枢机构仍在上海租界。

在八一三战事期间，除了四行联合贴放委员会对上海银钱业提供资金融通方面的帮助之外，中中交农四行也直接支持各商业银行的运作，根据银钱业公会的布置，各成员行庄在战事爆发伊始的停业期间，便就开业后所需法币头寸进行匡算，不敷之处即向四行接洽办理[④]。四行另曾向上海银行业联合准备委员会提供透支额度 1 000 万元，便于该会向同业

---

① 《战时上海经济》第 1 辑，第 6—7 页。

② 《贴放委员会致中国农民银行函》，上海市档案馆馆藏上海市银行档案，档号 Q61-1-240，第 126 页。

③ 交通银行总行、中国第二历史档案馆合编：《交通银行史料》第 1 卷上册，中国金融出版社 1995 年版，第 98—99 页。

④ 《全体银钱业紧急会议》（1937 年 8 月 16 日上午 10 时），上海市档案馆馆藏上海银行商业同业公会档案，档号 S171-1-71。

拆放。中国与交通这两家银行还多次共同出面，向其他同业提供抵押放款。如中交两行曾向大陆银行提供金公债押款100万元，比例为中国银行七成、交通银行三成；中交两行向金城银行合放金债票押款150万元，向上海女子商业储蓄银行合放房地产押款60万元；向通和银行合放资产押款100万元；向亚洲银行合放20万元，等等①。中国银行和交通银行还分别向上海银钱业提供过押款、信用放款和透支。如中国银行向新华银行、上海商业储蓄银行以及上海市银行放款；交通银行向大陆银行、金城银行、东莱银行、中国农工银行放款。这些贷放活动，对于维护战事爆发初期上海金融业的稳定功不可没，也体现了八一三抗战期间国民政府财金当局与上海金融业之间的积极互动关系。

（作者单位：复旦大学历史学系）

① 《交通银行史料》第1卷上册，第629页。

上海"自由市"计划始末

——以第一次淞沪抗战时期为中心

张智慧

关于一·二八事变爆发的历史原因，以往的专题研究和论著①一般认为日本是为了转移国际上对日军侵略东北的关注，而在上海炮制了一·二八事变。然而对于日本为什么能够在列强利益交错复杂的上海制造事端这一问题，却没有深入研究和探讨。一·二八事变爆发后，当时日本的内阁大臣牧野伸显就曾指出："如果我国在上海失败的话，至今为止的满蒙问题也将化作乌有。本来上海作为国际都市各种事情复杂微妙至极。"②可见当时日本的统治阶层内部也是不无担心。对于日本在上海制造事端的历史原因，也有研究③认为，上海的日本侨民各经济团体积极要求日本出兵，以保护其在华的经济利益。上海的抗日运动固然是促成一·二八事变的历史要素，然而却不能充分说明日本能在国际都市上海制造事端的深层历史原因。

① 在国内史学界有沈予：《日本大陆政策史（1868—1945）》，社会科学文献出版社 2005 年版；熊沛彪：《近现代日本霸权战略》，社会科学文献出版社 2005 年版；彭敦文：《国民政府对日政策及其变化：从九一八事变到七七事变》，社会科学文献出版社 2007 年版；等等。在日本史学界，则有小岛晋治·丸山松幸：《中国近现代史》，岩波书店 1991 年版；岩波讲座：《日本历史 20》近代 7，岩波书店 1982 年版；高桥孝助、古厩忠夫：《上海史》，东方书店 1995 年版；等等。

② 原田熊雄述：《西園寺公と政局》第 2 卷，岩波书店 1982 年版，第 201 页。

③ 陆伟：《日本在沪资产阶级与一二八事变——九一八事变前后的上海商工会议所》，《上海党史研究》1997 年第 4 期。

笔者通过对日本亚洲历史资料中心近来公开的大量档案资料的发掘、对《工部局董事会会议录》《申报》等一手资料的利用，认为日本政府和上海公共租界相互利用，企图把上海设置成“自由市”，才是导致一·二八事变在上海爆发的深层历史原因。本文拟通过对上海公共租界的统治危机及对策方案、日本外务省对上海“自由市”计划的积极推进、“自由市”计划受挫的历史原因等问题的具体分析，重新探讨一·二八事变爆发的历史缘由，填补学界关于上海“自由市”问题研究的空白。

一、上海公共租界的统治危机及对策方案

（一）穷途末路的公共租界

众所周知，20世纪20年代后期，中国政府要求收回租界的呼声渐高，特别是上海在历经五卅运动以后，“上海是中国人的上海”这一思想得以广泛传播。上海各界民众通过罢市、罢工、罢课等形式与租界当局展开了不懈的斗争，使当时的上海租界陷入了深刻的统治危机之中。租界当局不仅要面对中国声势汹涌的反帝运动，还要面对北伐时汉口、九江等租界已被收回，缺口已被打开的巨大压力①。1927年7月，国民政府上海特别市的建立，形成了华界和租界分庭抗礼的局面，对于租界当局来说更是雪上加霜。1929年国民党中央宣传部又编印了《收回租界运动》的小册子，这些都不难看出当时来自民众和官方的收回租界运动达到了前所未有之势，使上海的租界当局如同末日来临。

然而，在上海拥有巨大利益的英美法意日等国侨民并不甘心手中特权的丧失，想尽各种办法试图解决租界的危机。其中上海公共租界为了寻求租界继续存在的合理依据，工部局在1929年11月28日召开的董事会议上，一致通过了邀请资深法官费唐来沪考察租界制度的决议。费唐

---

① 郑祖安：《百年上海城》，学林出版社1999年版，第178页。

长期在南非联邦工作，曾经“负责英国政府和爱尔兰自由邦之间条约的谈判工作，也负责过英—布战争结束后与南非联邦的签约工作”，董事会一致认为“聘用费唐法官来协助工部局就上海未来地位问题提出建设性的建议，这对整个社会都是有益的”。①从1930年1月至1931年6月，费唐陆续发表了四大卷长达百万字的《研究上海公共租界情形报告书》。其基本思想就是强调有必要、也有可能继续租界制度，至少在几十年“过渡期”内租界不能交还中国，竭力为公共租界存在的合理、合法性寻找依据。值得注意的是，一·二八事变后，日本政府在推进上海“自由市”计划时曾多次提及费唐报告。

就在费唐报告出台后不久，九一八事变爆发。事变之后，工部局董事会会议频频对上海未来地位问题加以讨论。并且有建议提出“目前正是董事会可以作出努力，召开一次由中国政府和各主要的、与此事有关系的西方国家参加会议的良好时机”，拟利用中国国内的危机形势来达到巩固上海租界地位的目的。

1931年11月19日，由于宁粤矛盾，十九路军进驻上海。对此，工部局更是大肆渲染租界的危机处境。11月30日，工部局董事会召开特别会议，总董麦克诺登在会上向诸董事汇报了27日他召集各国驻沪防军司令而召开的非正式会议的内容②。据麦克诺登所言，参加27日会议的有工部局总裁费信惇、上海公共租界协防区首席司令佛黎明、美国海军陆战队胡克、日本帝国海军登陆特遣队司令柴山、法国驻沪防军司令麦凯、上海公共租界万国商团司令汤姆斯、英国驻沪防军副旅长彭尼等。在会上麦克诺登向各国驻沪防军司令解释了工部局的立场，“并就因东北目前局势的结果，万一租界及其附近地带发生或将发生严重的动乱，工部局

---

① 《1929年11月28日　工部局董事会会议》，上海市档案馆编：《工部局董事会会议录》第24册，上海古籍出版社2001年版，第585页。

② 《1931年11月30日　工部局董事会特别会议》，上海市档案馆编：《工部局董事会会议录》第25册，上海古籍出版社2001年版，第495页。

究应采取何种行动，展开讨论”。麦克诺登向与会者说明了工部局的目的，就是“维护公共租界内的法律和秩序，如果可能的话，维持沪西地区直到铁路线为止的法律和秩序”。对此，各国驻沪防军司令都表示愿意全力支持。特别值得注意的是麦克诺登在会议上还提出了“建立一个中立地带”的建议，指出“万一出现严重的动乱，沪西越界筑路地区的范围，不足以有效地保证公共租界居民的生命财产安全”。对于麦克诺登的提议，各国驻沪防军司令认为尽管他们愿意跟各该国领事进行磋商，但鉴于该建议牵涉政策问题，表示他们无权在会上加以讨论。

总董麦克诺登在汇报完 27 日会议的内容之后，宣称，“一项全面的协防计划已经制订，一旦工部局宣布租界处于紧急状态，该项协防计划立即付诸实施”。并提醒诸董事对“所获知的本日会议的消息，对外千万保密”。由此可见，一·二八事变之前，工部局就已对将来可能发生的紧张局势做了充分准备。不仅对各国的驻沪防军司令所应承担责任的防区作出明确规定，而且还提出了在出现严重动乱之前，“建立一个中立地带”的建议。

20 世纪 30 年代初的上海公共租界已陷入了前所未有的统治危机之中，为了打破此僵局，工部局不仅积极寻求延续租界制度的理论依据，还迫切需要制造一些事端，利用紧张局势来获取探讨上海未来地位问题的契机。而一·二八事变不能不说就是在此历史背景下爆发的。

（二）关于上海租界未来地位问题的提议和方案

一·二八事变爆发前，在上海租界当局逐步陷入统治危机的形势下，上海租界未来地位问题引起了各方的讨论和关注。其中既有来自外国政府的提议、也有上海租界外侨团体的计划和方案。

早在 1927 年北伐军入驻上海之际，驻中国的美国公使和驻汉口的美国总领事就依照美国政府的训令，分别向张作霖、蒋介石及孙传芳三方提出了美国国务卿关于上海中立的通牒文①。通牒文指出美国政府对目前中国的内乱给上海租界内美国利益所带来的影响，颇感忧虑。现在的公共租界不仅其枝叶已延伸至中国全土，而且已经成为全世界商业网的一个基本中心，所以无论是中国人还是从诸外国人的利益出发，维护公共租界的秩序都是极度必要的。美国政府建议要把上海的公共租界排除在武力交战的区域之外，以给予美国人及其他外国人充分的保障。通牒文最后指出，有关公共租界未来地位的问题，美国政府已做好了与中国进一步交涉的准备。对于美国政府的这一提议，中国官方的反对态度比较强硬，国民政府代表陈友仁就明确表示，不光是美国，对于任何国家的有关上海中立的建议，国民政府都将视之为内政干涉。并指出国民政府统管上海之时，有充分的实力和诚意保障美国人及其他外国人的生命财产，所以没有在上海设置中立地带的必要。此外孙传芳方面也表示在上海会对所有外国人的生命财产负有保护责任，不需要特别设置中立地带。1927 年美国政府关于上海中立的建议因遭到中国官方的反对而搁浅。

除了以上外国政府的建议外，上海租界内的许多外侨团体也不甘示弱，制定了各种计划和方案，比较有代表性的如 1925 年 10 月制定的《上海纳税人协会会员私案》②、1930 年 2 月制定的《上海美国人提案》③等。其中《上海纳税人协会会员私案》主张要建立一个囊括淞沪、苏州、杭州在内的“大上海国”，具体内容包括：“大上海国”作为中国的附属国，每年有向中国纳税的义务；其行政机关包括国家元首（中国人）、行政长

① 《米国ノ上海中立提議》，日本外務省外交史料館：《分割 2　各国都市関係雑件/上海ノ部》，Ref.B04121012400（アジア歴史資料センター）。

② 《上海納税者協会会員ノ私案》，日本外務省外交史料館：《分割 2　各国都市関係雑件/上海ノ部》，Ref.B04121012400（アジア歴史資料センター）。

③ 《在上海米人間ニ成リタル考案》，日本外務省外交史料館：《分割 2　各国都市関係雑件/上海ノ部》，Ref.B04121012400（アジア歴史資料センター）。

官（外国人）、元老院（由议长和中外同数的议员组成）；新国家内撤销治外法权，建立属于新国家管辖的法院等等。《上海美国人提案》则主张建立“上海自由港”，提案的主要内容包括：上海自由港政府遵循中国钦定的宪章，除关税、邮务及缔结条约权利之外，享有地方自治政府的特权；总督由国际联盟任命，公共租界代表（4名内中国人1名）、法租界代表（2名），及上海市政府代表的选定则和中国政府协商后决定；区域包括大上海市、公共租界、法租界及周边20英里的中立地带；自由港及周边中立地带的中立性由中国、列强和自由港之间缔结的国际条约来保障；自由港领域内各国永久放弃治外法权，自由港政府依照宪章规定，对区域内的所有人和物拥有管辖权；总督为维护自由港及中立地带的治安和防御外敌应组建必要的军队等等。

以上论及的提议和方案中，虽然出现了“上海中立地带”“大上海国”“上海自由港”等不同的名称，但这些名称和而后成为议论焦点的“上海自由市”一样，其实质都是要使上海脱离中国主权的管理，从而把上海变成维护列强既得利益的“自由王国”。可以说日本政府就是利用了上海公共租界的统治危机和上海外国侨民极力谋求改变上海现状的动态，悍然发动了一·二八事变。

二、日本外务省对上海“自由市”计划的积极推进

（一）从“调停的中立地带案”到“永久的中立地带案”

事变爆发之前，日本政府就曾秘密制定过“中国五港中立案”①，当时国民政府和列强之间正在就撤销治外法权问题进行着反复交涉，作为撤销诸外国治外法权的条件，当时日本提出了把上海、天津、汉口、广东、青岛设定为自治都市的提案。事变爆发后，日本政府首先就此提案和美

① 《在華日本紡績同業会会長船津辰一郎書簡》，日本外務省外交史料館：《分割2　各国都市関係雑件/上海ノ部》，Ref.B04121012400（アジア歴史資料センター）。

国政府进行了交涉，当时美国各大报纸①都对此做了相关报道。其中2月9日的《纽约时报》认为“日本的提案是要把中国变为其保护国，可谓是一大时代错误”。2月10日的《华尔街日报》批判道：“世上还有此旁若无人之举吗?”对于日本政府为何在事变之初首先要提议“中国五港中立案”，其与上海“自由市”计划又有何关联等问题还有待于今后的进一步探讨和研究。不过从笔者目前所掌握的档案资料中可知，日本政府在事变之初提议“中国五港中立案”的同时，已开始把焦点聚集于上海“自由市”的推进上。

1932年2月2日，驻东京的英法美三国大使访问日本外相芳泽谦吉，针对上海的事变提出了五项提议。②值得注意的是日本政府针对第四项“为隔离两国的战斗人员而设置中立地带”提议的决策。可以说三国大使的提议只是出于早日结束战争的考虑，其建立中立地带的提议具有调停之性质。但日本外务省在决策中却有意地把这一提议变成了永久中立的提案。

在接到三国大使的提议后，日本外务省就设置中立地带问题与驻中华民国特命全权公使重光葵进行了磋商，2月6日，在上海的重光葵于回函中向日本外务省提出了关于设置中立地带的意见。③重光葵指出：“虽然中立地带主要指闸北地区方面，但在当地的各国交涉中是有伸缩余地的，在与各国交涉中，应该制定把整个上海的周围地区设置成中立地带的方案。作为实施的具体步骤：首先，在和英美等领事团、工部局充分协商的基础上，强行要求中国军队撤退到租界境界线20英里以外；此目标实现后，在中国军队的撤退区域设置中立地带，中立地带若仅局限于闸北

① 《上海事件を外紙は何う観る》，日本外務省外交史料館：《国際事情》（320），Ref.B02030472700（アジア歴史資料センター）。

② 《上海事件ニ関スル報告》，日本国立公文書館：《枢密院会議筆記・一、上海事件ニ関スル報告昭和七年二月十日》，Ref.A03033731800（アジア歴史資料センター）。

③ 《中立地帯ニ関スル重光公使ノ意見》，日本外務省外交史料館：《日支事件ニ関スル交渉経過（連盟及対米関係）第七巻19》，Ref.B02030402300（アジア歴史資料センター）。

附近，已与现实不相符合，而设置中立地带又是各国共同之目的，应考虑到租界全体的利益。中立地带的警卫应由工部局警察承担，或者和中国公安局共同承担。此想法和费唐报告的旨趣相符，同时也是在沪各国居留民所共同希望的。”重光葵关于在上海设置中立地带的建议成为了日本外务省处理上海问题的基本方针。

2月10日，在日本枢密院会议上，外相芳泽在汇报完“上海事件”的经过后，接受了富井顾问官的提问①。富井问道：“昨天的报纸报道了日本政府的中立地带案，该案和调停案所指的地带案有所不同，欲要设置永久的中立地带。中国自不必说，美国也认为该案是分割中国的开端而加以反对，果有此事吗?”外相芳泽回答道：“本官原本考虑的是在日中两军之间设立中立地带，使其退却到一定的距离。而后却变成了设置永久的中立地带。”对于芳泽的回答，富井接着问道：“是要设置大规模的中立地带吗?”对此，外相芳泽回答道：“关于你所询问的永久的局外中立地带设置案，实际上正在考虑之中，还未向外国政府发表日本政府的想法，只是通告了当地的我国代表们而已。”从以上两者的问答中可以看出，一·二八事变爆发后日本政府有意地把调停性质的中立案变成了永久的中立地带案。

（二）对各种“自由市”方案的比较和探讨

在上海设置“永久中立地带”的基本方针确立后，日本外务省指示②：“上海圆桌会议能否召开还未明确，但我方要预先制定有关上海未来地位的大纲案，并展示给各国，以此对中国保有贷主之地位。”日本外务省在制定上海“自由市”方案的过程中，首先对上海外侨团体及个人制定的各种上海“自由市”方案进行了详细比较和分析。这些提案包括：《上海纳税

---

① 《上海事件ニ関スル報告》，日本国立公文書館：《枢密院会議筆記・一、上海事件ニ関スル報告昭和七年二月十日》，Ref.A03033731800（アジア歴史資料センター）。

② 《上海都市計画》，日本外務省外交史料館：《分割 2　各国都市関係雑件/上海ノ部》，Ref.B04121012400（アジア歴史資料センター）。

人协会会员私案》(1925 年 10 月)、《上海美国人提案》(1930 年 2 月)、《上海外人有志者提案》(1932 年 3 月下旬)、《法国人 D'auxion de Ruppe 案》(1932 年 2 月下旬)、《大谷光瑞师案》(1932 年 4 月中旬) 等。目前笔者所掌握的档案资料中，只是介绍了各种提案的内容，对于提出以上方案的上海外侨团体及个人的分析，还有待于今后相关史料及档案资料的进一步发掘和利用。

关于上海"自由市"的各种方案，大多不为世人所知，而只有 1932 年 3 月下旬制定的《上海外人有志者提案》被当时的媒体公布于众，日本的各大报纸如《东京日日新闻》和《大阪每日新闻》都对该提案做了详细报道①。两大报纸都提到此案是日、英、美、法、意等十多国有力团体中所选出的二十人委员会，经过十多次的研究而制定的，并指出该案已经提交到国际联盟。根据两大报纸的报道，上海自由市计划的概要包括："(一) 本行政团体与中国政府协力，并向中国政府交纳租税。(二) 本行政团体设立的目的是避免上海地区遭受军阀的侵略、设置独立的法院、确立区域内的财政经济基础。(三) 利用中国人及外国人组成的军警来防卫上列区域，而不是雇佣军队"。而其具体细则包括：

1. 地区范围：公共租界、法租界、上海特别市及水路。

2. 附属保护区：以上海为中心 20 英里以内的地区。

3. 名称：上海特别区。

4. 行政团体名称：上海特别区工部局。

5. 统治形式：本行政团体受中国政府及列国的委任实行该地区的统治。

6. 期限：以 30 年为期限，到期 5 年前如没有取消，申请则自动延长 10 年。

---

① 《自由市建設》，载《东京日日新闻》，1932-04-10。《列国実業団体の上海自由市案》，载《大阪每日新聞》，1932-04-11。

7. 基本原则：由上海特别区工部局维持区域内的统治和安宁秩序，原则上不受任何政治干涉，并且不受任何国家及政府的支配，因此行政组织上不允许一国的绝对多数。

8. 行政委员由下列团体选出：上海特别市、公共租界工部局、法租界公董局、中国总商会、上海一般商工会议所、纳税华人会、上海在留外人代表。

9. 区域保障：由中国政府及列国保障该区域的安全。

10. 上海特别区工部局与公共租界工部局、法租界公董局、地方行政区行政机关、闸北、浦东、吴淞的关系：以上各行政机关受上海特别区工部局的支配。

11. 上海特别区工部局在筹集经费之际，有权向工部局和地方行政机关发行债券和税收。

12. 国税：正当的中国国税可以在区域内征收。包括全国普遍征收之税和对上海特别区工部局和公共租界工部局、法租界公董局征收的税金。

13. 防备区域的警卫由带有国际性质的巡警和军警负责，另设置约 5 千的中国军警。

14. 土地租借法：上海特别区工部局有权制定行政区域内的土地租借法。

15. 法院：区域内设置独立的法院。

16. 领事裁判权独立：设置独立法院后，各国历来的领事裁判权应有所缓和。

17. 海关邮电及其他：即使在上海特别区区域内，以下的事业由中国政府所管，即海关、邮电、广播（不允许检阅）、国营铁路。

18. 安全区域：上海特别区工部局在区域内不允许任何国家使用兵力。

19. 撤兵：上海特别区工部局成立后，中国及列国的驻兵应撤离到区域以外。

20. 职务：上海特别区工部局排除一切国家差别，作为一地方行政机关行使地方政府的职责。

21. 中国代表：中国政府可以派一名代表担任上海特别区工部局行政委员。

对于上海外侨团体及个人所制定的五种上海“自由市”方案，日本外务省制定了八项评价标准，对诸方案进行了具体分析和比较①。值得注意的是在围绕每项标准所作具体比较之后，都进行了归纳和总结，凸显了日本外务省在制定上海“自由市”方案上的观点和立场。第一项“与中国领土权的关系”上，日本外务省认为“自由都市的设定，应该在列强和中国缔结的条约基础上，中国制定国内法规即宪章，或者把宪章作为条约的附属书，中国制定相同内容的国内法来予以保障”；第二项“与国际联盟的关系”上，认为“把上海自由都市置于联盟的监督之下，虽然不是必不可缺的，但是如果借助国际联盟的权威容易让中国让步的话，可以在某种形式上承认联盟的监督权及保护权”；第三项“区域划分”上，认为“虽然自由都市的管辖区域限于公共租界、法租界和大上海市，但为了自由都市的安全保障，应该在其周围设置保护中立地带”；第四项“警备问题”上，认为“如果足以证明自由都市的治安能力值得信赖的话，作为终极之措施，同意放弃列国的驻兵及派兵权也是不得已的”；第五项“中立性质”问题上，认为“对自由都市的安全威胁和保护地带的中立侵害，多源于中国的排外运动。此种情况下，列国以及成为排外对象的一国及数国，应该先谋求国际联盟的承认，之后在其委任之下采取自卫之手段”。第六项“立法及行政机关”问题上，认为“有必要在三区域的行政机关之间设立某种形式的联络机关，严格意义上来讲并不是由立法机关来充当，而是应

① 《各種上海自由都市計画案ノ比較》，日本外務省外交史料館：《分割2　各国都市関係雜件/上海ノ部》，Ref.B04121012400（アジア歴史資料センター）。

该设立由三行政机关代表所组成的委员会”；第七项“立法机关及治外法权问题”上，认为“虽然撤销治外法权问题是颇为重要之事件，必须要慎重考虑。上海自由都市一旦成立，也没有必要一直反对撤销治外法权”。第八项“维持治安的武装警察军备等”问题上，认为“为了保障自由都市的安全，理论上讲自由都市不应该拥有自己的军队，但是如此一来会出现无力阻挡中国军队进攻的缺陷，为了弥补该缺陷，应该在保证自由都市及保护地带的中立，以及在国际联盟的权威下派遣国际军队或一国军队”。

虽然笔者目前所掌握的档案资料中并未发现日本外务省制定的上海“自由市”最终成案，然而从以上的论述中不难看出，事变后日本外务省不仅确立了设置“永久中立地带”的基本方针，还积极参考各种“自由市”方案，秘密推进日本政府主导的上海“自由市”计划。而且从档案资料中可知，日本政府希望召开“上海圆桌会议”来实现“自由市”计划，但鉴于中日停战还未实现之前，此种提议务必会遭到中国及英美法等国的反对，日本政府并未能大张旗鼓地推进上海“自由市”计划。

（三）关于召开圆桌会议的交涉

1932 年 5 月 5 日，随着中日停战协定的签订，日本谋求建立上海“自由市”的计划，主要以谋求召开“上海圆桌会议”的形式表现出来，即日本希望通过召开圆桌会议与各国商讨上海“自由市”问题。

5 月 13 日，日本外相芳泽谦吉召见英美法意四国代表，提出了有关上海的善后问题①。在对四国特别是英国在签署停战协定交涉中的尽力表示感谢后，芳泽提到“现在吾人最关心的是维护上海及其附近永久和平之问题，本件是涉及公共租界、法租界的各国共同之问题，特别是日英美法意五国最具利害关系。鉴于以往的经验，上海租界经常受到中国内乱

① 《上海圓卓会議ニ関スル件》，日本外務省外交史料館：《分割 3　各国都市関係雑件/上海ノ部》，Ref.B04121012500（アジア歴史資料センター）。

之威胁，在日本断然撤兵之际，特别感到有恢复上海和平的必要，所以应速召开圆桌会议解决此问题”。作为召开会议的理由和根据，芳泽不仅提到了2月29日国联理事会所做的关于停战协定签订后召开圆桌会议的决议，而且提出中国的现实形势即广东派的反蒋活动、长江沿岸中国共产党的活动都使召开圆桌会议刻不容缓。而作为召开会议的具体步骤，芳泽提出了和英美法意四国先在东京召开预备会议来商讨上海问题的建议。并且提出预备会议不邀请中国参加，等五国之间大纲确立之后再和中国交涉。

然而就在芳泽召见四国代表的两天后，5月15日，日本国内法西斯军人和民间法西斯团体联合发动流血政变，首相犬养毅被杀。5月26日，退役海军大将斋藤实出任首相，并且身兼外相一职。斋藤内阁期间，对于上海事变的善后处理问题，基本上沿用了前外相芳泽的外交政策和方针。在英美法意四国代表就前外相芳泽提出的建议而请示本国政府之际，日本外务省对四国可能会提出的疑问进行了周密推测，日本外务省认为在根本问题上，四国可能会以日军还没有完全撤退、中日间的关系还很紧张等理由，提出召开会议的时机还未成熟的意见。而在枝端问题上，四国可能会提出召开预备会议不应排除中国、预备会议的召开地点定在东京欠妥等意见。

值得注意的是，对于英美法意四国在答复中可能提出的疑问和意见，日本外务省制定了颇为严密的答复预案①，根据日本外务省公开的秘密外交档案，其主要内容包括以下八个方面：（一）强调本件圆桌会议的召开是根据2月29日国际联盟理事会决议所定的；（二）强调根据2月29日国际联盟理事会的决议，各国有推进圆桌会议召开的义务；（三）停战协定签订后，广东派的反蒋运动明显，加上长江沿岸及福建省等地国共冲

① 《外務人臣応酬振》，日本外務省外交史料館：《分割3　各国都市関係雜件/上海ノ部》，Ref.B04121012500（アジア歴史資料センター）。

突，上海未来的形势不容乐观；（四）我方已决定陆军全部撤回，近期内会预期完成。随着停战协定的签订和我陆军的撤回，中日间的关系也将有所缓和；（五）不同意满洲问题与上海问题共议，满洲问题与上海问题是全然两个问题，而且2月29日国际联盟理事会决议明确提出，圆桌会议仅以恢复上海地区的和平为目的；（六）我政府提出预备会议排除中国及召开地点定在东京的主张，是出于对圆桌会议成效的考虑，和各友好国家有进一步商讨的余地；（七）1924年上海发生的卢永祥、齐燮元两将军交战之时，外交团于同年12月22日向北京外交部提出永久转移军阀争夺的目标，即江南制造厂和龙华弹药厂，使上海附近避免卷入战争的建议。对此，北京外交部于1925年1月17日命令把江南制造厂改造为普通工厂，同时1月15日的执政命令宣布永久禁止在上海及吴淞驻屯军队；（八）维护上海地区的永久和平是各国的夙愿，如果列国间充分努力，1925年上海附近的孙传芳、张宗昌两军的对峙、1927年广东军的北上引起的动乱以及这次十九路军的骚扰都可以避免，如果列国重复1925年过失的话，唯恐中外人士几十年来苦心经营的国际都市将会消失。以上八项内容即是日本外务省针对英美法意等国有可能提出的疑问和意见，而精心制定的答复预案。其目的就是强调上海的危机形势，说服各国，顺利实现圆桌会议的召开，从而推进上海“自由市”的设置。

（四）公共租界与日本的“配合”

日本之所以在上海制造事端，致使事变爆发，不能不说其背后有上海各外国团体特别是公共租界当局的大力支持。事变爆发后，公共租界当局更是与日本里应外合。事变后上海市市长吴铁城曾向工部局提出抗议，认为“工部局听任公共租界被用作进攻中国部队的军事行动根据地”，对此工部局于1932年2月6日召开董事会特别会议，商讨了如何答复上海市长提出抗议的事宜。会上工部局总裁费信惇指出“工部局作为一个团体不能对那些能够共同保证租界中立的强国之一的侵犯公共租界的行为担负责任。日本作为这些强国之一，像其他有关的主要强国一样，对维持公共租界的完整性感兴趣；任何强国的可以被解释为破坏这种中立地位的行为，其责任应由各该强国担负，而不是由上海公共租界工部局担负”①。工部局对于日军利用公共租界进攻中国部队采取了纵容的态度，工部局所主张的“中立”，不是针对日本，而主要是针对中国的。

公共租界与日本“配合”的关系更可以从租界当局对事变爆发原因的认识中得以证实。1932 年 4 月 13 日，工部局总董麦克诺登在上海公共租界纳税外人会举行的年会上作总结报告。麦克诺登在报告中称特区法院袒护抗日运动是致使上海中日之战爆发的主要原因，号召列强要鉴往知来，细密注意上海地位问题。并在报告末尾提出了在上海建立国际法庭等具体主张和建议。对于麦克诺登的报告，在上海的日本总领事村井仓松称其为“透彻之意见”，而 4 月 14 日的《申报》则发表时评加以严厉抨击。时评指出“麦氏之着眼点，不在于中日之战争问题，亦不在于特区法院问题，而在于所谓‘上海问题’。比日以来，所谓‘大上海’、‘上海自由市’之呼声甚嚣尘上，麦氏之主张在上海组织国际法庭或其即为所谓‘上海自由市’之先声耶”②，时评道破了麦克诺登报告的宗旨所在。对于麦氏所主张在上海建立国际法庭，进而实现上海自由市之意图，时评指出“且我民族今已有显然之觉醒，显然之进步，正处于积极争取自由平等之奋斗程途中。此种主张，亦断非我民族所能承认，所能容许其实现者”。该时评认为麦克诺登依然用三十年前之眼光来看待今日之中国，可谓是一大时代错误。麦克诺登作为上海公共租界的代表，其报告中的主张无疑证实了公共租界和日本政府在推进“自由市”计划上是一拍即合的。

此外，值得特别注意的是，1932 年 5 月 13 日，就在日本外相芳泽在

① 《1932 年 2 月 6 日　工部局董事会特别会议》，上海市档案馆编：《工部局董事会会议录》第 25 册，上海古籍出版社 2001 年版，第 505 页。

② 《注意公共租界纳税外人会麦氏之报告》，《申报》，1932 年 4 月 14 日。

东京召见英美法意四国代表，密商召开圆桌会议以解决上海问题之时，上海的英国侨民也于同一天在上海召开英侨协会，并通过了促进圆桌会议召开的决议。决议指出："兹因有数种事件，影响上海幸福与良好之政府，而为近今冲突与争端之原因，尤其是特区法庭、界外筑路之管理权及武装兵队驻于上海及上海周围区域，本董事会之意，苟非上述悬案同时解决，则近今上海之中日争案，不能得永久满意之解决。故董事会决议，由本国领事与外交代表申请，由列强及中国尽速召集圆桌会议，解决影响上海幸福与良好政府之各悬案，上海工部局与法公董局，亦得派代表出席该会议。"①英侨协会决定将该决议案送至上海外商各商会，以谋求全体商会的赞成之后，再经由各国外交机关转交各国政府。同时，英侨协会还决议要召集纳税外人特别会，来敦促工部局推进圆桌会议的召开。

由此可见，日本在上海制造事端，不仅有公共租界工部局的支持，也有上海各外侨团体，特别是英国侨民的后援。日本佛教中最大的宗派之一——净土真宗东本愿寺派法主大谷光瑞就曾在事变后直言不讳地谈到，是上海的英侨团体积极要求日本制造事端，来实现上海自由市计划②。正是由于公共租界及外侨团体的大力支持，日本才可以肆无忌惮地在上海制造事端和推进"自由市"计划。然而日本政府和上海公共租界所推进的"自由市"计划，最终却没有成功。究其历史原因，一方面由于上海各界民众以及国民政府的反对，另一方面也与美英法等国政府的态度密切相关。

三、"自由市"计划受挫的历史原因

（一）中国的反对

1932年4月10日，当《上海外人有志者提案》被日本《东京日日新

① 《英侨协会公然主开圆桌会议》，《申报》，1932年5月20日。

② 《自由都市建設について　上海を語る》，《大阪每日新聞》，1932年2月1日。

闻》公布于世，消息传到上海后，上海各界掀起了反对“自由市”的声浪。4月11日，中国青年救国会、各业工会联合会、中华民族自决会、中国学生救国会等团体联合发表声明，号召“凡我同胞，务须一致奋起，反对设置自由市”。同日，上海爱文义路九路商界联合会也发表宣言，指出“上海区域有设立自由市之传说，倘系确实，非特违背民意，抑且有害我国主权行政领土之完整。此项消息，无论系日方要求，或系汉奸主张，凡签此条约或赞成此举者，本会除誓死反对绝不承认外，并以对付国贼之手段对付之，并以全力与之周旋，虽至任何牺牲，亦所不惜，谨此宣言”①。4月12日，上海公共租界纳税华人会也发表宣言，认为“自由市之主张，直为侵略者之迷梦”②。

对于日本政府积极推进的自由市计划，不仅上海的各大团体奋起反对，而且也有中国学者对此发表意见。其中1932年4月17日、18日的《民国日报》，就连续登载了中山大学国际贸易学教授黄元彬对日本提建的上海自由市问题所发表的专题谈话③。黄元彬从学术角度介绍了自由市的起源、特征等，并重点阐释了自由市的种种弊端。指出自由市“大背近代国民经济统一之思想”“对于国内产业自属不利”“终不免秘密输入之盛行”等等。对于日本提出的上海自由市提议，黄元彬指出“其详虽未有所闻，想系以公共租界为范围，推其用意，不外欲操纵自由市，以便利日本之贸易而为独占中国市场之先声”。指出了日本政府积极推进上海“自由市”建设的背后目的。

停战协定签订以后，圆桌会议召开问题成为讨论的焦点，针对5月13日召开的英侨协会，上海各团体救国会联合发表了反对圆桌会议，纠

---

① 《反对设自由市》，《申报》，1932年4月11日。

② 《纳税华人会发表重要宣言》，《申报》，1932年4月13日。

③ 《日本提建上海自由市问题 中大教授黄元彬之谈话》，《民国日报》，1932年4月17、18日。

正英侨协会建议的宣言①。该宣言指出："有英人胡特海者，以英侨协会名誉，致各国商会一函，意欲怂恿各国政府，召集圆桌会议，解决上海今后之地位，其不顾国际公约，竟与日本同一狂暴，本会对于此种宣传，认为中英友谊最大之遗憾。"该宣言痛斥英侨协会积极推进圆桌会议的主张与日本同出一辙，逐条驳斥了英侨协会决议中提到的，特区法庭、界外筑路之管理权、驻上海及上海周围区域的武装军队等是影响上海和平诸因素之观点。并且表明了上海各团体救国会的态度，即：（一）圆桌会议之历史意义，为宗主国对殖民地而设者，此种名词有辱及我国家之独立，吾人断不能忍辱。（二）上海事件与东省事件，系中日间之整个问题，绝不能单独解决，且如何解决，吾人在法理上所信任者，只有国联盟约及九国公约不知其他。（三）上海为中国领土，反对任何人或任何国有变更我原有行政组织行政方式者之任何企图，以侵犯我主权，尤其反对企图产生所谓自由市之圆桌会议。上海各团体救国会还在宣言的末尾表示："即使沦上海为荒废之墟，亦断不使所谓自由市出现。海枯石烂，此志不渝。"由此可见，上海各界团体的坚决反对成为自由市计划破产的重要原因。与此同时，国民政府所代表的官方态度也不容忽视。

据3月6日的《申报》报道，有记者采访顾维钧，并向其询问是否国民政府派其为上海圆桌会议代表，对此，顾维钧答道："至圆桌会议，系日本方面之主张，中国方面从未赞成，且所云圆桌会议，究将讨论何种问题，亦未说明，则会议性质，既未明了，中国更难赞成，故代表出席一层，根本上更说不到矣。至上海问题，果有会商必要，自应与东省问题一并讨论解决。"②此后，国民政府外交次长郭泰祺也对圆桌会议和自由市问题，回答了记者采访。指出"圆桌会议如能将中日整个问题完全解

① 《各团体救国会反对圆桌会议》，《申报》，1932年5月24日。

② 《顾维钧之谈话》，《申报》，1932年3月6日。

决，则吾国方面自当力促其成，若欲将东省与上海问题划为两途个别解决，则不特全国民众均将反对，即中央当局亦决不致盲然附和也。至上海自由市之谬说，完全系少数外商资本家散放之空气，绝对无置信之价值，政府当局决计置之不理”①。由此可见，国民政府坚持上海问题和东北问题同时解决的态度，并以此作为参加圆桌会议的必要条件。同时也明确否认了上海“自由市”之说。国民政府的态度也成为日本政府所倡导的上海圆桌会议和“自由市”计划的致命一击。

(二) 美英法等国政府的态度

对于日本政府和上海公共租界积极推进的上海“自由市”问题，美国政府的反对态度是明确的。当《上海外人有志者提案》被公布于世后，《东京日日新闻》就对此评价道：“自由市的提案是非常理想的，担心的是以九国公约为后盾的美国的反对。”②另外，上海公共租界纳税华人会在其发表的宣言中指出：“美国之反对，吾国人士实认为合法合理之举也”③，对美国反对自由市的立场加以肯定。从中日的媒体报道中，不难看出美国政府对上海“自由市”计划的反对态度。

而对于停战协定签订后成为焦点的上海圆桌会议召开问题，美国之外，英法等国也没有对此做出积极回应。1932 年 5 月 26 日，英国下议院的工党议员庄思，对于日本提议的上海圆桌会议问题向外相提出了质疑④。庄思提到：为了与各关系国讨论上海圆桌会议的议案，英国政府在和日本政府交涉中做了哪些声明？是否制定了让中国政府参加会议的提案？如果中国政府拒绝参加会议，英国政府是否也保证不参加会议？等等。对此外务次官艾登答复道：“虽然对此并没有做明确的商议，但是最

① 《郭泰祺谈圆桌会议趋势》，《申报》，1932 年 6 月 4 日。

② 《案としては理想的　気懸りな米国の輿論》，《東京日日新聞》，1932 年 4 月 10 日。

③ 《纳税华人会发表重要宣言》，《申报》，1932 年 4 月 13 日。

④ 《英下院の上海圓卓会議問題》，日本外務省外交史料館：《分割 3　各国都市関係雑件/上海ノ部》，Ref.B04121012500（アジア歴史資料センター）。

近日本外务大臣召见驻东京的某某国大使，提议要依照2月29日联盟理事会的决议召开上海圆桌会议。当然中国不参加是不可能召开此会的，而且会议的议题也没有明确审议。”可见英国政府认为中国参加是会议召开的必要条件。5月28日，美国国务卿和英国外相之间电话商讨了上海圆桌会议问题①，并取得了共识。决定以中国政府的参加为条件，接受日本的圆桌会议建议，对于召开地点，两者都希望在上海召开。而且两者都认为上海圆桌会议的召开还为时尚早。

7月2日，中华民国日本公使馆大使馆参事官矢野真向日本外相斋藤实汇报了与法国公使、美国公使就圆桌会议进行商谈的情况②。法国公使表示没有中国参加的圆桌会议是毫无意义的。对此日方指出：“不应该只因中国不赞成一事，而有阻会议的召开吧。”法国公使回答说：“当然召开圆桌会议是基于联盟的决议，但是该决议不能不让人感到，当时日内瓦的相关人士对中国形势并非有充分的认识，而且决议的最大目的是促进停战。”法国公使表示“虽然他本人充分认识到召开圆桌会议的必要性，但是感到时机并不成熟”。此外，美国公使表示从1860年起美国就与上海联系较深，这一点和英国并没有区别。但现在对于上海的美国人来讲并没有特别值得忧虑之事，“抵制外货”“法院”等问题上也没有让美国人为难之事。虽然上海的美国人，在土地方面有广泛的利害关系，但是美国的对中国政策不会为这些利害关系所左右。所以美国对于上海问题，既没有可向中国要求的方案，“界外筑路”问题也没有立刻采取措施的必要。以上英法等国政府的消极态度，特别是美国政府的反对无疑也成为上海“自由市”计划受挫的重要因素。

---

① 《在英斎藤代理大使より斎藤外務大臣宛電報》，日本外務省外交史料館：《分割3　各国都市関係雑件/上海ノ部》，Ref.B04121012500（アジア歴史資料センター）。

② 《在中華民国日本公使館大使館参事官矢野真より斎藤外務大臣宛電報》，日本外務省外交史料館：《分割4　各国都市関係雑件/上海ノ部》，Ref.B04121012600（アジア歴史資料センター）。

综上所述，日本政府利用上海公共租界的统治危机，肆无忌惮地在上海炮制了一·二八事变，并企图推进上海“自由市”计划，获取租界当局的欢心和支持，加快侵略中国的步伐。而与此同时，上海公共租界也积极利用日本，通过营造紧张局势，来转移中国民众和国民党政府欲收回公共租界的视线，以此来延长租界的寿命。两者之间是互相利用，心照不宣的。但是由于上海民众、国民党政府的反对以及英法美等国政府的消极和反对态度，致使日本政府和上海公共租界积极推进的上海“自由市”计划最终归于流产。

虽然该计划没有实现，但影响深远。一·二八事变后，中日矛盾上升为中国的主要矛盾，客观上转移了中国对收回上海租界的关注，使租界延长了寿命。事变后日本在公共租界中更加狂妄。然而值得注意的是，日本与上海公共租界的关系，并不等于日本与英美等国家之间的关系。特别是美国，面对三十年代初期日本在中国的侵略和扩张，积极利用华盛顿体系来抑制日本的野心。美国对日本建议成立“自由市”的反对态度，无疑使九一八事变后日美两国之间的关系更加恶化。一·二八事变后，日本于翌年退出国际联盟，进一步加深了国际孤立，并开始滑向了战争的深渊。

（作者单位：上海大学文学院历史系）

侵华日军在沪集中营考论

李 健 苏智良

日军在沪集中营是第二次世界大战期间日军在上海建立的集中营，关押包括中国人在内的十余国战俘与平民，从1938年建立第一个集中营——徐汇战俘营到战争结束，历时7年。上海到底有多少集中营？上海的日军集中营究竟关押了多少人？至今尚无法精确统计，仅在1944年至少有7 000人在押。日军在沪集中营是日军战争暴行的重要组成部分。他们用饥饿和严刑拷打等非人手段对待战俘和平民，远比枪毙更残忍。集中营分为上海侨民集中营、教会人员集中营、盟军战俘集中营、中国战俘集中营4类，集中营的有些旧址至今还是上海标志性的学校和机构，如徐家汇藏书楼、上海社会科学院大楼、华东师范大学、上海中学、提篮桥监狱等。本文在前人研究的基础上，通过实地考证，拟对日本侵略者在上海的集中营进行全面梳理与叙述①。表1所示为上海日军集中营一览，其中包括4个新发现的集中营，11个首次确定地点的集中营，并且

① 国内学者关于日军在沪集中营的研究，参见熊月之：《2005年上海社会科学院重点课题研究报告》；熊月之：《上海盟国侨民集中营述论》，《上海纪念抗日战争胜利60周年研讨会论文集》，上海纪念抗日战争胜利60周年研讨会，2005年；熊月之：《“上海集中营”真相》，《社会科学报》2005年6月30日；陈正卿：《美军战俘画笔下的宝山集中营》，《世纪》2005年第5期；岳雯：《寻访侵华日军在沪战俘集中营》，《档案春秋》2005年第8期；陈克涛：《上海龙华侨民集中营》，《世纪》2005年第5期；毛剑杰：《1944年上海集中营大逃亡》，《时代教育》2007年第19期；何天义：《亚洲的奥斯维辛——日军侵华集中营揭秘》，四川人民出版社2007年版；朱小怡：《大夏大学里的侨民集中营》，《上海滩》2015年第12期；熊月之：《上海外侨与世界反法西斯斗争》，《东方早报》2015年8月4日；刘雪芹：《霞飞路上的修女集中营》，《上海滩》2015年第8期；张帅、苏智良：《上海盟军战俘营考略》，《历史研究》2016年第1期；等等。国外学者关于日军在沪集中营的研究，参见关丁·雷诺：《十二月八号的秘闻》，罗塔译，环（转下页）

更正完善了其他 8 个集中营的相关信息。

表 1 上海日军集中营一览

类型	集中营旧址	原地址	现今地址	建筑存在与否
上海侨民集中营	浦东集中营	英美烟草公司仓库	浦东新区，东方明珠北面的江边	否
	龙华集中营	私立沪新中学	徐汇区，上海中学，百色路 989 号	是
	闸北集中营	大夏大学	普陀区，华东师大普陀校区老文史楼，中山北路 3663 号	是
	*杨树浦集中营	圣心医院，宁国路 47 号	杨浦区，杨浦老年医院，杭州路 349 号	是
	*林肯路集中营	林肯路 1974 号	长宁区，天山路	存疑
	*海防路集中营	美国海军陆战队第四军团第二营的军营，海防路 372 号	静安区	存疑
	沪西第一集中营	汉壁礼西童公学	静安区，市西中学，愚园路 404 号	是
	沪西第二集中营	驻军兵营，大西路 63 号、65 号	长宁区，上海市延安初级中学，延安西路 601 号	是
	·沪西第三集中营	虹桥高尔夫总会，虹桥路 501 号	长宁区，上海动物园，虹桥路 2381 号	否
	·沪西第四集中营	美国哥伦比亚乡村俱乐部	长宁区，上海生物制品研究所，延安西路 1262 号	是
	·意大利人集中营	美国基督教安息日会上海卫生疗养院，罗别根路 101—102 号	长宁区，上海一〇八医院，哈密路 1713 号	是

(接上页)球出版社，1948 年；Peggy Abkhazi，*A Curious Cage，a Shanghai Journal*，*1941—1945*，Victoria，British Columbia，Sono Nis Press，1981；鲍威尔：《鲍威尔对华回忆录》，邢建榕等译，知识出版社，1994 年；Leck Greg，*Captives of Empire：The Japanese Internment of Allied Civilians in China*，*1941—1945*，US，Shandy Press，2006；Betty Barr、程乃珊：《日本集中营：上海西侨的黑色记忆》，《文史博览》2006 年第 1 期；等等。综上所述可知，囿于以往国内外学者并没有系统掌握上海集中营的相关资料，故缺少对上海集中营进行整体的研究，或是对某一类集中营，或仅对某一个集中营进行研究，如美国学者 Leck Greg 的“*Captives of Empire：The Japanese Internment of Allied Civilians in China*，*1941—1945*”一书，旨在宏观上介绍日本在中国的集中营，对于上海侨民集中营的情况有相关介绍，但并未对集中营今昔地址进行考证，未提及意大利人集中营，集中营内细节介绍并不全面，虽然书中对于上海集中营中的教会人员集中营有个别提到，如教会人员第六集中营圣心修女会会院，但有效信息很少，此外忽略了上海集中营中的盟军战俘集中营、中国战俘集中营。

续表

类型	集中营旧址	原地址	现今地址	建筑存在与否
教会人员集中营	·教会人员第一集中营	耶稣会总院	徐汇区，徐家汇藏书楼（南楼），漕溪北路80号	是
	·教会人员第二集中营	大修道院	徐汇区，徐汇区政府，漕溪北路336号	是
	教会人员第三集中营	徐家汇圣母院	徐汇区，老站饭店，漕溪北路201号	是
	·教会人员第四集中营	方济堂（方济各会账房），吕班路141号	黄浦区，上海市黄浦区人民代表大会常务委员会和中国人民政治协商会议上海市黄浦区委员会，重庆南路139号	是
	·教会人员第五集中营	首善堂（遣使会账房），吕班路141号	黄浦区，上海市黄浦区人民代表大会常务委员会和中国人民政治协商会议上海市黄浦区委员会，重庆南路139号	是
	教会人员第六集中营	圣心修女会会院	黄浦区，上海社会科学院大楼，淮海中路622弄7号	是
盟军战俘集中营	上海吴淞盟军战俘营	存疑	宝山区，海军上海博览馆，塘后路68号	是
	·上海江湾盟军战俘营	存疑	宝山区，上海市高境强制隔离戒毒所，殷高路15号	否
	·海军战俘营	虹口区江湾路，陆战队病舍	虹口区，中国人民解放军四一一医院，东江湾路15号	是
	·华德路（提篮桥）监狱盟军战俘营	华德路（提篮桥）监狱，华德路147号	虹口区，提篮桥监狱，长阳路147号	是
	*大桥监狱盟军战俘营	大桥监狱，崇明路6号	虹口区，大桥大楼，四川北路85号	是
中国战俘集中营	·徐汇战俘营	兆丰西路和小木桥路东三家里一带	徐汇区，小木桥路705弄及旁边的龙华中路	否

注：*代表新发现的集中营。
·代表首次确定地点的集中营。

一、上海侨民集中营

上海侨民集中营是太平洋战争爆发后日军占领当局为防止在沪外籍侨民加入反法西斯阵营而设立，每个集中营由“日本领事馆派员一人为营长，另派警员数人助理，另由营侨公推一人为委员会管理自身利益，每日点名二次”①。从1943年1月正式启动一直持续到1945年8月日本投降，共设有11个，其中浦东和龙华集中营规模最大、人数最多、影响较大。侨民集中营的原建筑大部分仍存在，且多位于郊外偏僻之地，建立前一般为学校、医院、仓库、兵营等空间较大的场所，后经过改造分割成小房间，“分家庭组和独身组”②，一个家庭的侨民多住在一起，集中营外用铁丝网环绕，与外部隔绝，门口设有岗亭，以防止营内人员与外界发生接触，传递书信。日军当局的营规多达上千条，违规者常被殴打、禁闭甚至处死。

浦东集中营（Pootung Camp），1943年2月成立，位于一片空旷的黄浦江临江地界上，树木稀疏，由数栋建筑组成。这里原是英美烟草公司的仓库，本不适合居住，后经过整修被用作集中营。起初只关押男性，他们或是单身，或在战前家人已回母国，再者是同非拘禁第三国或亚洲人结婚的男性③。据被关押营内人员回忆，“这个集中营条件很差，房间和地面很脏。到这里要做的第一件事情是平整地面，这样才能方便活动”④。营内设备十分简劣，“当局仅供给日用品，管理人员毫无同情心，且不准营侨诉苦，营侨之要求亦很少答见。例如五宅房屋之顶，已破坏不堪，每逢大雨，屋内人便大感不便，营侨要求当局修理，但当局置之

---

①② 《自由中国》编辑室：《集中营备忘录》，《自由中国》1945年第1期，第11页。

③ Leck Greg, *Captives of Empire: The Japanese Internment of Allied Civilians in China, 1941—1945*, US, Shandy Press, 2006, pp.466—473.

④ The chaplains who had served in those camps, The Civilian Internment Camps, *Catholic Review*, 1945, No.Sep.—Oct., p.100.

不理，结果只能由营侨设法取得少量柏油及石棉，自行修理”[①]。此外，营内缺少基本的生活设施，“仅有二十五个厕所，以供一千一百人之用”[②]。该集中营收容英国人、美国人、荷兰人共 1 112 人[③]。他们来自各行各业，1945 年 8 月日本宣布无条件投降后，浦东集中营取消。该集中营的原建筑已经拆除，其原址位于东方明珠北面的黄浦江畔。

龙华集中营（Lunghwa Camp）建在上海中学校址上，今百色路 989 号，集中营很大，包括 7 个混凝土建筑和 3 个大型木制营房（最初是日本人建的马厩）和众多附属建筑。有 509 间宿舍，其中有 127 间是以家庭为单位安排入住的，地面几乎就是一片废墟[④]。“大约 480 亩地，没有一棵灌木或者是乔木，因此不要有在树下乘凉的想法。若要找到独处思考的空间，那便是两处废弃的房屋和一英亩大的砖垛旁边”[⑤]。营内“非常拥挤，冬天极为寒冷，在夏季因其地势低洼而疟疾肆虐”[⑥]。在铁丝网围起的营地内，可遥望到龙华塔。“从 1943 年 1 月 29 日到 1945 年 8 月抗日胜利，共关押过六千余人，分别来自英国、美国、加拿大、荷兰、比利时、澳大利亚、新西兰、南非、苏联、挪威等国。被关押者年龄最小的六个月，最大的八十八岁。”[⑦]“在集中营关闭前的最后几天里，关押在集中营的人们收到了来自上海市区、特别是中国各类慈善组织赠送的礼物”[⑧]，

---

① 《自由中国》编辑室：《集中营备忘录》，《自由中国》1945 年第 1 期，第 12 页。

② 《自由中国》编辑室：《集中营备忘录》，《自由中国》1945 年第 1 期，第 11 页。

③ 因为集中营的人员始终处于流动状态，很难统计总人数。本文收容人数若无特殊说明，均以 1944 年 9 月统计数为参考值。

④ Leck Greg, *Captives of Empire: The Japanese Internment of Allied Civilians in China, 1941—1945*, US, Shandy Press, 2006, pp.460—465.

⑤ Peggy Abkhazi, *A Curious Cage, a Shanghai Journal, 1941—1945*, Sono Nis Press, 1981, p.51.

⑥ The chaplains who had served in those camps, The Civilian Internment Camps, *Catholic Review*, 1945, No.Sep.—Oct., p.102.

⑦ 何天义：《亚洲的奥斯维辛——日军侵华集中营揭秘》，四川人民出版社 2007 年版，第 291 页。

⑧ The chaplains who had served in those camps, The Civilian Internment Camps, *Catholic Review*, 1945, No.Sep.—Oct., p.101.

这无疑给苦难中的人们送来了信心与希望。

闸北集中营（Chapei Camp），位于“废弃的大夏大学，房子经过修补后勉强可以挡雨，但却无法抵挡台风的侵袭”①。其址今为中山北路3663号，大夏大学的“群贤堂用作集中营后，每个房间内关押侨民10至30人不等。群策斋原为大夏大学的男生宿舍，日军将4人一室、兼可自修的宿舍拆成面积较大的通间，供10人居住，所有作息活动都被集体化，没有任何隐私可言。集中营四周设置铁丝网。日军在距大门约一千米的‘危险区’设立了第二道铁丝网，划定了禁止进入区域。铁丝网外侧道路设立警告牌，以防止被关押的侨民逃跑或向外界通风报信”②。营内人员多营养不良、体弱，“体重不够标准者颇多，患疟疾及肠炎极普遍”③。群贤堂现在是华东师范大学（普陀校区）老文史楼，平面呈一字形，为平屋三层楼，采用钢筋混凝土结构，群策斋已拆除。闸北集中营共收容1 056人。其中有英国人、澳大利亚人、新西兰人、加拿大人、美国人、荷兰人等。

杨树浦集中营④（Yangtzepoo Camp），位于原圣心医院，系天主教教会医院。旧址为“宁国路47号”⑤。医院占地60余亩，抗战中医院被迫外迁。营内人员由另外两个集中营合并组成。一部分是1944年2月从扬州集中营转移至沪西第四集中营的被囚禁人员，后来在1945年3月28日转移到此营；另外一部分是沪西第一集中营的被囚禁人员，在大轰炸时转移到此处。营内有“英侨一千一百七十九人，美侨二十九人，比侨十一人，荷侨十三人”⑥，收容约1 200人⑦，多为前工部局雇员或由华北迁来

---

① The chaplains who had served in those camps, The Civilian Internment Camps, *Catholic Review*, 1945, No.Sep.—Oct., p.100.

② 朱小怡：《大夏大学里的侨民集中营》，《上海滩》2015年第12期，第25—26页。

③ 《自由中国》编辑室：《集中营备忘录》，《自由中国》1945年第1期，第11页。

④ 《自由中国》编辑室：《集中营备忘录》，《自由中国》1945年第1期，该文中称其为东区营。

⑤⑥ 《自由中国》编辑室：《集中营备忘录》，《自由中国》1945年第1期，第10页。

⑦ 该营统计人数是根据半月刊1945年第1期《自由中国》杂志中的《集中营备忘录》一文，文中并没有提到人数统计时的准确时间，故该数据仅供参考，有待考证。

人员，自“集中营创办后，已有四十个婴孩诞生”①，营内拥挤不堪。此营“位于最热闹的工业区，营之外围为日军驻扎地，营外日伤兵医院之上层，架有高射炮，空袭时则迎击，故营中三百五十个儿童，时受惊吓”②。在战争后期，这个集中营可能是上海所有集中营中最危险的。因为该地被“六个确切的军事目标包围，每当飞机靠近时，防空警报就发出可怕的声响，特别是邻近汇山路（Wayside Road，今霍山路）地区的大规模地毯式轰炸，足以让营内的每个人整日胆战心惊”。③该地现为杨浦老年医院，位于杭州路 349 号④。

林肯路集中营⑤（Lincoln Avenue Camp），旧址位于林肯路 1974 号（大山路中山路口），此营关押年老及病患人员。⑥1944 年 6 月成立，日军法令规定，所有在上海的敌国侨民，凡是在医学上达到免除监禁的程度，都统一到林肯路集中营。另外，从龙华集中营调配 30 名身体较好的志愿者协助他们搬迁并加以照顾⑦。由“分宅之房屋组成”⑧，有“大小不同之房屋十二所，大都破旧不堪”。有“英侨二百九十四人，美侨十七人，荷侨十人”⑨，共收容 311 人⑩。因该营侨“营养之不良而又多为老弱者，故疾病种类繁多，且死亡率亦较高”⑪。一年里，300 余名关押者中有 29 人死亡。这座集中营四周设有弹药和补给仓库、兵营和军用马厩，因此处

---

① 《自由中国》编辑室：《集中营备忘录》，《自由中国》1945 年第 1 期，第 11 页。

②⑪ 《自由中国》编辑室：《集中营备忘录》，《自由中国》1945 年第 1 期，第 12 页。

③ The chaplains who had served in those camps, The Civilian Internment Camps, *Catholic Review*, 1945, No.Sep.—Oct., p.101.

④ 施叔华主编：《杨浦区志》，上海社会科学院出版社 1995 年版，第 877 页。

⑤ 《自由中国》编辑室：《集中营备忘录》，《自由中国》1945 年第 1 期。该文中称其为西区营，其址在今天山路。

⑥⑨ 《自由中国》编辑室：《集中营备忘录》，《自由中国》1945 年第 1 期，第 10 页。

⑦ Leck Greg, *Captives of Empire: The Japanese Internment of Allied Civilians in China, 1941—1945*, US, Shandy Press, 2006, pp.456—459.

⑧ 《颜惠庆等代表蒋伯诚将军慰问盟侨集中营　备受热烈欢迎今晨继续慰问》，《申报》，1945 年 8 月 29 日。

⑩ 该营统计人数是根据半月刊 1945 年第 1 期《自由中国》杂志中的《集中营备忘录》一文，文中并没有提到人数统计时的准确时间，故此处有待考证。

境危险。在一次袭击中，一枚 A.A.弹落入集中营，致使一名关押在集中营里的人受了伤①。在该集中营开设的一年多时间里，“不准亲友入营探望，管理人员毫无同情心”②，生存状况堪忧。

海防路集中营（Haiphong Road Camp），旧址位于海防路 372 号，为前美国海军陆战队第 4 军团第 2 营的军营。1942 年 11 月 5 日清晨，日本宪兵队逮捕了 300 多名盟军在沪侨民。他们身份地位显赫，因其多与金融界、政界和信息领域人物有关联，极可能给日本人带来麻烦，故均被囚禁于此。这里最初是为中国富裕阶层建造，大院里有两处大型建筑。1941 年 11 月这里的居民离开上海，美国海军陆战队驻扎此处。在大桥监狱盟军战俘营里饱受日本宪兵队折磨和侮辱的被拘留者经常被送到这里。这里的拘留者也有可能被带到大桥监狱盟军战俘营接受进一步审讯。1945 年 6 月，在极其困难的条件下，这个集中营里所有的男性被转移到北京附近的丰台。在那里他们住在拥挤、炎热的仓库里，一直到战争结束。在伦敦帝国战争博物馆中，至今仍收藏着海防路被囚禁人员签名的衬衫③。

沪西第一集中营（Yu Yuen Road Camp），原址是汉壁礼西童公学，现为市西中学，今愚园路 404 号。集中营于 1943 年 2 月设立，收容 877 人。前两次收容对象为公共租界工部局职员及其家属，第三次开始收容普通的“敌国”侨民，第四次主要收容有婴幼儿的家庭。市西中学 1953 届校友陈维楹亲眼见到集中营里被关押的英美侨民和门口荷枪实弹的日本哨兵：“我家对面马路一幢三层红砖楼房里出现了男女老幼等不少蓝眼黄发白肤高鼻的外国人，我是从自家三楼顶的晒台上目睹的。这些人天天

① The chaplains who had served in those camps, The Civilian Internment Camps, *Catholic Review*, 1945, No.Sep.—Oct., p.101.

② 《自由中国》编辑室：《集中营备忘录》，《自由中国》1945 年第 1 期，第 12 页。

③ Leck Greg, *Captives of Empire: The Japanese Internment of Allied Civilians in China, 1941—1945*, US, Shandy Press, 2006, pp.448—455.

在那里或坐或走或三五成群地做着什么，大门口有日本兵持枪站岗，里面外国人从不见外出。再后来知道了：这里原来是工部局办的专供英美侨民子女读书的西童公学，现在成关押侨民的集中营（我家的对面有日本兵了）。"①

沪西第二集中营②(Ash Camp)，原来是英国在上海的驻军兵营，该建筑于1917年由英国人建造，建筑面积1 800平方米，为欧洲堡垒式建筑③，原址为大西路63号、65号。1943年3月1日成立，建筑东部被汪精卫傀儡政府使用，西部被用作集中营。地势低洼且多积水。④故"集中营内大部分地面潮湿，房间冬冷夏热"⑤。这个集中营共收容456人，大部分是上海工部局职员。其址后为延安中学所在地。1998年8月延安中学高中部迁入茅台路，初中部留在原址，为今上海市延安初级中学，延安西路601号。

沪西第三集中营是原虹桥高尔夫总会，位于当时的虹桥路501号⑥，今上海动物园，虹桥路2381号⑦。1943年4月19日开始收容。该集中营以收容老人、体弱多病者、幼儿等为主，共收容331人。

沪西第四集中营（Columbia Country Club）共收容325人，其址原是美国哥伦比亚乡村俱乐部，大西路301号，占地50余亩，著名设计师邬达克主持，建筑占地约2 200平方米，大部分面积用于草坪和网球场⑧。1942—1943年日本人把这里作为收容从港口而来、等待遣返的敌国侨民

① http://blog.sina.com.cn/s/blog_4d2d9d6b0100m2i7.html.

② 因使用大量的灰修路和营房，故称为"灰营"。

③ 张长根主编：《上海优秀历史建筑（长宁篇）》，上海三联书店2005年版，第216页。

④ Leck Greg, *Captives of Empire*: *The Japanese Internment of Allied Civilians in China*, *1941—1945*, US, Shandy Press, 2006, pp.428—433.

⑤ The chaplains who had served in those camps, The Civilian Internment Camps, *Catholic Review*, 1945, No.Sep.—Oct., p.102.

⑥ 根据卡洛斯提供的资料"*Gli Italiani a Sciangai 1608—1949*"（意大利文，笔者译为《意大利人在上海，1608—1949》）。

⑦ 薛理勇：《老上海万国总会》，上海书店出版社2014年版，第165页。

⑧ 《老上海万国总会》，第60页。

的场所。但是当他们在上海失势后，很多人都被滞留于此。这里的空间非常有限，人们不得不睡在保龄球馆、酒吧和其他俱乐部的房间。1943年成为集中营。营内游泳池最初还可以使用，但因没有化学试剂来保持水的清洁度，最终停用①。现在是上海生物制品研究所，延安西路1262号②。

1943年9月8日，原属轴心国阵营的意大利同英美签署了投降停战协定，日本立刻视其为敌国，在上海设立了专门关押意大利人的集中营，直至1945年3月取消。

那么上海的意大利人集中营位于何处？由于史料缺乏，过去一直无法确认。笔者找到了战时意大利驻华大使戴良尼的后代卡洛斯·莫瑞，才获知真相。据他讲述，戴良尼1943—1945年曾被关在日本人在上海的集中营，回国后将自己的经历用意大利文完成“DOPOGUERRA A SHANGHAI”③和“E'MORTO IN CHINA”④两部著作，结合书中的线索以及卡洛斯提供的资料，并辅以战时意大利外交官吉兆的女儿何韵竹女士的回忆：“船长和船员们被捕并被关进了位于虹桥日本人占领区的罗别根路（今哈密路）上的集中营，当时意大利前任驻华公使塔尔利奥尼侯爵（Marquis Talliani）已被羁押在那里。”⑤经多方确认，最终确定这个集中营的地点位于罗别根路101—102号⑥，这里原是美国基督教安息日会上海卫生疗养院，院内“建有西式花园住宅和一座教堂，该院以疗养为主，收费昂贵，住院的大都是富商巨贾和政府官吏，如孔祥熙、宋子文、王宠惠、宋美

---

① Leck Greg, *Captives of Empire*: *The Japanese Internment of Allied Civilians in China*, *1941—1945*, US, Shandy Press, 2006, pp.444—447.

② 熊月之：《上海的外国文化地图》，上海锦绣文章出版社2010年版，第107页。

③ 《战后在上海》，参见印永清等主编：《海外上海研究书目》（1845—2005），上海辞书出版社2009年版，第9页。

④ 笔者译为《我死在中国》。

⑤ 何韵竹：《蓝·中国（Blu Chia）——一位中意混血儿的半生传奇》，张朝霞译，花城出版社2010年版，第119页。

⑥ 根据卡洛斯提供的资料“*Gli Italiani a Sciangai 1608—1949*”（意大利文，笔者译为《意大利人在上海，1608—1949》）。1943年罗别根路改为哈密路（Hami Road）。

龄及其母亲倪桂珍都常住在这里。抗日战争中遭到严重破坏”[①]，今属于上海一〇八医院，哈密路1713号[②]。

那么，是否只有这个集中营关押意大利人呢？其实不然。何韵竹女士在回忆她年轻的意大利驻华外交官父亲吉兆时写道：“上海港的部分景色只能从13号牢房——即我父亲住的那栋楼的顶层——的一扇窗户才可以看到。在被羁押在浦东的两年中，我父亲常常上楼去到那个房间，从那扇窗户远眺载满棉花的帆船穿过港口。”[③]1945年8月，日本人无条件投降，“浦东集中营的门骤然打开，我父亲没有坐等去观看这一命运的逆转，他与其他几个曾经的狱友径直来到黄浦江岸，在那里，他们设法说服了一位船夫将他们带到苏州河口附近的一个码头”[④]。可见，这位意大利外交官曾被关押在浦东集中营，而且是在浦东集中营取消后才被释放的，而之前他是被关押在扬州集中营的，“起初我父亲高兴地听说将被转到浦东集中营，因为那里离上海很近，但他很快意识到，那里的条件比扬州集中营要糟糕得多”[⑤]。

这位意大利驻华外交官吉兆从未去过罗别根路101—102号的意大利人集中营。此外，战时意大利驻华大使戴良尼也曾被拘禁在上海的两处集中营，一个是罗别根路101—102号的集中营，另外一个是原虹桥路501号的沪西第三集中营。一位曾经被关在华德路监狱盟军战俘营的美国海军军官也回忆说：“意大利投降以后，上海的意大利人被视为敌国人民。有一部分关在我们监狱里。”[⑥]

日军并不是把所有的意大利人都关在意大利人集中营中。当时的日本

---

① 孙金富主编：《上海宗教志》，上海社会科学院出版社2001年版，第528页。

② 笔者在确定该集中营今址的过程中，得到薛理勇、许洪新等上海史研究前辈学者的指导与帮助，在此感谢。

③ 《蓝·中国（Blu Chia）——一位中意混血儿的半生传奇》，第119页。

④ 《蓝·中国（Blu Chia）——一位中意混血儿的半生传奇》，第121页。

⑤ 《蓝·中国（Blu Chia）——一位中意混血儿的半生传奇》，第118页。

⑥ 《十二月八号的秘闻》，第65页。

兵力已捉襟见肘，不得不减少集中营守卫的数量以部署前线兵力，不少集中营被合并看守，而无需太多守卫看守的集中营接收了其他集中营转来的羁押者，因此集中营内人员具有很大的流动性，从一个集中营转到另一个集中营，这是一个动态的过程。意大利人在其他集中营关押的时间可能比较短，人数相对较少，零星分散到各处，故很难有史料存留。而意大利人集中营则是专门为收容意大利人而设，“共收容 33 人，1945 年 3 月 2 日，其中 Marco Di Renzo（原意大利驻沪领事）及其妻子（Amalla Di Renzo）、及其两个女儿（Renata Di Renzo、Liliana Di Renzo）、法律顾问 Catlo Alber Stranco、Irene Stranco 夫妇与法律顾问助理 Erardo Colombo 共 7 人，在上海意大利总领事见证下宣誓效忠于过去的墨索里尼政权后被释”①。显然意大利人集中营中的意大利人相对较多，关押时间更久，有一定的持续性和稳定性。

日本占领当局对集中营实行严格的军事管制。集中营内侨民必须严格服从日军管辖，遵守集中营的制度。他们在集中营内被强迫做苦役，一点自由也没有，生活条件很差，饥饿、缺水、物资短缺、无医疗保障、生活环境恶劣以及这些外界因素造成的人们心理上的烦躁、郁闷等是他们要面对的的主要问题。侨民集中营内关押的以妇女、儿童为主。特别值得同情的是集中营里孩子遭遇的困境：“一些年幼的孩子除了集中营，根本不知道自己的家在哪里，当一位母亲告诉她六岁大的孩子，战争结束了，他们很快就能回家时，曾经在另外两座集中营待过的孩子认为这次的回家，仅意味着要搬去另一处集中营。”②

在沪外侨中，美国人最早被日本人控制和关押。“为使在中国许多洋人不要大惊小怪，乃名为集中营，法国没有向日本宣战，被认为友邦，

① 《昭和二十年四月六日意大利人收容所大东亚巡查秋元健次致驻上海总领事总务课长都村新次郎件》，日本外务省档案，日本外交史料馆藏。

② The chaplains who had served in those camps, The Civilian Internment Camps, *Catholic Review*, 1945, No.Sep.—Oct., p.101.

为此在中国的法国传教士及人民未损害"①。上海侨民集中营内没有法国人。"幸而法国并未与日本作战，不然，不少教区、二年间将没有传教士了"②。

二、教会人员集中营

教会人员集中营是从1943年4月开始设立的，对于教会人员的管理，日本占领当局有特别的规定，相对比较宽松。"上海教区负责财务的万尔典（法国神父）与日本总领事交涉，日本人同意把与日本交战国的传教士集中于上海徐家汇耶稣会总院内。在神学院里读书的继续在神学院读神学，万尔典又向日本军说情，把徐州传教士中的一批加拿大传教士转移到徐家汇大修道院内。这样，在上海的日本交战国传教士享受到很好的待遇，他们在徐家汇范围内可以自由活动，日本派一个小军官每天早上去耶稣会总院和大修道院点名。凡要去上海市区的都要向他请假。来点名的是一个天主教徒，态度非常好，有求必应"③。教会人员被监禁数月之后，"因蔡宁主教向日本当局斡旋，传教士能回至各人的修会中去"④。

徐汇公学校友朱方济在回忆他的法文老师Fr.Octave时写道："集中营中的耶稣会会士的生活和原来的会士的生活一样，非耶稣会士如鲍斯高会和圣母会会士等吃饭时在另一个餐厅，吃饭时可谈话，另外有他们的散心间可在内阅览、听无线电等，每天一名日本教友前来集中营点名，如有事出徐家汇的，由通日语的美国神父向他们提出，然后给你一个印上黑字的红臂章A(merca)、B(ritish)、C(anadian)、D(utch) 等即可。当时

① 樊国阴：《遣使会在华传教史》，吴宗文译，华明书局1977年版，第399页。

②④ 《遣使会在华传教史》，第400页。

③ 金鲁贤：《耶稣会士金鲁贤主教回忆录：绝处逢生》（上卷），香港大学出版社2013年版，第47页。

我校经常举行各种足球比赛，集中营内的神父、修士以及神学院的修士总会主动前来参观的。当演出话剧或举办展会时，他们也是必到的常客。”①

但是他们的传教和日常活动受到严格限制。教会人员的通信与普通集中营规定无异，每月一次，在检查内容之后，允许寄信。如有必要，亦可破例寄信。收信无限制。不允许他们与外界约会、打电话。即使在营内的教堂中也不允许对外来人员进行说教，或接受他们的忏悔。这对于天主教徒来讲，这样的管制相当于剥夺了他们的传教自由。在被关押之前，这些外籍教会人员分别从事牧灵（传教）、教育、科研、慈善、医疗等不同的工作。因此造成了一些教区和教友没有神职人员关照信仰生活，一些学校、科研机构、孤儿院和医院等无人管理，来自外籍教会人员母国的人力、物力、财力援助停止，最终导致这些被关押外籍传教士所在的宗教机构无法正常运行。

教会人员集中营共有6处，主要集中在徐家汇地区，分别是：

教会人员第一集中营共收容55人，皆为修士。其址原是耶稣会总院，在将近一个世纪的时间里，这里曾是徐家汇天主教活动的中心，是耶稣会传教士工作和学习的地方②。现在是徐家汇藏书楼（南楼），今漕溪北路80号。

教会人员第二集中营共收容34人，皆为修士。这里原是大修道院，太平洋战争爆发后，“徐州教区美国籍，加拿大籍教士，全被日本（侵华）宪兵遣送至上海徐汇区大修道院。大修道院改为日本（侵华）占领军战时对敌国侨民所设的临时‘集中营’”。③该建筑现在属于徐汇区政府。

教会人员第三集中营共收容39人，皆为修女。此处原是徐家汇圣母

① http://xhzx.xhedu.sh.cn/1/1-07-03/info92000003393/detail.html.

② 李明毅主编：《历史上的徐家汇》，上海文化出版社2015年版，第58页。

③ 黄殿墀主编：《徐州民族宗教志》，徐州市民族宗教事务局1991年版，第83页。

院，现在是上海老站饭店，今漕溪北路201号。

教会人员第四集中营共收容37人，皆为修士。此处原是方济堂（方济各会账房）①，吕班路141号。“1937年日本入侵上海，占领它有八年之久。方济账房以投资房地产来抵消中国的货币贬值；第二次世界大战期间，外币无法进入中国，这资产的收入大派用场。1943年春，日军在账房内拘禁了四十多位外国传教士”②。建筑现为上海市黄浦区人民代表大会常务委员会和中国人民政治协商会议上海市黄浦区委员会，今重庆南路139号。

教会人员第五集中营共收容10人，皆为修士。它与第四集中营实属于一个院子里的两栋建筑。原是首善堂（遣使会账房）③，吕班路141号。该建筑现在属于上海市黄浦区人民代表大会常务委员会和中国人民政治协商会议上海市黄浦区委员会，今重庆南路139号。

教会人员第六集中营原是圣心修女会会院④，现在为上海社会科学院大楼，今淮海中路622弄7号。第六集中营共收容79人，皆为修女，其中英国9人、美国42人、加拿大14人、澳大利亚3人、荷兰1人、比利时10人。集中营里“食物匮乏成为当时难以解决的严重问题。到后来，她们连面包也吃不到了，一日三餐只能吃到一顿米饭，最后连一餐米饭也难以保证。后来日军切断修道院的热水供应系统，让集中营的生活更加雪上加霜。整个冬天没有暖气供应，夜晚，修女们只能躺在冰冷的地板上。因寒冷刺骨，有些修女彻夜难眠，不停地在走廊里来回踱步取暖”⑤。

在考察教会人员集中营地点的过程中，我们发现，日军尽管对教会

---

①③ 阮仁泽、高振农主编：《上海宗教史》，上海人民出版社1992年版，第744页。

② 金普斯、麦克罗斯基：《方济会来华史（1924—1955）》，李志中译，香港天主教方济会，2000年，第30页。

④ 《上海宗教史》，第700—701页。

⑤ 刘雪芹：《霞飞路上的修女集中营》，《上海滩》2015年第8期，第38页。

人员进行了拘禁和迫害，但没有类似正定惨案这样的赤裸裸的屠杀。其原因主要是上海的国际地位，资讯发达，日军尚有所顾忌。“如果上海教会变成像德国对待犹太人的集中营那样，势必会引起上海天主教徒的反抗，甚至当时的梵蒂冈罗马教皇也会注意到。而且教会人员集中营内的费用由各人所属的修会负责，日方全不负担，因此与其他集中营相比，教会人员集中营的境遇尚算较好。”①

三、上海盟军战俘营

上海盟军战俘营设立于1942年2月1日，1945年结束。上海盟军战俘集中营共5个，关押的战俘具有较强的流动性，数目保持基本稳定。1942年到1944年关押战俘总数分别为1 484人、980人、1 023人。在战俘营设立的3年中，不断有盟军战俘被收押或者释放，日本对盟军战俘的管理缺少人道主义关怀，战俘遭受饥饿、寒冷、酷刑甚至劳累致死等野蛮对待。据一位美国海军军官回忆：“在集中营里日本人除了灌水和拷打外还有电刑，所谓的电刑是把着电的金属触着人体要害处，我在室内一听见外面尖锐的惨叫声就知道又开始电刑了。我想这是一种非常痛苦的刑罚，受刑人没有一次不惨叫的。当他们手臂被吊得脱节时也常常发出这样的惨叫，但独有灌水时不发一声。这些刑罚都是无任何理由的。”②

上海吴淞盟军战俘营（Woo Sung Camp），根据学者的调查，该战俘营位于长江边上，是日军当年300个战俘营之一。其址今为上海宝山吴淞公园后海军博物馆③，为宝山区塘后路68号。“1942年1月24日第一批战俘到达，他们主要是来自美国威克号和英国佩特雷尔号的幸存者，刚抵达上海时由海军监管，在吴淞被转交给陆军。1942年2月1日，来

① 根据徐家汇天主堂蒋神父口述。

② 《十二月八号的秘闻》，第65页。

③ 陈正卿：《美军战俘画笔下的宝山集中营》，《世纪》2005年第5期。

自天津和北京的战俘抵达，总人数达到 1 500 人，其中 700 人是平民，700 人是陆军、海军、陆战队员，其他人来自其他国家。集中营内条件糟糕，健康和卫生设施缺乏，守卫对战俘很差，打耳光十分常见。几个战俘的行为会导致所有人受罚，包括站在雨中数小时、几天不供应食品或关禁闭。1942 年 12 月 6 日，整个战俘营迁往江湾”①。战俘承担开挖吴淞运河的劳役，每天必须从黎明或挖或抬干到日落。据一名美国海军军官回忆：“在吴淞集中营里，牛马式的生活除外，这里经常发生所谓的‘不幸事件’，每个日兵都有自己的‘法律’，我们时常在无意中破坏了事前根本不知其存在的‘司法’，我海军鲁槟逊因拒绝给日兵摇动卡车前面的马达驱动器被打得半死，还有一个平民战俘，仅仅看一下营地四周的电网被枪杀了，经我们抗议后，营里开了一次庭，最后日本军官宣称这不过是‘意外的不幸事件’，那个杀人的士兵无罪复职。”②

上海江湾盟军战俘营（Kiang Wan Camp），旧址位于今宝山区殷高路 15 号，其址现为上海市高境强制隔离戒毒所③。1942 年 12 月 6 日成立，前身是吴淞盟军战俘营。战俘营可容纳 1 600 人。有 700 名美国陆军、海军和陆战队员，700 名来自威克岛的平民和 80 名英国人。战俘营的厕所是日式的，非常粗陋很不卫生。厨房很简陋，器具很缺乏，食物质量很差，缺乏营养。营区医院没有床位，更没有人工暖气。战俘在附近做修路、排水、平地的工作。如果随处抽烟或出现其他细小的违纪行为，则会被殴打。1945 年 5 月 9 日，该集中营关闭④。

海军战俘营（Naval Prisoner of War Camp），主要关押盟国海军战俘。

---

① *Prisoner of War Camps in Areas other than the Four Principal Islands of Japan*, 31 July, 1946, 4—4. 5A—AB—C2—693, Historical Manuscipt File, pp.22—25.

② 《十二月八号的秘闻》，第 21 页。

③ 《上海监狱志》编纂委员会编：《上海监狱志》，上海社会科学院出版社 2003 年版，第 119 页。

④ *Prisoner of War Camps in Areas other than the Four Principal Islands of Japan*, pp.13—18.

原址位于虹口区江湾路，距离日本海军医院约800米，为陆战队病舍①，主要关押英美海军战俘，他们是“美国军舰威克号的官兵以及英国军舰佩特雷尔号上的幸存者，1941年12月8日被送来。1942年3月，美国陆军运输船‘哈里森总统’号的船员被送来。之后被俘的英美商船员也被不断送来。战俘总数在70—120人”②。战俘们被迫签署不会逃跑的文件，有时看守会打战俘的耳光。该建筑今属中国人民解放军四一一医院，位于东江湾路15号。

华德路（提篮桥）监狱盟军战俘营（Ward Road Jail Camp），旧址位于华德路147号，今为长阳路147号的提篮桥监狱③，被称为“远东第一监狱”。建于1934年，是一栋现代化的6层混凝土楼房④。“1942年6月，这里共关押着8 000名囚犯。其中约100人是外国人，同一时间美国人的人数不超过12人。这些美国人是被日本法院判决有罪的平民、海军和陆战队员。由于上海缺乏燃料，整栋大楼没有暖气，冬天的毯子根本不能御寒。食物不好也不充足，每天两顿饭，分别是早上8点和下午4点。早饭是一杯煮麦子，晚饭是清汤，每人每天约450克的面包。”⑤

大桥监狱盟军战俘营（Bridge House Jail Camp），旧址位于崇明路6号，原是日本宪兵队本部⑥。既是战俘营也是平民拘留所，常被当作审讯和惩戒中心⑦，其他集中营里的被囚禁者经常被强行带到这里接受拷问并用刑。今位于虹口区四川北路85号，为大桥大楼，已用作民居。该集中营“关押对象为居住在上海的美国人、美军飞行员，以及从吴淞或江湾盟

---

① 彬江房造：《最新大上海地图》，精版印刷株式会社东京工场，1943年版。

② *Prisoner of War Camps in Areas other than the Four Principal Islands of Japan*, p.4.

③ 笔者在实地考察该集中营过程中，得到徐家俊等监狱史研究前辈学者的指导与帮助，在此感谢。

④ 《上海监狱志》，第101页。

⑤ *Prisoner of War Camps in Areas other than the Four Principal Islands of Japan*, pp.7—9.

⑥ 《上海监狱志》，第119页。

⑦ *Prisoner of War Camps in Areas other than the Four Principal Islands of Japan*, p.1.

军战俘营逃跑又被重新抓获的美国海军和陆战队员，其他囚犯主要有中国人、英国人等，大多都是妇女。集中营内环境极其恶劣，污秽不堪。囚犯们睡在地板上，有时因太拥挤没有地方可以躺下。冬天没有暖气，囚犯们只能共用毯子，无论性别、种族和信仰。医疗看护实际上不存在。治疗一般在监室内进行，而且只有很少的人能获得，大多数病人只能等死。囚犯没有人格可言，他们白天盘腿坐在自己的脚上不能休息，同时头必须低下，面朝东京方向，有时被迫下跪 6—8 个小时。晚上随时可能被叫醒而来回走动。如果有人敢反抗，就会遭到殴打”①。美国《密勒氏评论报》主编鲍威尔也曾被关押在这个“大桥集中营”里，据他回忆，牢房内极其拥挤，最严重的是“没有盥洗设施，马桶只是放在一个角落里的粗糙木桶，敞开着放在牢房中，臭气熏天。每天早晨，由一名强迫从事这项服务的中国人拎出牢外冲洗一下。女性被囚者不得不和男子共同使用这只马桶。蚊虫滋生，最害人的是体虱和老鼠。战俘被殴打虐待时有发生，有一次，一名中国人偷吸烟被抓住，几乎被揍成肉饼，一个多星期不能站起来，后来又患上脚气病，日本医生给他注射了不知什么药剂，很快就死去。”②

四、中国战俘集中营

中国战俘集中营也称徐汇战俘营。1938 年，侵华日军在上海徐汇区兆丰西路和小木桥路东三家里一带建立了一个奴役、杀害中国战俘的集中营。其址位于小木桥路 705 弄及旁边的龙华中路③。集中营四周有电网

① *Prisoner of War Camps in Areas other than the Four Principal Islands of Japan*, pp.1—3.

② 鲍威尔：《鲍威尔对华回忆录》，邢建榕等译，知识出版社 1994 年版，第 386—387 页。

③ 中国战俘集中营的原建筑基本上已经不存在，许多道路发生改变，笔者多次前往徐汇区档案馆、斜土街道办事处、徐汇区规划和土地管理局等处查询求证。最后经上海市徐汇区斜土街道办事处工作人员询问多位迁出原居民、并参考《寻访侵华日军在沪战俘集中营》作者岳雯提供的口述信息，确定该地点。

和铁丝网，大门口设有岗哨，戒备森严。1944—1945 年的东三家里集中营关押的中国战俘有 200 多人。集中营的战俘主要来自国民党的抗日官兵，另有小部分八路军和新四军抗日官兵。战俘遭受非人待遇之下，有的试图逃离集中营，事先将旧铁路旁的破木板藏起来，等到深夜就把破木板架在营房周围的电网上，冒险越网而过，但不曾料到日军在电网上安有警铃，警铃一响，逃跑者被抓，就要受到日军法西斯的残暴刑罚，丧失生命①。战俘营内的中国军民在肉体上和精神上遭到了日军非人的残暴奴役和虐杀。铭记历史是一种责任，这个战俘集中营承载着中国人痛苦和创伤记忆。

结论

日军在沪 23 处集中营，在空间分布上呈现出零散中有集中的特点，所涉及区域涵盖今长宁、徐汇、静安、黄浦、浦东、虹口、宝山等 9 个区域，经笔者实地考察首次证实，这 23 处集中营多集中在长宁区和徐汇区，最典型的是教会人员集中营，多分布在上海传统天主教社区徐家汇地区。日军在沪集中营是其在华集中营的组成部分，关押的不仅有中国战俘、盟军战俘，也有英美等"敌国"的大量侨民，还有昔日的盟友意大利人，以及教会人员。为方便管理，日本当局根据关押对象不同将在沪集中营进行分类，在同一类型的集中营中，又根据所押者年龄、地位、国籍等设立不同的集中营，如林肯路集中营，专门关押年老及病患人员；海防路集中营内关押者身份地位显赫，多与金融界、政界和信息领域人物有关联；意大利人集中营是专门为关押意大利人而设等。日军对不同类型的集中营的加以区别对待，其中战俘人员集中营营内情况是最恶劣的，甚至直接由监狱改造而成，以便于利用监狱里的刑具对战俘用刑，

---

① 岳雯：《寻访侵华日军在沪战俘集中营》，《档案春秋》2005 年第 8 期，第 4 页。

值得一提的是大桥监狱盟军战俘营，各种酷刑轮番上演，营内人员因受虐死亡者不计其数。而在上海侨民集中营和教会人员集中营中，只要营内人员不做违反营规的事情，则一般无生命之虞，但仍要受到严格的军事管制，生存状态堪忧。集中营内人员有很大流动性，因战事变化，可能从最初被囚禁的集中营转移到其他多处集中营，大多数情况是在某一类型的集中营内流动，但也有在不同类型的集中营间进行转移的情况，如从上海侨民集中营被转移到盟军战俘集中营。日军在沪集中营类型多样，也体现了上海这座国际化城市的特点，见证了二战期间日本法西斯对包括中国在内的世界各国人民的戕害。上海这座国际化城市，在其繁华的背后承受着许多鲜为人知的辛酸与屈辱，在日军的刺刀、高墙和铁丝网下，中国抗战官兵和盟军战俘惨遭屠杀，众多的不同国籍难友们，留下了饥饿、苦难、屈辱的记忆。寻访和考证日军在沪 23 处集中营的历史，再次唤醒了世界人民对战争的集体记忆，战争虽已过去，但留给世人的却是对战争的长久反思以及对和平的殷切期许。

（作者单位：上海师范大学人文学院）

抗战文化

海派文化视阈下的上海抗战

——兼论上海抗战文化的历史地位

张　云

上海抗战，实际上包括以两次淞沪抗战为主体的武装抗战和以民众为主流的上海抗日救亡运动，这是上海抗战中两个既各具特色又不可分割的重要组成部分。上海抗战的这两翼，既系统而全方位地凸显了上海抗战在中国人民抗日战争暨世界反法西斯战争中重要的历史作用和地位，也生动而深刻地反映了海派文化的内涵和特性。

海派文化是以中华传统文化特别是上海区域性文化为基础，扬弃并吸收近代西方工业文明而形成的一种文化流派。这一文化流派具有长期的历史积淀过程，构建了一座拥有厚重历史文化底蕴的城市精神家园，形成了别具一格的海派精神、海派风范和海派品格。在抗日战争中形成和发展起来的上海抗战文化，则是上海抗战的一个重要组成部分，是在民族战争烽火熏陶下成长和发展起来的隶属海派文化体系的一支异军突起的文化新军。本文仅就上海抗战的热血壮举与海派文化的内涵特征进行相应比照，在海派文化的视阈下考察上海抗战，借此阐明上海抗战特别是上海抗战文化在中国抗战与世界反法西斯战争中的重大贡献和历史地位。

一、海派文化倡导的以爱国主义为核心的民族精神，正是上海抗日军民始终贯彻的一条主线

19世纪40年代上海开埠以来，这座江南水乡县城在加入世界近代城市行列的同时，也饱含着半殖民地半封建中国社会所造成的国家耻辱、人民凄惨和民族苦难的历史记忆。身临其境的上海人民，对于西方列强残酷的民族统治和血腥的民族压迫有着切肤之痛，他们以百折不挠的斗争精神奋起反抗。上海城市近代化的发展过程，也是上海人民开展反帝爱国斗争的过程。

以爱国主义为主线的民族精神，具有强大的凝聚力和感召力，是中华民族屡遭外族入侵而依然屹立于世界民族之林的根本原因，也是上海在欧风美雨包围之中仍然中气十足的根本原因。这种鲜明的城市文化特征，自鸦片战争以来，经过太平天国运动、上海小刀会起义、戊戌变法、辛亥革命、五四运动、六三罢工、中共诞生、反基督教斗争、五卅运动、上海工人三次武装起义等一连串的反帝反封建斗争的实践洗礼，历久弥新，铸就了海派文化中以爱国主义为核心的民族精神，凸显了坚定的民族性和顽强的斗争性，也折射了上海抗战的本质和主流。

从九一八事变到一·二八淞沪抗战，从七七事变到八一三淞沪会战，从孤岛抗战到太平洋战争后租界沦陷，直至迎接抗战的最后胜利，上海的抗日救亡运动尽管一波三折，有高潮也有低谷，有公开冲突也有地下斗争，有烽火疆场的浴血奋战也有秘密战线的腥风血雨，但不论形势如何险恶，也不论付出多大代价与牺牲，却始终没有停止过。特别是全面抗战爆发后，在中国共产党倡导的民族统一战线的旗帜下，国共两党携手合作，共同抗日御侮。上海各个党派团体，各界人士，广大民众，各行各业，男女老少，除了极少数汉奸之外，无不同仇敌忾，共赴国难。上海滩上，从资本家到工人，从洋行高级职员到棚户贫民，从大学教授到青年学子，从文化名人到小商小贩，从影星到舞女，从青红帮头子到革命的地下工作者，都在爱国主义精神召唤之下，汇聚到同一个战场，在军事、政治、经济、文化等各个领域，有钱出钱，有力出力，万众一心，一致抗日，出现了上海历史上前所未有的全民性的抗日爱国斗争的历史场景。有学者统计过，从1931年九一八事变爆发到1945年8月15日日本宣布无条件投降，上海人民在前后14年4 938天中间，可以说一刻也没有停止过抗日救亡的斗争，上海抗日救亡运动弘扬了中华民族的优良传统，折射出爱国主义的不朽光彩。特别是在两次淞沪抗战中，中国军队不畏强暴、英勇抗敌的伟大壮举，早已载入史册。一·二八淞沪抗战主要参战部队第十九路军及第五军，他们顺应民族的意愿和人民的期望，在国难当头、民族危亡的关键时刻，毅然高举爱国主义旗帜，以民族自卫战争针锋相对地反对日本的侵略战争，给日本侵略者以沉重打击，捍卫了国家和民族的尊严。在八一三淞沪会战中，抗日将士万众一心、众志成城，涌现出许多悲壮的英烈人物和战斗事迹。如36师进攻汇山码头之战，“以血肉之躯”“突贯攻击”①；98师姚子青营宝山城保卫战，“孤军殉城”，“为国效忠，可歌可泣”②；11师、14师、67师将士以“一寸山河一寸血”的悲壮，打出了四次反攻罗店的“血肉磨坊”之战③；空军的八一四空战，阎海文跳伞身陷重围而临危不惧、杀身成仁；沈崇诲驾机撞击敌舰与敌同归于尽，忠骨未留；谢晋元率“八百壮士”决心“壮烈牺牲，以报国家”④，进行了气壮山河的四行仓库保卫战。为了国家和民族的生死存亡，中国军人视死如归、顽强战斗的精神风貌，真是惊天地、泣鬼神！

---

① 《大公报》，1937年9月4日。

② 龚传文：《八一三淞沪抗战回忆》，《20世纪上海文史资料文库》第1卷，上海书店出版社1999年版，第341页。

③ 凌维城：《怀念抗日英雄谢晋元》，《上海文史》第4辑，上海人民出版社1980年版，第65页。

④ 《扫荡报》，1937年10月31日。

与此相呼应，上海抗战文化界的奋力抗争，则更具有鲜明的政治倾向性和持久抗战的坚定性。必须指出，上海抗战文化在其发展的每一个关节点上，都及时得到中国共产党的明确指导。尽管阶段不同，斗争目标和工作方针有所区别，但抗敌御侮斗争主旨始终坚定不移。九一八事变和一·二八淞沪抗战爆发后，中国共产党领导上海抗战文化斗争的中心任务，是宣传和鼓动群众的反帝国主义运动，号召全国人民一致奋起，反对日本帝国主义的侵略、反对国民政府的不抵抗政策、反对日本占领东三省、反对日本侵略上海等。七七事变和八一三淞沪会战期间，中国共产党以上海抗战文化为主要阵地，在抗日民族统一战线的旗帜下，从各个不同的角度，以各种形式，全方位地展开文化艺术界的抗日救亡运动，其中心任务包括伸张中国人民团结御侮的正义立场、树立日必败我必胜的坚定信念、讴歌中国军队英勇抗敌的斗争精神、揭露日本侵华战争的险恶用心和法西斯暴行、动员民众参战、呼吁全国人民和国际社会的支持等。“孤岛”时期，留居上海的进步文化界爱国人士普遍受到迫害，进步的社会文化机构和文化团体被查封取缔，上海抗战文化运动在日伪残暴殖民统治下转入地下。中国共产党根据上海所处的新环境，及时转变策略方针，迅速改变大规模抗日运动的斗争模式，由集中转向分散，由公开转向半公开或隐蔽。提出要采取各种斗争艺术，“注入抗日反汉奸的内容”，利用租界尚未被日军占领的特殊环境，壮大发展抗日力量，重建进步文化阵地，开创了“盛极一时的孤岛文化”。1941 年太平洋战争爆发后，上海全面沦陷，“孤岛”已不复存在。根据上海出现的新形势，中国共产党再次调整斗争策略，强调“严格执行长期埋伏、积蓄力量，等待时机的工作方针”，对上海抗战文化给予明确指导，使其在内容和形式上，贯彻“灰色化”“大众化”和经营管理“事业化”的方针①，在政治上和经

① 刘晓：《上海总结》（1940 年 4 月 30 日），中央档案馆藏。

济上争得立足和生存地位的同时，隐晦曲折地、不屈不挠地开展着抗日救国的斗争，既积蓄了力量，又发展了自己，并以新的战斗的姿态迎接抗日战争的最后胜利。

14 年的抗战证明：上海抗日军民包括上海文化界抱定了“我们万众一心，冒着敌人的炮火前进”的决心，抱定了血战到底、抗战到底的信念，弘扬了中华民族的优良传统，谱写了一部不朽的爱国主义壮丽诗篇，也凸显了海派文化不屈不挠的民族斗争精神之主流和本质特征。

二、海派文化展示的“海纳百川”的城市风范，为上海文化界的联合抗敌奠定了基础

上海是一个“海纳百川”的国际化大都市，它不仅吸纳了来自全世界的先进的文化元素，也传承了中华文化的优秀传统，以充实自己中西合璧的现代文化。这种独树一帜的城市风范，为上海文化界联合战线的建立，奠定了基础，提供了必不可少的客观条件。

首先，上海是全国抗战文化的发祥地，是抗日战争前期全国抗日救亡运动的中心，更是全国文化界联合抗战的引领者。从上海文化界救国会到上海文化界救亡协会，上海在全国率先组成了联系和团结文化领域一切主要力量的文化界抗日统一战线。八一三淞沪会战期间，国共两党在上海的文化战线形成了联合作战的阵势，原先的左翼文化战线与其他各个抗日党派团体的文化力量，在“抗日御侮，共赴国难”的使命下，联合起来并肩战斗。上海文化各界不仅以鲜明的民族抗战精神呼吁文化界的团结合作，而且以实际行动建立了文化统一战线的各种组织，发动和进行了大规模的持续的抗战文化和宣传活动，为全国树立了文化抗战的榜样。上海文化界坚持面向人民大众，与最广大的人民群众相结合的方向，并且在斗争实践中创造了许多成功的方法和形式。广大文化人在抗日洪流中毅然走出书斋，冲破“亭子间”和文艺的“象牙塔”，以民众喜闻

乐见的文化作品提供于社会，使文化从少数文化人的手中解放出来，使之成为人民大众的抗战利器，从而使文化与抗战有机地融为一体。上海抗战文化在这方面也为全国抗战文化的发展提供了极有价值的经验。

其次，上海抗战文化运动是与国际上反法西斯力量和一切进步的文化运动息息相关、互为支援的。上海是中国近代以来中西文化交汇的中心，是连接全中国、全世界的桥梁和纽带，也是中国了解世界和世界了解中国的重要窗口与主要渠道，并且形成了开放互动的良性循环。抗战期间，以申城中外报刊为阵地的主要舆论战线，以其身临其境的独特优势，对两次淞沪抗战和上海抗日救亡运动进行了及时报道和广泛宣传，让全中国和全世界了解上海的抗战，并通过了解上海的抗战，进一步了解中国的抗战，了解中国军民同仇敌忾、万众一心、誓与侵略者血战到底的坚强决心，从而引起全中国和全世界的极大关注。在强烈谴责日本法西斯侵略者战争罪行的同时，普遍同情和支援上海抗战和中国抗战。同时，申城报刊又以大量篇幅，分析了国际形势和世界各国政府的立场和态度，及时报道全国民众、海外侨胞和世界各国人民的声援和支持。沪上舆论普遍认为，这场中国反对日本帝国主义的战争，绝对不是孤立的，指出：联合世界上其他反法西斯主义集团的国家，建立世界性的反法西斯主义侵略战争的联合战线，是战胜日本帝国主义的重要方法，“要取得最后的胜利，必须坚决执行抗战政策到底，消灭任何妥协的汉奸企图，加强抗战的政治机构，彻底实现民主政治以动员全国民众力量，与世界一切民主势力携手”①。强调中国抗战必须联合苏联，联合英美，“我们的国际外交是以中苏的密切结合为轴心，以英、美、法为维护的二重外交”②。进一步坚定了国人抗战的决心，增强了打败侵略者的胜利信心。

① 关露：《从抗日战争到十月革命二十周年纪念》，《苏联革命与中国抗战》，上海三联书店1937年版，第162页。

② 张仲宝：《苏联的对外政策》，《苏联革命与中国抗战》，上海三联书店1937年版，第113页。

再次，上海抗战文化力量具有强劲的辐射力和延伸性，成为推动许多地方抗战文化事业的生力军和领军人物。从八一三抗战到上海沦为“孤岛”前后，大批的上海文化人和文化团体，由盛极一时的上海抗日文化战场陆续转移到抗战大后方和抗日民主根据地，把抗战文化从特大城市上海撒播到祖国的东西南北。他们当中，郭沫若、茅盾、阳翰笙、田汉、冯乃超、胡风等人，先后转移到了武汉、重庆等地。丁玲、周扬、艾思奇、冼星海、沙汀、贺绿汀、吕骥、袁牧之、吴印威、光未然、陈波儿等人，进入了延安和华北抗日根据地。丘东平、任光、夏征农、钱杏邨等人，进入了新四军和华中抗日根据地。这是上海抗战文化的一次大规模转移，也是抗战文化新阵地的开拓。上海文化人以战斗的姿态与当地的抗战文化相结合，谱写了各地抗战文化联合抗战的光辉篇章。例如，武汉抗战文化中心的形成，可以说基本上是上海抗战文化的一次阵地转移。在武汉成立的“全国剧协”“全国影协”“全国文协”等文化抗日救亡团体，基本上都是由从上海转移而来的文化界领军人物为中坚力量，不少还是在他们的倡导和组织下成立和发展的。

总之，海派文化展示的“海纳百川”的城市风范，为上海文化界造就一个庞大的抗日民族统一战线的阵营奠定了基础，成为中国抗战与世界反法西斯战争中团结御侮、联合抗敌的经典样板。

三、海派文化不懈奋斗的创新品格，凸显和提升了上海抗战的历史地位

上海抗战文化的形成，经历了抗日战争血与火的熏陶，一方面继承了上海城市文明的海派风格，另一方面又为上海城市文明海派风格的建构增添了新的成分。更重要的是，勃兴发展于斯、坚持斗争于斯的上海抗战文化，以其不懈奋斗的创新品格，成为凸显和提升上海抗战历史地位的有力见证。

发生在上海的两次淞沪抗战，都是在中国人民抗日战争乃至世界反法西斯战争史上具有里程碑意义的战役。1931 年九一八事变后，日本法西斯军国主义进而在上海挑起一·二八事变，发动对淞沪地区的武装侵略，驻守上海的十九路军和前来增援的国民党第五军以及上海民众奋起抵抗，给予日本侵略者以沉重一击，成为中国局部抗战历史进程中承前启后的关键性一役。九一八和一·二八时期，上海爆发的武装抗日斗争和民众抗日救亡运动，在世界上率先举起了反法西斯战争的旗帜，揭开了中国人民抗日战争和世界反法西斯战争的序幕。1937 年七七事变后仅一个月余，日本法西斯军国主义又把侵略魔爪伸向上海，遭到中国爱国军民的顽强抵抗，形成了以上海为中心的一场气壮山河、震惊中外的八一三淞沪会战。七七卢沟桥事变和八一三淞沪会战，揭开了中国全民族全面抗战的序幕，也标志着世界反法西斯的第二次世界大战在亚洲的东方战场正式形成。而波澜壮阔的抗日救亡运动中，上海是其发祥地和前期的中心。有鉴于此，上海一些文化工作者提出“表现上海”的口号，倡议“要抓住上海的个性，发掘上海的灵魂，歌唱上海的斗争”，以便通过“正视上海的现实，理解上海的现实”，进而“理解抗战中的祖国”①。上海抗战文化人士以此为指引，积极反映两次淞沪抗战和上海抗日救亡运动的斗争史迹，宣传上海抗战的革命精神，总结上海抗战的经验教训，涌现了一大批很有分量的上海抗战作品。例如《上海抗日血战史》《上海之战》《上海浩劫记》《上海大战》《保卫大上海》《闸北孤军记》《八百英雄》《姚子青》《夜上海》《放下你的鞭子》等，还相继举办淞沪战区遗迹绘画展览会、淞沪战迹油画展览会，开设讲座、组织报告会、演唱会等，直接反映两次淞沪抗战，反映上海抗战时期的社会风貌，体现了上海抗战文化洋溢的那种厚重的上海气息，为上海抗战留下了一大批弥足珍贵

① 蒋天枢：《表现上海》，《戏剧与文学》第 1 卷第 3 期，1940 年 5 月。

的文献档案资料，也见证了上海抗战史迹的激昂悲壮。

上海抗战文化是沿着开拓创新的路径前行的，因而有力地印证了上海抗战的历史地位和时代意义。九一八事变后，上海先后成立了各种抗日救亡的团体，其数量之多、范围之广、影响面之大，都是上海人民革命运动中前所未有的。至八一三淞沪会战期间，全市已经组建了 180 多个抗日救亡团体，其中文化界抗日救亡团体就有 70 多个。这种抗日救亡运动的团体大部分由中国共产党人参与组织、参与领导，许多是全国首创的，因而得到全国各地的纷纷效仿。1935 年 7 月 28 日，上海的文化社团联合组建了文化界的抗日统一战线——上海文艺界救亡协会，并创建了机关刊物《救亡日报》。同年 12 月 27 日，上海文化界救国会宣告成立，更扩大了上海文化界的抗日阵地。一方面，发起成立这些文化社团的爱国文人，纷纷表示在国难当头之际，全体文化界人士都应该抛弃门户之见和新旧之别，联合起来，团结一致，不做“专门唱歌娱乐人的‘百灵鸟’”，而是要做抗战军民的“感觉器官，思想神经，或是智慧的瞳孔”①，为抗日救国而努力战斗。另一方面，他们又创造性地采取各式各样的斗争形式，包括出版抗日救亡的报刊、书画，组织各种演讲队、歌咏队、文艺宣传队，通过时评、文学、话剧、电影、诗歌、小说、曲艺、篆刻等各种形式，宣传抗日救亡。特别是《风云儿女》《义勇军进行曲》《大刀进行曲》等在上海的诞生，更是轰动全国，激荡人心，形成了前所未有的抗日救亡运动新局面。

应该指出，上海抗战文化的创新活动，正是依赖于当时一大批革命精英和爱国的文化名人。他们既具备优良的文化素养，又胸怀“国家兴亡，匹夫有责”的文化品格。面对民族危亡、国难当头的紧急关头，他们身经两次淞沪抗战的炮火洗礼，满腔热情地投身于抗日救亡运动的潮流

① 艾青：《了解作家，尊重作家》，《解放日报》，1942 年 3 月 11 日。

之中，以文化为武器，以战争为题材，从文化领域的各条战线、各个层面，向侵略者展开了英勇的斗争，形成了一支“团结自己、战胜敌人”的文化新军，也把上海抗战文化的造诣推向了一个新的高峰。

上海是中国共产党的诞生地，是中国革命的第一块圣地。在中国共产党的领导、推动下，上海抗日救亡运动与淞沪抗战的丰功伟业交相辉映，完整书写了上海在民族解放斗争史上的光辉篇章。历史以无可辩驳的事实真相证明：上海在中国人民抗日战争乃至反法西斯战争中的特殊贡献和重要地位，将永垂青史！作为上海抗日救亡运动最重要的一股力量，上海抗战文化功不可没！

（作者单位：国防大学政治学院）

王小亭抗战摄影之《中国娃娃》评议

吴海勇

《中国娃娃》(Shanghai Baby),又名《日机轰炸下上海南站的儿童》《上海火车南站废墟中的男孩》《上海车站的儿童》《战火残骸中的孩子》等,在1937年10月4日印行的美国《生活》杂志发表后,引起国际社会的强烈反响。美国新闻协会为此于1938年6月颁发新闻奖给王小亭。该照片还被美国政府用作红十字会、国家公债海报的宣传照片,为争取世界各国民众声援和支持中国抗战作出了积极贡献。据统计,世界上至少有1.36亿人看到过这张照片。

一、王小亭拍摄抗战影像的大体经过

王小亭(1900—1981),本名王海升(H.S.Wang),小亭是其号,却影响最广。他曾任英美公司电影部摄影师、万国新闻通讯社摄影记者、上海申报新闻摄影部主任、美国赫斯特(Hearst)新闻社记者、米高梅公司摄影师。

王小亭的摄影作品主要发表于《良友画报》《申报》《世界画报》《时代画报》《北晨画报》《战时画报》《大众画报》等刊物,尤以良友出版的画刊为最多。如:《五三济南惨案画刊》(时间不详)、《日本侵略东北真相画刊》(1931年)、《黑龙江战事画刊》(1931年)、《锦州战事画刊》(1932年)、《上海战事画刊》(1932年)、《淞沪御日血战大画史》(1932年)、《热河血战画史》(1933年)、《九一八国难纪念》(1933年)、《榆关战事画刊》

（1933 年）、《东北巨变血泪大画史》（1933 年）、《中国现象：九一八以后之中国画史》（1935 年）等。

王小亭的代表性摄影作品有：

1928 年五三惨案，日兵由青岛乘车赴济南，北伐军被残杀者之一（眼鼻均被割去），北伐军惨死者（被用火油烧死）等（《良友》1928 年第 26 期）。

1931 年九一八事变，拍摄辽西抗日义勇军（1931 年 12 月 20 日，《申报图画周刊》刊出整版的“锦州前线”专题报道，发表“大雅典山东新民屯西之我军第一道防线”等 8 张照片）。

1932 年一·二八事变，我军追逐敌军之情状（《申报》2 月 3 日），江湾民房大火（《申报》2 月 21 日）等。

1933 年，日军占领热河，失去的热河（《大众画报》1934 年第 8 期）。

1937 年八一三抗战，中国有无限制抵抗之能力，献金救国，闸北成焦土，我民众多被无故残杀（《良友》），苏州火车站惨剧（《战事画刊》），四行仓库保卫战，八路军进军平型关等影像。

《战事画刊》1937 年第 1 卷第 4 期“日军，文明的刽子手：日机的残暴行为，我难民惨遭轰炸”，发表多张王小亭现场所摄影像，其中可与《中国娃娃》衔接的有：一张是白衣人一手抱头部包有纱布的少年来俯身接近哭泣的婴儿；一张是头包纱布的少年独自在铁轨处，另一张铁轨伏尸明显可与之衔接。另有几张不同角度反映车站月台被炸起火、孩子尸体的画面，另有两张反映一婴儿在担架上待救助的画面，释文为：“这幼小的孩子是日本机师残忍行为下的一个牺牲品，倘若他不死，他必是杀敌的一个勇士！这孩子和他的母亲的仇，只有等待我们来报复了！”①从形貌上，大体可以确认这婴儿就是那个在铁轨间恸哭的“中国

① 古耜：《浴血的墨迹》，中国言实出版社 2015 年版，第 213 页。

娃娃”。

1938 年，报道徐州会战（台儿庄大捷）。

1941 年，报道中国新空军，一张军用毯的制造（《良友》1941 年第 164 期）。

总体来看，王小亭的作品时间跨度长，遭逢重大历史节点，有意识记录历史现场，反映日本侵略者的残暴行径、中国军民饱受战争荼毒，号召奋起抵抗御侮，从而鼓舞中国人民坚强的抗日决心与斗争意志。

二、《中国娃娃》拍摄与面世的主要过程

《战事画刊》1937 年第 1 卷第 4 期“日军，文明的刽子手：日机的残暴行为，我难民惨遭轰炸”释文交代：日机“复于八月二十八日向南火车站掷放重量炸弹数枚，当场炸死候车难民数百人①，其中泰半为妇孺，此种对非战区毫无人道的残暴行为，以引起世界人士之愤慨。虽敌方代言人犹狡辩谓站内驻有中兵国士（当为中国士兵——引者注），然征诸事实无非自欺欺人之谈。日人之残忍成性已为世界人士所共见矣”。

这正是《中国娃娃》影像诞生的背景。

当时王小亭用的德国名牌 ELMO 三十五厘米的电影摄影机，连脚架在内，重约 160 磅。关于当时拍摄情形，王小亭如此回忆——

“当时拍的时候，一百尺胶卷只剩下十几尺，突然之间，看到一个稚婴的母亲被炸死，父亲想要伸手去拉他，他坐在铁轨上嚎啕大哭，这一幕生动而残酷生离死别的镜头恰巧赶进了摄影机内，当时这一幕镜头在美国各戏院放映时，观众觉得非常深刻，因为这一切战争中的残忍却能

---

① 淞沪抗战爆发后，大批难民通过上海南站乘火车返回原籍，8 月 28 日下午 2 时 10 分，日军由 2 架侦察机引导，6 架轰炸机窜至上海南站上空（也有 12 架、16 架之说）。当时有 1 800 余人在南站候车，日军飞机不断俯冲轰炸，投弹 20 余枚，当即炸死难民 250 余人，炸伤 500 余人，沪杭铁路交通枢纽毁于一旦。汤天明：《新闻摄影新论》，南京师范大学出版社 2015 年版，第 90 页。

在短短一秒钟的镜头里展现无遗。”①

“因此，米高梅公司就把这个镜头制成照片，在美国各报章杂志发表，生活杂志更以整页的篇幅刊登……”

这源自周安仪编著的《新闻从业人员群象》（台北：黎明文化事业公司1981年版，第291页），该书编著依据当年采访的资料。

16毫米黑白胶片托美国军舰带到菲律宾马尼拉，再交航班带往美国。1937年9月15日，“上海恐怖战争的最新报导——摄影师冒着生命危险拍摄的南站大轰炸”在美国各电影院放映，引起美国民众的莫大关注②。然后，才有了《生活》杂志的截图刊发。

值得一提的是，1937年底上海《大美晚报》出版由George C. Bruce编的Shanghai's Undeclared War（上海的不宣之战）画册，就有根据新闻片中的7帧定格照片依次排成的连续镜头。

三、质疑之论由日本影响中国摄影界

慑于国际舆论的压力，侵华日军先是以误炸说相搪塞，但因此说实经不起事实的考量、难以自圆其说（有外国记者就证实当时南市并无驻兵），日方进而采用谣言攻击的手段否定照片的真实性，同时对王小亭实施捕杀行动。据说日本政府曾悬赏5万美元缉杀王小亭③，王小亭回忆：“日本人在上海奉命绑架我，甚至日本特务用计和圈套想把我杀害，都由

---

① 虞之：《王小亭与“上海南站日军空袭下的儿童”》，《沈阳晚报》，2011年9月21日。此文记载王小亭本人对这张照片的回忆，但不知出处何在：“铁轨上、月台上到处是炸死炸伤的人，断肢残体处处皆是，只是由于工作，才使我忘了所看到的东西。我停步装上片子，看到脚上的鞋子已满帮是血。我穿过铁轨，以燃烧着的天桥作背景拍了好几张全景，这时，看见一个男子从轨道上抱起一个幼孩，把他放在月台上后，又回去抱另一个受重伤的孩子。孩子的母亲已经死在铁轨上。我在拍摄这幅悲惨的情景时，听到有架飞机又飞回来了。我迅速对着那个孩子拍完了剩下的几尺胶片，然后向孩子跑去，想把他带到安全的地方去，但孩子的父亲回来了。”

② 董太和：《“中国娃娃”照片不是摆拍的》，《照相机》2008年第8期，第67页。

③ 《新闻片的历史》，转引自董太和：《“中国娃娃”照片不是摆拍的》，第68页。

于冥冥中命运的安排，让我逃过了这些灾难。”

王小亭有一次差点落入日本人设下的圈套。一位日本商人约他去谈购买摄影机器的事，约在外滩白渡桥，因为早到，在等候时遇到一个英国朋友，是上海柯达公司的经理，就到经理办公室闲谈，等出来就过了约定的时间，不料一出来没见到日本人，就被英国人带进了巡捕房，拘禁起来。原来日本司令部故意不照会英国巡捕房采取行动，英国巡捕房闻风而动，日人逃遁，英国巡捕将王小亭拘留，实有保护之意。在拘留期间，日方竟与租界方交涉，要求引渡，后者拒不让步，转而安排王小亭潜逃香港。

二战后，随着国力的复兴，日本右翼势力与狭隘民族情绪同步抬头。在一时无法扳转二战罪责的情况下，个案质疑成为日本右翼分子乐此不疲的战术，一方面借此为最终推翻铁案做准备，同时暂时进行心理自我安慰。有关《中国娃娃》，日本小林善纪的漫画攻击尤具蛊惑力。其实质内容，其实是承接了日本侵华时期的谣言攻击的做法。只是随着时间的推移，当事人、知情者已不在世，相关论调可以更加肆无忌惮，正所谓死无对证。其作用既不能辨伪亦不能证实，而在于混淆历史的本相。

揪心的是，不同于当年新闻界坚决反对日本对王小亭的陷害，当今中国摄影界却在潜移默化中接受了日本右翼的影响，主要表现为对“摆拍说”的默认。比如，鲍昆《谎言和照片》所言：“抗日战争初始时王小亭先生的《日机轰炸下上海南站的儿童》，就是他在轰炸刚完时，把一个被轰炸灼伤的婴儿放在轰炸后现场拍摄的。这张照片在王小亭拍摄的瞬间是不能称为真实的，但却又是完全真实的，因为被炸现象和被炸婴儿都是真实的，事件也是真实的……美国摄影师的《星条旗插入硫磺岛》也是这样。”陈映芳《图像中的孩子》一书，虽从历史记忆的角度肯定了王小亭的拍摄活动，其实还是认定此照是摆拍的①。

① 汤天明：《新闻摄影新论》，第88—90页。

四、理应奋起捍卫历史影像的真实性

对于以摆拍说为内容核心的论调，董太和的文章《“中国娃娃”照片不是摆拍的》予以了针对性的批驳。其主要是从发表的照片来还原摄像内容，来确定此照并非摆拍。有意思的是，中国摄影界若干专家默认的摆拍说也是以摄像内容为据，认定此照是摆拍。

本文认为可从两方面论证《中国娃娃》的影像真实性：

一是王小亭的拍摄倾向。反映日本侵华者的残暴是王小亭的抗战影像的主题之一，从五三济南惨案被剜目割鼻、油泼火烧的军人，到道路和车站月台的伏尸，王小亭所摄不乏反映战争特别是日寇的残暴性影像，儿童题材并非王小亭抗战影像的主题。如其所述，《中国娃娃》可说是撞入他镜头的“神来之笔”，突破了其原有的拍摄旨趣，更非其经营布置，由此可见一斑。更重要的是，当年是活动影像放映在前，截图照片发表在后，如果王小亭这段摄像能分析出是他摆拍的经过，他又何必自曝其丑?!

二是影像学方面，在《星条旗插入硫磺岛》活动摄像发现之后，有关摆拍的质疑论随后销声匿迹，何以《中国娃娃》反向行之？这点笔者要请教于那些默认摆拍说的影像学方面的专家。

2014 年第 3 期《松江史志》刊发杨纪珂《忆松江沦陷》，指出《中国娃娃》当摄于沪杭线上的松江南站，而不是通常所说的上海南站。其论据是自己对当时松江南站人行天桥非常熟悉，一看就知；至于上海南站，早已废弃不用了。并进一步指出：轰炸的日期是 1937 年 8 月 28 日上午，被炸的是从上海西站开来的满载闸北难民的列车，总共炸死 200 多人，伤 300 多人。这说明关于这段史实今后还要继续加强相关研究。

（作者单位：中共上海市委党史研究室）

中国共产党与上海教育界抗日救亡运动

韩洪泉

中国近代以来，上海教育界素有追求解放、爱国敬业、维护权益的优良传统，并在历次革命风浪中弄潮扬帆，取得了引人瞩目的成绩。抗日战争时期，在中国共产党的领导下，上海教育界群众更加紧密地团结起来，以有效的组织形式、灵活的策略方法开展抗日救亡斗争，在艰难的环境中呈示了中华民族的不屈精神，为抉破黑暗迎接光明蓄积了力量。

一、保存革命力量，拓展工作阵地（1931年9月—1935年12月）

1931年九一八事变至1932年一·二八事变，上海迅速掀起了抗日救亡运动的高潮，教育界当仁不让，在组织救亡团体、提出抗日主张、开展爱国活动等方面走在了社会的前列。这一轮救亡热潮中，“上海教育界在组织团体、在提出自己的抗日主张方面都是前所未有的，比之五四以后的历次全国的政治斗争，都是有着更为普遍、更为深入的特点”①。但是，随着淞沪停战协定的签署，国民党政府转而压制抗日运动，教育界的救亡活动随之陷入了低潮。

这一时期，中共中央文化工作委员会（简称文委）已建立了中国左翼作家联盟（简称左联）等左翼团体，并成立了中国左翼文化界总同盟（简称文总）作为公开领导机构，同时一直在考虑建立党领导下的教师团

① 中共上海市委党史研究室编著：《上海教师运动史（1919—1949）》，中共党史出版社2007年版，第57—58页。

体。1932 年初，文总领导人与从南京来沪的党员刘季平研究建立左翼教育工作者团体，于 4 月 17 日正式成立左翼教育工作者联盟。为在名称上与各左翼文化团体一致，定名为中国左翼教育工作者联盟；为争取成为推广到全国的公开的团体，公开的名称定为中国新兴教育社。教联下设中共党团，刘季平、丁华、张敬人、王尧山等先后任党团书记。教联成立时，约有会员一百几十人，既有学校和其他部门的教育工作者、研究工作者，也有一些共产党员和与党有联系的人士。教联下设沪西、沪东等区委，主要工作对象为左翼人士。参加教联的成员，都编入按区建立的小组，另有部分小组按单位建立，如国民党中央经济研究所小组、西区小学小组等。教联刚成立时，所属成员中党员的组织关系分属各区委，不久便统一转到教联，并在教联内成立了党组织。这一组织变动，在客观上起到了保存革命力量的作用。20 世纪 30 年代前期，上海党组织遭到严重破坏，包括教联在内的文委系统则因单独保存组织关系而幸存下来。1932 年 6 月教联负责人刘季平被捕后，由丁华接任书记，领导成员增加了晓庄师范（陶行知创办）的校友徐明清、王洞若、孙铭勋等。徐明清等与进步教育家陶行知联系，依托晓庄校友、山海工学团等开展工作，创办了晨更工学团、参与组织了新安儿童旅行团，产生了积极影响。

晨更工学团位于北新泾，是徐明清在陶行知等支持下创办的，主要在附近农村、工厂、商店招收学生。工学团白天办小学、幼儿园，晚上办工人、农民、店员学习班，并办起了英语、日语的外语学习班，教学中还注重开展抗日救国、拥护红军和苏维埃政府的宣传。工学团的工作人员有来自各个左翼文化团体的成员，也有进步人士介绍来工作的，因此成了教联的一个重要工作阵地。1934 年一·二八事变两周年纪念之时，工学团遭到破坏，5 人被捕。王洞若继续留在上海，专门从事教联工作；徐明清则转到浦东女青年会女工夜校，开展女工教育和教师工作。

新安儿童旅行团是晓庄师范的校友汪达之在教联和陶行知支持下组织

的。教联的王洞若、徐明清等与汪达之是晓庄师范的同学，经过做汪的工作，使其与教联建立起密切联系。当时汪达之在江苏淮安创办了新安小学，根据教联和陶行知的倡议，他把新安小学7个住宿生组成新安儿童旅行团，到十九路军抗战的淞沪战场考察，并组织了几十次爱国演讲，驳斥消极抗日的谬论。1935年10月10日，新安小学再次组织14名学生，在校长汪达之率领下走上“唤起民众，共赴国难”的行程。在此后长达17年战斗岁月里，他们途经22个省市，行程5万余里，先后参加该团的则达六七百人之多。旅行团以文艺为武器，为抗日救国而奔走呼号，被誉为“中华民族的小号手”，其成就受到毛泽东、刘少奇、周恩来等人的高度赞扬。1952年，新安旅行团改组为上海歌剧院，走完了自己光辉而又灿烂的历程①。

从1935年开始，中国青年反帝大同盟（简称中青）在上海教育界扩大工作，并与教联一起在陶行知创办的山海工学团开展革命活动。中青是中央出版系统党的外围组织，1935年其负责人林一心到山海工学团工作，先后发展了吴立奇、周瑞锦、张健、戴季康等党员。教联也发展了山海工学团负责人张劲夫等为党员。1935年冬中青和教联的负责人林一心、王洞若、王东放决定将两个系统联合起来建立统一的党组织。1936年春夏之间，正式联合成立了中共大场区委员会，王洞若任书记，林一心任组织委员。山海工学团也建立了党组织，由王东放、林一心和张健负责②。该系统的党员在各分团、各学校建立起工作阵地，积累了革命力量，为教师界迎接新的抗日救亡高潮奠定了基础。

二、开展国难教育，掀起救亡高潮（1935年12月—1937年11月）

1935年中国共产党领导的一二·九运动，标志着新的救亡高潮的到

① 张云、张广宇、韩洪泉编著：《中国人民解放军军事文化遗产》，上海大学出版社2007年版，第193页。

② 《上海教师运动史（1919—1949）》，第71页。

来。上海各界爱国群众再度组织起来，以救国会为主要形式的救亡团体纷纷成立。最先组织起来的是上海妇女界和文化界，教育界也紧随其后。1936 年 1 月 9 日，上海各大学教授救国会成立，成为团结各校爱国教师的重要救亡组织。2 月 23 日，国难教育社成立。需要说明的是，国难教育社虽然没有使用救国会之名，却有着救国会之实，其挽救民族危亡的目标与救国会是一致的，同时又担负着特殊的宣传教育任务。因此，国难教育社"实际是教育界的救国会组织"①。

国难教育社是在教联与陶行知的共同努力下建立起来的。陶行知针对民族危亡的形势指出："现在是教育与国难赛跑。我们必须叫教育追上国难，把它解决掉。"②基于这一理论观点，他与教联的王洞若、丁华、张劲夫等共同研究起草了《发起组织国难教育社缘起》，明确提出："我们在这里要向中国文化界提出一个要求，就是组织一个国难教育社来实施我们的国难教育方案，来完成我们民族解放斗争的伟大任务。"③国难教育社正式成立后，陶行知任社长，执行委员有陶行知、丁华、张敬仁、王洞若等，丁华、郑伯克、张劲夫先后担任总干事。1936 年 4 月下旬陶行知出国后，国难教育社的工作由丁华、郑伯克等主持。1936 年 9 月至 1937 年春，丁、郑相继被捕，张劲夫、王洞若等继续领导工作。国难教育社在沪西、沪东、闸北、沪中、南市、浦东、大场等地区建立了区团和社员团，党领导下的教联和中青两个组织也统一到国难教育社中。该社的工作阵地除山海工学团外，还有西区图书馆、浦东青年会夜校、南区小学教师联合会以及女青年会劳工部创办的 6 个女工补习学校等。国难教育社最初的工作重心并不在教师群众方面，一些在学校教书的共产

---

① 中共上海市委党史研究室：《中国共产党上海史（1920—1949）》，上海人民出版社 1999 年版，第 824 页。

② 陶行知：《国难教育方案之特质》，《陶行知全集》第 3 卷，湖南教育出版社 1985 年版，第 19 页。

③ 《生活教育》第 3 卷第 2 期（1936 年 3 月 16 日）。

党员，其主要任务多是借身份掩护在其他战线的革命活动。有鉴于此，党组织于1936年下半年开始，指定担任余日章小学校长的钟民从事教师的群众工作和统战工作。钟民利用自己的特殊身份开展活动，很快成立了沪东教师联谊会。1937年上半年改为东区教育促进会，并制定了章程，选举了理事长，钟民被推举为副理事长。该会在工作中注意争取合法和做上层统战工作，同时为扩大群众工作创造条件，如方明就以该会部门负责人身份积极开展教师群众工作。沪东教师联谊会及东区教育促进会成为党领导下的一个重要基点，为后来的教师工作积累了经验。

1937年全国抗战爆发后，上海各界群众迅速掀起了抗日救亡的热潮。在中国共产党的推动下，各界救国会改组扩大为统一战线性质的各界救亡协会，成为抗日救亡运动的主要组织形式。上海教育界救亡协会于8月24日正式成立，有大中小学教育界人士800多人参加，带有较浓的官办性质，推选出的理事亦多为国民党要员和著名大学校长。王造时、刘湛恩等进步大学教授则成立了上海教育战时服务团、难民教育服务团等组织，各自独立开展抗日宣传活动。中共上海三人团之下的群委分管教育界群众运动，群委委员王洞若为主要负责人，后来又成立了教育界特别支部。群委针对教育界团体多、战区中小学教师流动性大等特点，决定由王洞若通过国难教育社和刘良模、沈天籁、杨东莼、张宗麟等爱国人士，在9月中旬发起成立了上海战时普及教育团（简称普教团）。教育界特别支部以普教团为工作中心，由钟民等党员为组织核心，把沪东、闸北战区撤退到租界的小学教师组织起来，成立了上海战区小学教职员联合会和沪西区中小学教师救亡协会。普教团积极开展各教育界抗日团体的上层联络工作，统一抗日宣传教育活动，推动上海教育界救亡协会的工作。普教团还开办了战时普及教育人才训练班，由王洞若等主编战时教育课本，培训战时教育工作人员，学习党的抗日救国十大纲领。一批批中小学教师接受为期两周的培训后，深入到劳动人民聚居区、里弄、难民收容所开展抗日宣传，淞沪会战期间共举办了8个难民收容所战时训练班，创办了10所里弄小学，组织了3个里弄互助会，在抗日普及教育方面取得了很大成绩①。

淞沪会战前后，党在上海教育界的领导力量具有多元化的特点，几个系统均有力量在教育界活动并开拓了阵地。比如工委开辟了工人夜校，职委以中华职业教育社、量才补习学校及多种职业补校为阵地，文委在中学教师中开展工作并组织过中学教师联合会，大学教授则由省委通过个别人的关系进行工作。国难教育社在中小学教师中的工作成绩比较突出，所组织的孩子剧团则被誉为"抗战血泊中的一朵奇花"。

三、发展党的组织，坚持孤岛抗争（1937年11月—1941年12月）

1937年11月中共江苏省委重建后，设立了直属省委领导的教育总支部，王洞若任书记。王洞若经香港转赴武汉后，国难教育社也离开上海，1938年初成立的小学教师同人进修会遂成为教师运动的主阵地。小教同人进修会是一个公开的、带有统一战线性质的教师团体，理事长为钟民，理事有史奇涛、马精武、方明等。小教同人进修会中成立了秘密支部，书记为钟民，委员有史奇涛、叶锦田、方明等，随后陆续发展了劳联珠、洪泽、钱君洪等党员②。进修会经常性地开展各类活动，如举办讲座、组织读书活动、召开抗日救亡座谈会、教唱抗日歌曲、排演救亡话剧、组织募捐支援前线等③。

1938年秋，省委决定在小教同人进修会支部基础上扩大成立教育界运动委员会（简称教委），时有党员近10人，书记叶锦田，委员方明、刘祖荣。教委下辖小教支部、中教支部和小教同人进修会党团。教委在

① 《中国共产党上海史（1920—1949）》，第947页。

② 方明：《回顾抗战时期上海教师运动的几个片断》，上海历史研究所教师运动史组编：《上海教师运动回忆录》，上海人民出版社1984年版，第81页。

③ 钱君洪：《抗战初期的小教同人进修会》，《上海教师运动回忆录》，第87—88页。

领导和推动教师抗日救亡活动的同时，深入基层学校中稳慎地开展建党工作，至1939年10月党员已发展到38人，其中小教支部也扩建为小教工工作委员会，分别领导私立小学、公立小学和工部局小学的工作。孤岛后期形势恶化，省委决定小教同人进修会停止活动，钟民等政治面目暴露的党员陆续转移到敌后根据地。自1938年10月至1945年9月，教委领导班子历经5任，书记先后为叶锦田、刘峰、方明、钱伯荪①。教委的工作对象，主要是中学教师和小学教师。

中学教师方面。自救国会转为中学教职员联合会后，有许多共产党员参与其中，但他们分属职委、文委等各个系统，且有的在抗战初期比较暴露，在形势发生变化后奉命撤离上海到内地或根据地工作，也有的转到其他行业。1938年11月成立的中教支部，最初只有3名党员，后来发展到10名，叶锦田、戴何笏、程志亮先后任书记。1943年3月，最后一任书记程志亮被捕后，中教支部撤销。在此前后，深入基层的工作有所进展，在暨光中学、文化中小学、爱国女中、麦伦中学、裨文女中都发展了党员。随着形势的恶化，一部分党员先后撤离上海，基层中教党员改由教委单线联系，至抗战胜利前夕该系统仅有段力佩等3名党员坚持斗争②。

小学教师方面。这是教委工作的重点，也有较好的群众基础。1938年10月小教同人进修会支部扩建为教委后，省委为更好地贯彻党的公开工作和秘密工作严格区分的原则，同时考虑到钟民是小教同人进修会理事长，有利于做上层统战工作，加上政治面目有所暴露，因此没有让其参加教委领导③。同月另组小教同人进修会党团，继续领导公开的教师抗日救亡运动和上层统战工作，仍以钟民为书记，史奇涛为委员。1939年

---

① 《中国共产党上海市组织史资料（1920.8—1987.10）》，上海人民出版社1991年版，第250页。另按，方明分别于1942年初—1943年3月、1943年3月—1945年8月任教委书记。

② 《中国共产党上海市组织史资料（1920.8—1987.10）》，第251页。

③ 钟民：《抗战爆发前后的上海教师运动》，《上海教师运动回忆录》，第60页。

秋，斗争形势渐趋恶化，省委指示小教同人进修会逐步结束活动，从事公开活动的党团成员撤离上海。考虑到这些小教系统的党员已有近30人，学委系统的部分学生党员毕业后也转入教委系统工作，教委决定在原小教支部的基础上扩大成立小教工作委员会，原支部书记方明为工委书记，委员先后有袁明、劳联珠、陈育辛、刘祖荣等。小教工委负责单线联系各区小学党的点线工作，至1940年底，以小教系统为主的教委系统党员发展到100人左右。

孤岛前期，上海党组织依托报童学校开展了卓有成效的救亡宣传教育活动。教师党员朱泽甫被聘任为校长，协助工部局华人教育处处长陈鹤琴办校。1938年儿童节报童学校开班，借各区中小学校教室，陆续办起了10所报童分校和2所报贩（成人）学校，共有学生500余人，教师30多人，其中不少是教委系统推荐的进步教师和青年学生。教委成员叶锦田、方明都到报童学校开展党的工作，叶锦田还担任了第8报童学校教师。教委还在报童学校培养和发展党员，形成了各级领导核心。在党员教师的带领下，报童积极参加各种抗日救亡宣传和义卖活动，并举办报童运动会，扩大社会宣传，同时还秘密传递内部报刊和其他宣传品。1939年7月，上海的汪伪汉奸文人办起了《中华日报》，报童们在教师的宣传教育下坚持拒卖汉奸报纸，成为孤岛振奋人心的义举。孤岛形势恶化后，教委指示一部分暴露的党员教师撤离学校。

小教同人进修会被迫结束活动后，教委适应不宜公开组织救亡活动的环境，决定从生活入手联系教师群众，因势利导开展教师的组织教育工作。1940年夏，教委以小教同人进修会的群众为骨干，成立了小教生活互助会，同时通过女青年会建立了以中学教师为团结对象的曙光团契。这两个组织通过促进教育业务交流、开展文娱福利活动，把教师团结在党员积极分子周围，扩大和发展党领导下的进步力量。小教生活互助会成立后，根据教委书记方明的指示，重点开展私立小学的教师工作，党内由王文华负责。工作中，互助社坚持生活活动与政治工作结合的方针，学术组定期举办讲座、报告会，不时穿插形势报告；戏剧组、歌咏组每周活动一次，抗日救亡的歌声和进步话剧的排练振奋了教师的精神，激发了爱国主义热情。互助社还在工人集中区创办了6所义务夜校，动员了五六百名失学少年免费入学，教师党员和积极分子一方面向学生传播抗日爱国思想，另一方面通过家访联系群众，扩大了团结教育对象。小教生活互助社存在了1年又4个月，至太平洋战争爆发后才被迫停止活动。

四、坚持长期斗争，迎接抗战胜利（1941年12月—1945年8月）

1941年12月，日军进入租界，孤岛时期结束。1942年8月，中共江苏省委奉命撤离上海，教委系统留沪坚持斗争。教委认真分析了新的斗争形势和中小学教师团体的情况，决定将主要力量放在开辟学校工作、建立堡垒学校上①，并提出了4项要求：（一）停止公开的群众性活动；（二）贯彻“勤学勤业交朋友”的方针，能够教好书，做一个好教师，在业务上成为骨干，在所在学校中生根；（三）在教育界建立“堡垒学校”，堡垒学校在此时的涵义，乃是使进步力量在一所学校得到发展，逐渐能够占优势，能够影响学校领导层；（四）共产党员要设法从小型学校转换到大、中型学校开辟工作②。此后，教委系统党员坚决贯彻“勤学勤业交朋友”的方针，努力开辟学校工作，先后在宁波同乡会小学、器成小学、大伍小学等私立小学和公立务本小学、工部局新闸路小学建立了工作阵地。小学方面，设法从小型学校转向中型大型学校，扩大联系教师群众，在市立学校和工部局学校方面也打开突破口，至抗战胜利时市校党员已发展到15名。中学方面，一方面利用小型集中活动的有利条件考察发展党

---

① 方明、陈育辛：《抗战时期党领导下的上海教师运动》，《上海教师运动回忆录》，第66页。

② 《上海教师运动史（1919—1949）》，第108页。

员，另一方面依托教会学校建立曙光团契和教师物品供应社等密切联系教师群众。曙光团契通过举办知识讲座、组织游园活动、生日聚餐等形式，团结了中学女教师和部分小教老师，通过切磋教育业务、谈心融洽感情，开展抗日形势的宣传，增强抗战到底的信心。参加团契的女教师从 10 多人发展到近百人。孤岛沦陷后，教委决定在曙光团契的基础上，以女青年会为活动基地，创办了上海女青年会教师物品供应社，从关心教师生活入手团结进步群众。物品供应社社员近 300 人，其中中学教师占了半数以上，从而拓展了教师公开合法的工作阵地。

1944 年下半年，根据中共中央《关于城市工作的指示》，教委及时做出决定，需要创造条件由分散到集中，以便争取抗战胜利的到来。当时，上海地下党围绕组织“天亮运动”，主要从两个方面展开了工作。一是切实加强组织工作，从前一时期以分散、个别活动为主，转向组织合法的团体，进一步把群众团结和组织起来，以适应形势发展的需要。二是广泛开展宣传活动，并根据形势的发展适时调整宣传的形式和内容，确保宣传活动的成效。“天亮运动”的领导力量以学委、教委为主，工委、职委、警察特支等系统也都以各种形式配合投入这一运动，教委在其中发挥了非常重要的作用。

为适应形势任务的新变化，根据教委决定，先后在党的工作基础比较扎实的地区和学校建立党支部，先后下辖北区私立小学支部（书记刘祖荣）、老闸区私立小学支部（书记周恺）、新成区私立小学支部（书记盛瑾）、公立务本小学支部（书记陈育辛）和工部局新闸路小学支部（书记潘星南）、申报义务学校委员会党团（负责人龚家昌、葛志成）及中教系统点线工作。1944 年秋，教委系统通过上层统战关系，由申报社会服务部发起抢救失学募捐、创办义务学校运动，建立了申报义务学校工作委员会，先后办起 10 所义务小学。党员龚家昌担任校委会常务委员，一部分共产党员和积极分子参加了义务学校的工作。同年底，校委会举办寒假教育讲习会（又称小学教师寒假进修会[①]），参加教师共200余人，其中绝大多数是女教师。讲习会以进步教师为骨干，着重进行形势教育，暗示抗战胜利在望，要求大家齐心协力坚持斗争到“天亮”。义务学校的举办和教育讲习会的开设，是抗日战争胜利前夜团结教师、培养骨干的有效方式。此后，党组织经常举办基本教育讲座，向进步教师进行爱国民主宣传，起到了团结教育群众的作用。这些工作，都为迎接抗战胜利做好了思想准备和组织准备。

（作者单位：国防大学政治学院）

① 上海市妇联妇运史编纂委员会编写：《上海妇女运动史（1919—1949）》，上海人民出版社1990年版，第218页。

社会 · 生活

万众一心：自由职业团体与近代上海的民族主义实践（1927—1941）

江文君

20世纪30年代是近代中国国家命运的关键点。本文尝试考察近代上海的社会职业团体与民族救亡运动的关联，探讨其公共政治生活和民族主义实践①。在现代性历程中，专业是最重要的现代性标准，因为它意味着标准、专业技术和一种职业。然在秉持专业精神之外，近代上海的自由职业团体也竭力与"国民大众"产生联系，他们既未躲藏在自己的世界里，也未丢弃自己的原则。他们忧国忧民，深刻体察到民族危机。譬如以上海大学教授协会为例，该协会加强了希望集体承担使命的人文学者、科学家和其他思想家的联系。他们忧国忧民，意识到知识分子的天然责任。此外，专门职业是都市职业群体共同的语言、是自我界定的形式。职业团体之类社会组织在现代社会中被称为"支撑市场发展的从业者团体"（market-supporting professions and associations）。与之相伴，近代上海的自由职业圈也竭力与"国民大众"产生关联、遥相呼应，他们为了追求

① 学界关于民族主义的探讨，近十五年来有以下论文：陈蕴茜：《日常生活中殖民主义与民族主义的冲突——以中国近代公园为中心的考察》，《南京大学学报》2005年第5期；郑大华：《中国近代民族主义的来源、演变及其他》，《史学月刊》2006年第6期；彭南生：《民族主义与人道主义的交织：1923年上海民间团体的抵制日货与赈济日灾》，《学术月刊》2008年第3期；阿里夫·德里克：《欧洲中心霸权和民族主义之间的中国历史》，《近代史研究》2007年第1期；等等。由上可见，有关近代中国民族主义的研究多是从思想史与宏观层面展开论述，除了彭南生的研究外，聚焦微观层面相当稀少，本文以为城市社会是孕育民族主义的温床，这都有赖于城市人口的集聚性、都市社会组织所编织而成的密集网络。

现代化也支持民族主义。通过自由职业团体在上海民族救亡运动中的实践，近代中国的市民社会也借此发展，并努力界定它与政府的关联与边界。

一、公共参与和民族主义诉求：以上海会计师公会为例

国内各阶层精英无不大声疾呼救亡图存并力图唤起民族情感。这些民族主义的话语论述所表现出来的外在形式是多种多样的，然究其本质而言，它们大都代表了一种冀图在失范的和混乱的近代社会寻找归属感的渴望，上海会计师公会的抗日救亡活动就是一个很好的个案。随着20世纪30年代民族危机的日益加重，民族主义诉求愈加强烈。如早在1928年5月日军制造济南惨案之际，上海会计师公会就曾主动联络申城各社会团体，就讨论反日之具体方针及对日经济绝交等问题，共商对策“特订于五月二十五日（星期五）下午二时假总商会招待本市商业团体交换意见”①。这一举动表明会计师公会很早便已开始关注民族危亡议题与日本的对华威胁。

到了1931年九一八事变爆发之际，上海会计师公会又为应对民族危机，专门开会商讨对策，公开表示“日兵侵占东北，凡我国人同深深愤慨。公会除推举代表参加全市抗日救国会之共同工作外”，需商讨具体对策应对，特于“本月八日召集紧急执监联席会议讨论抗日救国会具体方针”②。会计师公会还公开鼓励会员积极倡言国事，贡献自己的智慧，发表建议。这一倡议得到了会计师们的热烈响应。1931年10月17日，会

① 《上海市会计师公会关于抗日救国、对日经济绝交的建议意见，呈请国民党军政机关首长采纳的函电及各会员对日经济给绝交不购日货的誓词》，上海市档案馆馆藏档案，档号S447-2-60，第1页。

② 《上海市会计师公会关于抗日救国、对日经济绝交的建议意见，呈请国民党军政机关首长采纳的函电及各会员对日经济给绝交不购日货的誓词》，上海市档案馆馆藏档案，档号S447-2-60，第6页。

员连启泰就来函请求“此次日本肆虐侵凌，国人愤慨誓死与之周旋、同仇敌忾”。并积极献言献策“为宣传起见，提请贵委员会搜辑一切关于此次日本暴行文件并各种方案加以编次发印抗日救国专刊”。①会计师公会的民族主义诉求并不是孤立无援的，而是在全民抗日的热潮下的自然反应。如同一年的9月26日，上海召开了由800余个团体的代表和20余万市民参加的抗日救国市民大会，督促蒋介石武力抗日，要求国民党摒弃私见，一致对外②。

在1932年淞沪抗战爆发后，与某些研究所认为的在1932年和1935年之间上海会计师公会几乎没有任何动作的结论不同，会计师公会在这一段时间内并没有刻意保持所谓低调。如1932年一·二八淞沪抗战爆发仅几天后的1月31日，会计师会员们自觉自动发起爱国募捐“自日人无故侵犯以来，会员已于上月三十一日自动捐助十九路卫国军费四百两”③。第二天即2月1日，上海会计师公会又召开紧急执监联席会议，商讨危机应对事宜，会议当即议决“在建筑会所基金项下拨洋三千元援助前方将士等因”。为了方便援助款项的及时支取，以免繁琐的转账程序延误抗战大事，又由会计师公会出面“向通易信托公司磋商在活期存款内提取洋三千元提交上海银行业同业公会，并转交国华银行交十九路军军需处”④。3 000元并非一个小数目，即使平素财力不俗的上海会计师公会一时也没有充足的储备现金（现金流）来周转支付。为了救援国难，支持前方浴

① 《上海市会计师公会关于抗日救国、对日经济绝交的建议意见，呈请国民党军政机关首长采纳的函电及各会员对日经济给绝交不购日货的誓词》，上海市档案馆馆藏档案，档号S447-2-60，第11页。

② 陈觉：《国难痛史》，辽宁人民出版社1992年版，第990页。

③ 《上海市会计师公会关于筹募捐款慰劳十九路军抗日将士与会员的来往文书及请蒋伪国民党二中全会委员火速增援上海的电以及请力争日本撤兵期限致郭泰祺代表的函》，上海市档案馆馆藏档案，档号S447-2-59，第6页。

④ 《上海市会计师公会关于筹募捐款慰劳十九路军抗日将士与会员的来往文书及请蒋伪国民党二中全会委员火速增援上海的电以及请力争日本撤兵期限致郭泰祺代表的函》，上海市档案馆馆藏档案，档号S447-2-59，第1页。

血奋战的十九路军，会计师公会并没有拘泥于自身组织的利益，甚至不惜牺牲正在营建中的会计师公会会所的施工进度，临时从建筑会所基金项下拨洋三千元援助前方将士。最后，全部募捐款款项包括“自动捐助十九路卫国军费四百两。复由本会公款项下捐洋三千元，又聚餐项下捐洋一百元”。这三笔款项汇集在一起，嗣后统一募捐支持十九路军。由此可见，这种舍小家顾大家，身国一体的意识观念，是近代中国专业精英的普遍维度和面向。在这种民族主义话语和行为的背后展现了会计师们作为城市精英的社会责任感。

除了倾尽全力，紧急予以经济援助外，公会的资深会员，著名会计师江万平更有感于“十九路军将士奋力杀敌，经大小数十战，连挫敌锋”的英勇壮举①。怀着“国家兴亡，匹夫有责”的满腔热忱，乃提议“吾会应紧急通告全体会员每日余一小时穷搜方针以应对危局”②。在呼吁会计师会员们人人自觉为国家谋划应对危机之对策之余，又思量当日正值寒冬，前方将士缺少御寒衣物，为此又特别发出倡议“又募得丝绵背心一百件”，“共计丝绵背心三百件，务请查收，即行送呈前线”。③与之同时，国民政府也试图将上海各社会团体支援前线抗战的义举囊括在自己的掌控之中，显然国民党当局不想失去自身对民族主义运动的主导权，并试图按照自身“党国一体”的既有意识形态范式来塑造民族主义运动的话语论述。为此，国民党上海市党部党务委员潘公展于 1932 年 3 月 31 日致函上海会计师公会、上海律师公会等职业团体，信函中指示鉴于“前方抗日将士冰

---

① 《上海市会计师公会关于筹募捐款慰劳十九路军抗日将士与会员的来往文书及请蒋伪国民党二中全会委员火速增援上海的电以及请力争日本撤兵期限致郭泰祺代表的函》，上海市档案馆馆藏档案，档号 S447-2-59，第 3 页。

② 《上海市会计师公会关于筹募捐款慰劳十九路军抗日将士与会员的来往文书及请蒋伪国民党二中全会委员火速增援上海的电以及请力争日本撤兵期限致郭泰祺代表的函》，上海市档案馆馆藏档案，档号 S447-2-59，第 4 页。

③ 《上海市会计师公会关于筹募捐款慰劳十九路军抗日将士与会员的来往文书及请蒋伪国民党二中全会委员火速增援上海的电以及请力争日本撤兵期限致郭泰祺代表的函》，上海市档案馆馆藏档案，档号 S447-2-59，第 6 页。

天苦战……市党部亟需领导民众团体预备御寒物品或食品”。并交代所有职业团体在接到指令后应“即领导民众团体着手筹办，但一切开支需节省，不得浪费”。为了商讨具体事宜，特邀请“上海市各界慰劳抗日将士委员会聘请各界人士担任委员……于本月三十日召集工商学各界代表商议”。①

在会计师公会对前线抗战表示支持的同时。会计师会员也不甘落后，纷纷为抗日御敌出谋献策。一位会计师就有感于“此次暴日犯境，举国激愤，凡属国民自应协力”。建议为防备日方使用生化武器，应赶制防护装备。据他介绍“阅报闻，日寇已有施用毒瓦斯之装备”，鉴于前线将士身处险境，为了防备于万一“应备防护装备以保生命”。该会员又听闻“同志顾锡元君制成面罩一种”，认为“确有防毒之效用。每只公费计一元四角，现正积极赶制，以备输送前方”②。

会计师公会不仅自身积极参与民族主义运动，而且还与上海的其他专业社团交流互动。上海律师公会在1932年战事爆发后曾为向国际社会宣传上海军民抗战的真实情况，专门出版英文国难特刊以正视听，反驳日方利用其话语霸权对上海抗战的肆意造谣诬蔑与欺骗性舆论宣传。同时也借此良机，向国际社会宣传上海抗日的事态发展，争取国际友好势力的同情。律师公会并向会计师公会请求经济补助。在得悉这一消息后，会计师公会当即开会议决应允给予资助，并在回函中表示“贵会编印英文抗日宣传刊物集资筹印征集敝会予以补助一节，曾经提出第二次执行委员会议决补助洋一百元等，因记录在卷，兹附同上海银行支票一纸计洋一百元送请”③。在英文国难特刊发行后，律师公会为表感谢特意致函上

① 《上海市会计师公会关于抗日救国、对日经济绝交的建议意见，呈请国民党军政机关首长采纳的函电及各会员对日经济给绝交不购日货的誓词》，上海市档案馆馆藏档案，档号S447-2-60，第3页。

② 《上海市会计师公会关于筹募捐款慰劳十九路军抗日将士与会员的来往文书及请蒋伪国民党二中全会委员火速增援上海的电以及请力争日本撤兵期限致郭泰祺代表的函》，上海市档案馆馆藏档案，档号S447-2-59，第12页。

③ 《上海律师公会以编印英文宣传抗日刊物请予补助函》，《上海会计师公会会刊》1932年第24—27期合刊，第41页。

海会计师公会，赠送该特刊。会计师公会迅即在回函中致谢表示“英文国难特刊百册为对外宣传之唯一创作，自当分赠会员以广流传。专此奉覆及鸣谢”①。

即使在淞沪停战协定签订之后，会计师们的民族主义怒火仍然没有平息。如1932年11月15日，该公会致电中央，表示最近“报载平协议与伪满通车通邮”，恳求“中央对外方针决以不损害主权为原则”，并对接下来华北复杂的局势甚感忧虑，向南京国民政府表示“但闻华北风云仍属混昧，国人疑虑未消”，力谏政府对日采取强硬政策，据理力争，决不退让②。为了更好地整合民族主义运动，会计师公会也积极参加上海各社会团体所组成的联合救亡团体如上海各团体救国联合会等组织。然而也应看到会计师公会对民族主义运动的热情是有高低起伏的。如1932年各团体救国联合会改选之际，会计师公会就表示“贵会此次改选，敝公会当选为常务理事，指派代表一人担任职务一节，曾经敝公会提出第二次执行委员会议决，本会代表尚未推出，暂缓参加”③。很明显公会以与会代表尚未选出的借口，婉拒了这一邀请。但与此同时，救国联合会致函恳请会计师公会义务查账，信函中表示“本会前三个月支付账目亟待公布昭示大众，经常务理事会议，应将各项单据及报告委托会计师公会代为义务查核”④。与前一次相同的是，会计师公会这一次又积极回应了救国联合会恳请义务查账的请求。

以上这些活动说明了会计师公会的民族主义活动是一个长期的过程，

---

① 《覆上海律师公会赠送英文国难特刊函》，《上海会计师公会会刊》1932年第28—29期合刊，第15页。

② 《上海市会计师公会关于筹募捐款慰劳十九路军抗日将士与会员的来往文书及请蒋伪国民党二中全会委员火速增援上海的电以及请力争日本撤兵期限致郭泰祺代表的函》，上海市档案馆馆藏档案，档号S447-2-59，第16页。

③ 《覆各团体救国联合会以代表尚未推定暂弗参加函》，《上海会计师公会会刊》1932年第24—27期合刊，第35页。

④ 上海各团体救国联合会：《上海各团体救国联合会请推员查账函》，《上海会计师公会会刊》1932年第24—27期合刊，第35—36页。

而非在一时事态危急下的临时之举。对于国民政府积极介入主导民族主义话语论述的举动，会计师作为既得利益者也积极与政府配合，因为他们深知自身的利益系于这个政权。如1933年，上海市政府组织的国难捐款统一委员会就向会计师发出邀请，请求其推代表参加，在邀请函中表示“援助抗日将士及救济被难同胞组织统一募捐机构一案前经本处两度召集各机关各团体代表会商，经一致议决组织上海市国难捐款统一委员会，并订定该委员会章程十二条在案。兹依据章程第二条之规定应请贵会即日推派负责代表一人共同组织成立，并希望于本星期以内代表姓名公示寄交大陆商场三百零六号以便定期召集成立大会，相应检同章程一并函达”①。在这一明确暗示下，会计师公会主动参加了国难捐款统一委员会。事实上会计师公会主动参加民族主义运动不仅只是曲迎政府的奉迎配合，同时也是广大会计师集体心态的外露表现。如在1933年的一次例行会议上，会员徐鼎就提出一项临时动议称“最近日本外务省发表声明，阻止国联与我国经济合作”。面对日本对华的步步紧逼，建议会计师公会应向政府施加压力，即针对“破坏九国公约，危害世界和平，本会应以会员大会名义电请政府坚决行为，表示与暴日决不妥协”②。虽然这一提议最后未被采纳，但是会计师们的激烈的民族主义诉求由此可见一斑。

1937年淞沪会战爆发后，会计师公会仍然一如既往地支持抗日民族主义运动。与以往不同，这一次会计师公会更加主动地介入民族主义运动之中，并在此过程中愈加强调与其他上海专业人士社团的互动与合作。如1937年10月27日，公会就致电上海律师公会，表示“九国公约会议即将在比国开会，本会拟联合各自由职业团体对该会议有所表示，以正国际视听，特于本月三十日（星期六）下午三时在高乃依路三十号本会

① 上海市政府秘书处：《上海市政府组织国难捐款统一委员会请推代表参加函》，《上海会计师公会会刊》1933年第35—37期合刊，第8页。

② 《上海市会计师公会关于会员提议案（卷三）》，上海市档案馆馆藏档案，档号S447-2-36，第31页。

会所开会商讨”①。为了表明事态紧急、刻不容缓，两天之后的 10 月 29 日，会计师公会再次致电律师公会表示“兹定于本月三十日（星期六）下午三时在高乃依路三十号本会会所召集本市各自由职业团体第二次会议商议致电九国公约会议及中央文稿”②。言辞恳切地再次催促律师公会以国家民族为重，务必参加这次会议的商讨，以昭显上海专业人士的集体心态与民族主义诉求。

会计师公会的民族主义立场是与它自身会员们的理念相一致的。甚至直到 1939 年上海沦陷之后，会计师公会身陷租界孤岛的险境之中，自顾不暇之际，其强硬的民族主义立场也没有丝毫的退让。有一则事例可以说明这一点，1939 年，会计师公会的一名普通会员朱介人突然被日军逮捕，会计师公会闻讯后多方斡旋公关、设法搭救脱险。事情具体细节如下，在朱介人被拘捕后，其家属立即致函会计师公会请求援救，据家属陈述“本年九月十四日突有日本宪兵部将外子传至虹口询问有无参加黄砂石子公会等情事，外子一再表白，随后释放”，谁料时隔不久“本月九日上午又有日本领事馆方面会同捕房将外子拘捕羁押”③。按照日本方面的说法，认定朱介人有抗日的嫌疑，所以才出面要求巡捕房予以协助拘捕。然而来自朱介人家属的说法却是与之相反的，11 月 14 日，其家属朱潘丽娟女士来函称“外子朱介人向在本市执行会计师业务，平素安分守己，岂料本月 9 日上午四时突被拘捕，现羁押在中央捕房”④。在此且不

① 《上海市会计师公会关于抗日救国、对日经济绝交的建议意见，呈请国民党军政机关首长采纳的函电及各会员对日经济给绝交不购日货的誓词》，上海市档案馆馆藏档案，档号 S447-2-60，第 38 页。

② 《上海市会计师公会关于抗日救国、对日经济绝交的建议意见，呈请国民党军政机关首长采纳的函电及各会员对日经济给绝交不购日货的誓词》，上海市档案馆馆藏档案，档号 S447-2-60，第 39 页。

③ 《上海市会计师公会关于筹募捐款慰劳十九路军抗日将士与会员的来往文书及请蒋伪国民党二中全会委员火速增援上海的电以及请力争日本撤兵期限致郭泰祺代表的函》，上海市档案馆馆藏档案，档号 S447-2-59，第 18 页。

④ 《上海市会计师公会关于筹募捐款慰劳十九路军抗日将士与会员的来往文书及请蒋伪国民党二中全会委员火速增援上海的电以及请力争日本撤兵期限致郭泰祺代表的函》，上海市档案馆馆藏档案，档号 S447-2-59，第 20 页。

论事实真相到底如何？朱介人以抗日的嫌疑被拘捕是个不争的事实。在这样于己不利的情势下，会计师公会并没有选择明哲保身、置身事外。而是公开承认“证明朱介人会计师确为本会会员”。并要求租界当局协助“请予释放”①。在随后致函公共租界工部局警务处的信函中，会计师公会又再次确认朱介人会计师为该会会员，请求予以释放。正是在公会的全力斡旋下，最终朱介人会计师安然无恙被予以释放。

与其他专业人士团体略有不同，会计师因为深深介入商业事务中，其对日经济绝交运动的热情似乎不高，会计师们仍然比较顾虑在商言商的经济利益需求，对此持实用主义的价值判断。例如面对银行等企业的对日绝交举措，公会的立场似乎是并不赞同的，“近闻银行公会或有因国事停止放弃者，以致商厂周转不灵”，“本公会通函上海银行公会解释慎重放弃，因为信托重要之原则。然此次国家有生死关头之过渡，事出非常，吾人以非常反应报之”②。在会计师公会看来，单纯地抵制日货或对日经济绝交是颇不明智、因噎废食的举动，不足效仿。

会计师群体的民族主义诉求在这一时期不时地表现出来，这种民族主义诉求同时也是和当时中国的危急形势相始终。会计师公会适时地融入了这股民族主义浪潮之中，会计师群体灵活运用自己的财务专业知识和技能，发挥了自身独特的作用。正是由于诸如会计师公会这些自由职业团体的存在，民族主义才有了广大的有组织力量的支持，而不至于沦为孤军奋战的呐喊。

二、众志成城：其他自由职业团体的民族主义实践

与会计师公会相一致，上海其他自由职业团体也积极自觉参与到民

① 《上海市会计师公会关于筹募捐款慰劳十九路军抗日将士与会员的来往文书及请蒋伪国民党二中全会委员火速增援上海的电以及请力争日本撤兵期限致郭泰祺代表的函》，上海市档案馆馆藏档案，档号S447-2-59，第23页。

② 《上海市会计师公会关于抗日救国、对日经济绝交的建议意见，呈请国民党军政机关首长采纳的函电及各会员对日经济给绝交不购日货的誓词》，上海市档案馆馆藏档案，档号S447-2-60，第18页。

族救亡运动中。上海大学教授组织建立的职业团体即1931年成立的上海各大学教授抗日救国会。上海各大学教授抗日救国会的建立时值九一八事变爆发。这一组织是在抗日民族救亡运动的刺激下所催生的救亡组织。九一八事变后，沈钧儒与上海200余名教授联名致电“宁粤和平统一会议”，要求政府“1.对日交涉不能丝毫退让；2.集中全国贤能，组成国防政府；3.结束党治，保障民权”①。11月29日，各大学教授集会于新新旅馆，出席100余人，一致通过宣言成立上海各大学教授抗日救国会，选出谢循初、金通尹、王造时、廖茂如、章益、鲁继曾、盛振为、左舜生、邰爽秋、吴泽霖、余楠秋为理事，沈钧儒、陆鼎揆、黄仲苏、郑通和、陈选善为候补理事；通过致南京国民政府电，反对以锦州为中立区域，称“锦州为我辽宁临时省政府所在地，若划为中立区域，是不啻自行放弃主权，故特电达，请迅令施代表撤销此议，仍坚持以日本撤兵为先决条件，并令东北军队严守防地，不得撤至关内，以保国土”。②次日即11月30日，上海各大学教授抗日救国会正式成立，大约有100多人参加了该组织的开幕大会，沈钧儒则当选为救国会的会长③。值得一提的是，沈钧儒同时还兼任上海律师公会执行委员会的委员。沈作为律师和大学教授的双重身份表明中产阶级专业人士的职业流动性甚高，专业职业或者自由职业的职业规范仍然有待加强，专业人士的兼职情况或者多重职业身份仍然是形塑独一职业认同的严重障碍。这同时也说明近代中国的自由职业并不稳定，其职业化之路依然是路漫漫其修远兮。

上海各大学教授抗日救国会的建立激发了大学教授们的自由结社热情。1931年12月27日，由50名教授发起的上海各大学教职员联合会正式成立，其成员大约有200多人。④与各大学教授抗日救国会相比，各大

① 《上海各大学意见》，《申报》，1931年10月27日，第14版。
② 《上海各大学教授抗日救国会成立》，《申报》，1931年11月30日，第8版。
③ 《时报》，1931年11月30日。
④ 《各大学教职员联合会昨日成立》，《申报》，1931年12月28日，第8版。

学教职员联合会的包容度更广，几乎囊括了主要的大学教师群体，而且其成员也不仅限于教授，甚至连讲师也能有资格参加这一团体。

各大学教授抗日救国会和各大学教职员联合会都是在深刻民族危机的历史背景下创立的。这两个大学教授团体都有着强烈的民族主义诉求和激情。作为爱国团体，他们对国民党避而不战的对日政策大光其火。例如各大学教授抗日救国会于12月4日致电警告时任外交部长的顾维钧，指责其对日外交直接交涉，划锦州为中立区、卖国求荣，甚至“不惜为曹章陆之续”，并警告其“若不幡然变计，国人将以对曹章陆者对公”①。仅仅事隔一天之后的12月6日下午6时，各大学教授抗日救国会在东吴大学法科召集临时全体大会，开会决议致电南京政府，请求其立即释放被捕学生，撤回禁止请愿命令，停止检查新闻，对于一切抗日救国运动，不得加以压迫②。为了扩大各大学教授抗日救国会在公众舆论中的影响，12月12日下午3时，抗日救国会假座威海卫路中社，招待各报记者。在这次招待会上，救国会向上海各新闻媒体表达了自己对目前抗日局势的深切忧虑，并陈述，“敝会以为必须实施武力抵抗，一面坚守疆土，一面收复失地”。为此就必须首先促成统一，并寄希望于“握重兵者能奋起卫国”，如此不难恢复民众信任。在表达完对形势紧急的担忧后，各大学教授抗日救国会也以相当激烈的言辞指责国民党的消极抗日态度，严厉谴责国民党：“党自身对于抗日救国工作既不努力，能不能指导民众呢？只看见他们压迫言论，干涉集会，扣押新闻，对于异乎己者，动辄加以反动头衔，以报私怨。”并最后认定国民党党部原非行政官署，“今后应将其权限加以限制”。③12月22日，各大学教授抗日救国会致电届时正在召开的南京国民党四届一中全会，电询国民党对日攻锦态度。恳请党国要人

① 《各大学教授抗日会昨日警告顾维钧》，《申报》，1931年12月4日，第9版。
② 《上海各大学教授抗日救国会紧急会》，《申报》，1931年12月8日，第8版。
③ 《各大学教授抗日会招待各报记者》，《申报》，1931年12月13日，第17版。

以国家民族为重，表示“日军进攻锦州，情势异常严重，公等群聚首都，对此作何态度，务请提前决定，明白宣告国人，幸勿重蹈覆辙，仍以空言搪塞”。①上海各大学教授抗日救国会在1932年1月8日致电中央表示：“中央果有政府，应负何种责任，所谓党国要人，或潜伏观变，或托故逍遥，阋墙之争又日在酝酿之中，似此各徇其私，害及于国，我国民若不急起自救，势必至四万万人被卖作猪仔而后已。”②其激愤之情溢于言表。在此前后，该会还极力主张严惩张学良的避战行为，强烈要求政府立即对日宣战。1月13日。因日军侵犯山海关，上海各大学教授抗日救国会致电驻守山海关的何柱国旅长，恳求其“尚望坚持到底，誓死抵抗”，并鼓励“敝会将唤醒全国同胞，为将军后盾”③。

积极支持抗日运动之余，大学教授社团也继续同情和关注学生的爱国运动，如1935年一二·九运动爆发后，上海各大学教职员联合会毫不迟疑地发表宣言支持学生运动，宣言指出：

> 本市各大学教职员联合会昨发表第二次时局重要宣言，略谓国人对于时局，应坚持下列主张：（一）严饬外交阵容，集中全国之力量，以维护主权与领土之完整。（二）不容国内有破坏统一之特殊行政组织，以防汉奸之变相卖国。（三）全国知识分子应尽其天职，率领全国民众努力于有效的救国工作，以为政府抗敌后盾。（四）青年学生爱国之热烈情绪与运动，凡属中国人均应予以十分赞佩与援助，苟非有乘机扰乱的越轨行动，行政当局慎勿亡施制止。④

到了1936年，在日本策谋的华北自治运动的刺激下，上海救国会运动也顺势兴起。作为救国会系统下的上海各大学教授救国会也于同年1

① 《各大学教授抗日会电询对日攻锦态度》，《申报》，1931年12月22日。
② 《时报》，1932年1月8日。
③ 《各大学教授会电致何柱国》，《申报》，1932年1月13日。
④ 《上海各大学教职员联合会发表宣言支持学生运动》，《立报》，1935年12月26日。

月宣告成立。在其成立宣言中痛陈政府已“误了国事，我们再不能容许误国事情再犯”。“民众已经表明了抗日的决心，政府必须符合民众的心愿，明白表示抵抗，使得民众的爱国情绪有所寄托之处。”在随后的文本表述中，这种源于民族共同体的、防御性的民族主义话语论述更是充斥其中。宣言指出：

准备【的】时候到了。现代的国防是化学的攻防技术，对天的防御设备，机械化部队，民众的救护的组织，在战时补充运输等等都得有现代知识的青年来担任，不然是不会完成任务的。没有爱国热情青年舍身报国也不可能。百万青年即是国家的最精炼的队伍。政府必须给他们加以训练。

我们认为政府应明白表示抗日决心，加强作战准备，即日传达给全国中等学校以上学生，加强军事训练，厉行军事生活，同时变更原有的课程，使之学习中外时局，战时防御技术，民众救护等，必须把各个有热血的青年训练成为抗敌战士。

这就是说抵抗则生存，不抵抗就灭亡。若抵抗的话，则万众一心成了政府的后盾，若不抵抗的话，万众的心离散，成了汉奸腐败分子威胁的地方。即时下决心，一刻也不许犹豫。

全国学生已经表示决心站在最前线。同人们也牺牲一切，想和战士站在一条线上。热血在胸膛，愤火在眼睛，我们为了中华民族的生存断手宣言：

一、反对一切丧失主权、领土完整的秘密外交。

二、反对由于外力所策动的变相自治组织。

三、要求出兵讨伐冀东及东北的伪组织。

四、要求集中全国兵力反对侵略，确保领土完整。

五、要求严办镇压救国运动的长官，保证民众的救国运动。

六、反对目前的文化统制，要求有集会、结社、言论、出版绝对的自由和即时取消检查新闻。

七、对敌经济绝交。

八、全国民众自动的站起来，联合世界上以平等待我之民族，共同奋斗。①

在30年代的救亡运动中，大学教授群体纷纷自发组织职业团体，试图引导民众的民族主义诉求，通过舆论乃至社会压力，迫使国民政府采取对日强硬政策。然而遗憾的是文人相轻的陋习以及知识分子崇尚特立独行的独立思考所衍生的对个体表达的偏执性倾向，都妨碍了集体认同乃至集体行动的形成和产生。但也要看到，大学教授协会加强了希望集体承担使命的人文学者、科学家和其他思想家的联系。他们忧国忧民，意识到知识分子的天然责任，在国家纷乱、野蛮登场的情势下，他们没有选择明哲保身，而是竭力将自身命运与"国家民族"相联系。大学教授们试图运用新的异域思想资源如民主、民族主义重新建构自己对民众的权威，重新掌控对国家构建的话语权。仅仅对着一小群知识分子说话的魅力不够了，一些人想要寻找更广阔的听众。中国面临的问题太多了，挑战太急迫了，这些启蒙者们不能像他们18世纪的欧洲先辈那样，在沙龙内、在书籍里、在谈话中，从容优雅地讨论他们的观念，而是要让这一切更清晰、更深入。他们被催促着要行动。

上海医师公会也积极介入民族救亡运动，赶赴前线救助伤员。1932年2月，时值一·二八淞沪抗战之际，医师公会积极开展救护活动，"自此次暴日侵犯以来，对救护事宜，进行不懈"。照顾伤员的同时，医师公会对于各难民收容所难民健康，亦颇关注。经上海市特区市民联合会函请担任医疗工作。医师公会照办，并通知各会员，"以后如有那难民收容

---

① 《上海各大学教授救国会成立及其宣言》，周天度等编：《救国会史料集》，中央编译出版社2006年版，第76页。

所送请诊疗之难民，一律免费”。[①]另一则事例是，庞京周医师赴绥慰劳抗日将士之后，医师公会邀请他在1936年12月1日“下午八时半，假中华医学会，请该会常务委员庞京周医师演讲赴绥慰劳前方将士”[②]。同年11月，医师公会秋季大会上也将民族救亡议题引入大会议程，该会“于昨日下午五时在一品香开秋季大会，到会会员二百余人”。其中涉及的主要议题除了请卫生当局注意中医，诸如此类排斥中医的例行议题外，还特别加入了“应募捐征集药品及防毒等材料，运送前方，积极参加援助”[③]。与其他自由职业团体一样，医师公会也积极参与民族主义运动，不落人后。

在尽到捍卫新闻自由这一记者的天职与本分外，记者们也顺应时势，对民族主义话语发出自己的见解和意见。1931年九一八事变后，上海新闻记者公会就发挥了自身作为社会公器的传媒优势，“以暴日横行，而日人复藉其新闻政策之惯技，颠倒黑白，大事宣传，以混淆世界各国之视听。该会特于今日（二十六日）假座沙逊大厦华懋饭店，招待欧美各国驻沪记者”[④]。并殷切盼望西方新闻界同仁能秉持公义，期许他们能“主持公道，详实报道”[⑤]。招待会当日盛况空前，到会各西报通讯社记者来宾，共50余人。在这次招待会上，记者公会汇报揭露了此次日本强占东三省之真相，并谋划日后与西方新闻同行进行宣传上之联络。全面抗战爆发后，身处上海孤岛的记者公会亦不顾安危，毅然于1939年1月致电中央表示，“本市新闻记者公会昨电中央拥护抗战建国，原文如下：国难正亟，众愤益深，抗战建国，上下同心……必成必胜、薄海同钦，谨电申祝，上海市新闻记者公会扣敬”[⑥]。记者公会的政治参与热情在先前就充

① 《医师公会注意难民健康》，《申报》，1932年2月13日。
② 《医师公会定于明晚请庞京周演讲，欢迎医药界听讲》，《申报》，1936年11月30日。
③ 《医师公会秋季大会记》，《申报》，1936年11月24日。
④ 《记者会今日招待西报记者》，《申报》，1931年9月26日。
⑤ 《记者会招待各国驻沪记者》，《申报》，1931年9月27日。
⑥ 《记者会昨电中央，拥护抗战建国》，《申报》，1939年1月25日。

分表现了出来。尽管许多记者也承认记者团体的不成熟与幼小，“我国的新闻记者在资格上并不像会计师和律师那样有着法定的标准，我国记者的团体组织还幼稚得很。那些已经成立的团体来说，会员资格都是限于日报和通讯社的记者”①。对上海记者而言，专业是最重要的现代性标准，因为它意味着标准、专业技术和一种职业。但记者毕竟是国民的精神食粮的供给者，对于国事也是国民的代表之一。于是，发出民族的声音便成为他们义不容辞的责任。

深刻的民族危机激发了民族主义的情感，都市社会中的个体也借着职业团体融入抗日救亡的民族运动中，激荡的民族主义促使国家与民众间的联系变得紧密，塑造出了“现代中国”的概念。

三、余论

就民族主义的理论而言，著名的社会学家本尼迪克特·安德森的研究起点将民族、民族属性与民族主义视为一种“特殊的文化的人造物”。他将民族主义这一人造物追溯到 18 世纪末，也就是法国大革命爆发的时期。由法国大革命始，民族主义的现代形态，也就是公民民族主义应运而生。从此，民族再也不是被统治阶级所宰治、借以愚弄操纵的符号图腾，而是被国民所普遍认同的民族国家成员的身份。这一身份认同的历程，由 18 世纪的法国大革命、19 世纪中期的美国内战一直延伸到 20 世纪 30 年代身处民族危机中的近代中国。由近代上海自由职业团体的民族主义实践，可以感知到，共同面临的危机，使平日沉浸在大众消费社会中的芸芸众生认识到生来如此的“宿命”，使人们在“民族”的形象之中感受到一种真正无私的大我与群体生命的存在。从历史上看，富有爱国心的民族主义者大部分不是穷人，他们是资产阶级，确切地说以中产阶层

---

① 宜：《时评：国选与新闻记者资格问题》，《申报》，1936 年 8 月 23 日。

为多。他们是渺小的人物，但他们也不受穷，本民族里的思想者常常很关注社会上的穷苦大众，同情穷人的处境，考虑着是否能为他们做点什么，这种感情可以移植、扩大到他们对民族状况的认知上。而这些方面又在近代上海表现得尤为明显。由此可见，民族主义一直都是精英政治阶层的意识形态。

本文想强调的是民族主义是近代中国思潮发展的重要主题，在传统中国，正好是儒家思想让九州臣民承认有一共同语言、文化的华夏文明，在此一文明的哲学思想中，以人为中心成为了大家共同的核心价值观，士大夫们进而将人的角色放大到与天地齐一，故而“以天下为己任”成为中国人最终极的价值观。况且江南历来是科举繁盛，人文荟萃之地，承继江南文化的上海处于中国与西方文明相遇的最前沿，深受外国思想和舶来事物影响，竭力摸索自己的文明身份。于是，近代上海社会的民族主义便有着中国人矛盾和机巧的一面，一方面是希图摆脱落后停滞的中国，展现出“恨铁不成钢”的自怨自艾心态，进而期望上海负有引领中国其他地区步入未来的天命，但面对外来者的时候又时刻提醒自己的国族身份。

不同于传统社会网络如同乡组织，职业社团是近代性质的团体，以共同职业取向和经济利益为连接点，将从业的职业团体聚合成横向社会网络，参与公共生活。直到 20 世纪，中国社会才开始发展横向社会网络，而这种网络在欧洲很早以前就已经出现，那些以协会形式体现出来的社会利益集团组织承担了一种在国家和市民社会之间的中间角色。但在中国，对家族和村庄的忠诚妨碍了这种流动和团结的出现。中国人在个人生活的层面从来便有不愿受过多约束的倾向。孙中山说中国社会像“一盘散沙”，就是指此而言。于是，近代中国的先进如梁启超鼓吹“新民说”，因为社会的现代化不但需要经济多元化作为基础，而且需要一种公民文化作为精神条件，而公民文化培育最好的地方是社会组织。人们在社会组织中，可以学会沟通与表达自己的利益，学会在妥协中实现各自的利益，这就是现代的政治文化，是中国走向现代化最重要的文化条件。

尽管中国从未彻底沦为外国的殖民地，但帝国主义势力当年确实是上海等重要通商港口城市大片区域的统治者。欧洲现代性从一开始就否认了他者的历史，现代化话语的一个根本出发点，就是现代与传统的二分。民族主义一方面是现代性的产物，另一方面民族的成立需要历史赋予意义，这样一来，“民族书写”和现代性对传统的否定发生了矛盾。由此可见，近代中国的民族主义是以民族团结应对世界挑战的姿态出现，在中国这样一个多民族国度里，民族国家意识的产生，不是由于内部历史发展的结果，而是外力压迫和外部观念刺激所致，这样就很容易形成一种多重架构的民族主义。这种多重架构的民族主义，因为是新的观念，加之受达尔文主义影响，新的即发展进化的，在一段时期内，成为政治运动（就中国来说是革命）的有力号召。再加上近代上海的许多街道旁栽种着法国梧桐、矗立着欧式别墅。陈年旧怨很难消散，尤其是在一个有数千年历史的文化中。所以，西方殖民主义的印记令中国人耿耿于怀，这也是民族主义产生于上海的重要理由。治外法权诸如大英按察使司衙门等事情构成了许多中国人——尤其是城市精英——民族主义的基础。民族主义背后的社会心理学乃是人们要形成一个群体，这个群体曾经是家族和部落，之后就变成了民族国家。为了让“我们”之间互相“认同”，就必须有一个“他们”。而民族主义实践在近代上海的展现除了这一系列冲突，实质上也反映了中国的进步，展现的是近代中国在跨入世界之林过程中生涩的步伐和自我调适，也是兴起的中等阶层由传统角色向现代国家公民身份角色转换过程中的踉跄步履，过程有时极为惨烈，有着撕心裂肺般的阵痛。自由职业社团的民族主义实践，表达了上海这座城市更深的渴望，去发展一个政治身份，进而使得人们必须有连续感，共同分享一个过去，更重要的是，分享一个他们可以为之负责的未来，他们作为独立民族国家的公民而非帝国主义驱使下的臣民。

近世以降，中国历史中充满着悲情意识和认同困境，就现代国家理论而言，国家除却地理和民众的意义以外，更是一个充满共同历史记忆和情感意义的指称。就 20 世纪 30 年代的时代格局而言，由于身处乱世，精英与民众存在着事实上不可言说的疏离感，于是构筑整个国家共同的历史记忆和情感价值便责无旁贷。通过万众一心、共赴国难这一共同历史经历，有助于重建民众的文化同一性，去除近代中国这一变动社会中悲情的疏离感。

也要注意的是，民国时期职业社团的社会经历表明，这些经济利益协会更喜欢政府的强力政治，并且完全支持以一种以政府权威为基础的多元主义为标志的政治体制。而且，这些于 20 世纪出现的新型城市利益集团在各个方面都能够与既有政治体制牵扯上关系，呈现出典型的国家管理导向。近代以来，干预型国家始终保持着它权威型、民主集中制的明显特征。它在经济和社会方面的稳定性成果，通常是在保守性、稳定性的特征下顺利实现的。这种稳定性成果不仅有利于那些狭隘意义上的经济利益集团，而且总是有利于那些追求“以经济建设为中心”的社会集团（经济利益协会）。从某些角度看，职业社团也是现代化集中进程的一种表达方式，是向有组织的、合理化的工业社会过渡的一种表达方式，是要求部分地操控社会经济发展进程的一种表现。

20 世纪 30 年代的民族危机爆发激发起了广泛的社会参与意识。通过抗战的具体救国实践，国民的爱国心被空前激发，普通国民对共同体事务的关切，对公共事务的关切犹如火山爆发般被激发了起来。自由职业团体在上海抗战时期的民族救亡活动就充分说明了这一点。自由职业者期望将专业知识与超越距离的担当结合在一起，以反映近代中国的民族身份的发展和国家的独立自由。

（作者单位：上海社会科学院历史研究所）

试论一·二八淞沪抗战周年祭活动

程 皓

近代上海在中国有着特殊的政治、经济、军事和文化地位，是包括日本在内的列强侵华的重要跳板和基地。九一八事变后，日本帝国主义为了转移国际上对其占领中国东北地区的注意，迫使中国政府屈服，蓄意在上海挑起战端，“部署了以上海为中心的压制抗日运动和军事侵略的阴谋”①。1932 年 1 月 28 日夜，日本海军陆战队对驻扎在上海的中国军队发起攻击，第十九路军全体官兵在总指挥蒋光鼐、军长蔡廷锴率领下，在只有第五军两个师增援的情况下，抱持“一卒一弹犹存，则暴日绝不得逞”②的信念，奋起抵抗，毙敌三千余，自身亦阵亡两千余，此即震惊中外的一·二八淞沪抗战。由于第十九路军“具大无畏之精神，抗御器械精良之劲敌，以孤军死守淞沪”，因此“为中外人士所叙敬”③。次年初，即一·二八淞沪抗战一周年之际，全国各界人士发起周年祭活动，鞭挞蒋介石集团的不抵抗政策，表达对全体参战官兵抵御外侮、保家卫国的无比敬意和对阵亡英烈的沉痛哀思，并揭露日本帝国主义的侵略行径，这对于凝聚全国抗日救亡力量，团结海内外同胞一致抗日，起到了重要作用。

---

① 蒋光鼐、蔡廷锴、戴戟：《十九路军淞沪抗战回忆》，《武汉文史资料》2007 年第 7 期，第 11 页。

② 《十九路军将领通电》，《中华周报》1932 年第 17 期，第 10 页。

③ 《震动全世界之十九路军》，《中央周刊》1932 年总第 217 期，第 21 页。

一、一·二八淞沪抗战周年祭活动的历史背景

进入1933年1月，即一·二八淞沪抗战爆发一周年之际，日本帝国主义在华的侵略触角不断延伸。年初，日军侵占中国山海关，“从此门户洞开”①，复又追加在伪满洲国的预算，收编东北伪军为地方警备队，分驻黑龙江各县，以致时人哀叹道：“东北被日军占领竟至一年有余，至今无丝毫收回的可能。”②日军为尽速夺取中国华北，觊觎长城沿线的热河省，该省政府主席汤玉麟长期以来“除口头仍唱抵抗之调外，亦未见有何布置”③，他虽然表示“矢志守土，藉尽天职”④，实际上却苟且偷安、消极防御，为不久之后热河省的沦陷埋下了伏笔。在西方，1933年是经济大萧条最严重的一年，纳粹党头目希特勒亦是在此时就任德国总理，开始实行法西斯独裁统治，美、英、法三国则对此实行绥靖政策，这无疑更加助长了日本在东方特别是对中国的侵略气焰。而此时，蒋介石集团面对严峻的国内、国际环境，仍然厉行“攘外必先安内”的反动政策，其御用机关仍在“极力为其主人掩饰不抵抗主义，进即与十九路军争功”，并将援军迟迟未到归咎于“共军处处牵掣”⑤。蒋介石本人更是于1月27日由首都南京启程赴江西，把消灭中国共产党领导的中国工农红军作为头等要务。

二、一·二八事变周年祭活动的主要形式

一·二八淞沪抗战周年祭活动主要有三种形式：一是民众集会；二是发表文章；三是修建纪念设施。

---

① 如水：《山海关失矣》，《社会新闻》1933年第2卷第5期，第1页。

② 包华国：《满洲问题的回顾与前瞻》，《前途》1933年第1卷第2期，第1页。

③ 《寇热河形势紧张，汤玉麟毫无办法》，《社会新闻》1932年第1卷第30期，总第588页。

④ 《汤玉麟氏致词》，《中央周刊》1933年总第247期，第8页。

⑤ 孚：《纠正蓝衣社对一·二八的反宣传》，《力行月刊》1933年第1卷第2期，第53页。

（一）民众集会

上海作为当时中国最大的城市和一·二八淞沪抗战的爆发地，周年祭集会活动规模最大，最受时人瞩目。1933 年 1 月 28 日当天，上海各地举行了多场集会活动，为配合活动顺利进行，本市“各商店公司，一律休业悬半旗，各马路标语，触目皆是……各影剧院游乐场，大都临时暂停娱乐，各机关虽照常办公，但均悬半旗，自市商会、市民联合会，通告节食一餐”①。上午，上海各界人士在西小门少年宣讲团举行纪念大会，到会代表有上海警备司令戴戟、上海市长吴铁城（陈克成代），国民党上海市党部、上海市商会、公安局、社会局、工务局、财政局、公用局、教育局、总工会、各团体救国联合会、市教育会、地方法院、高二分院、江海关、律师公会、国民革命军第 88 师等机构代表，以及轮船木业、海员、针织、卷烟、水电等工会代表，绸缎、南货、烛光等同业公会代表，各级党部、各学校代表，共计五百余人，可谓涵盖方方面面，在现场负责接待来宾的国民党上海市党部秘书长姜怀素“大有山阴道上，应接不暇之势”②。据报载，当天上海少年宣讲团的大门口高悬写有“上海市各界代表举行淞沪抗日纪念大会”字样的白布横幅，台上高悬孙中山先生遗像、青天白日旗和青天白日满地红旗，抗日标语、口号随处可见，整个集会现场虽然“车水马龙”③却又“悲壮苍凉”④。10 时，纪念大会正式开始，由童行白、邢琬、吴铁城（陈克成代）、戴戟、王晓籁、黄造雄、朱学范七人担任主席，全体代表在司仪导引下，高唱由孙中山先生训词的国民党党歌暨中华民国代国歌，向国民党党旗、中华民国国旗及孙中山先生遗像行礼，并恭读孙中山先生遗嘱，为抗日殉难将士默哀三分钟。随后，童行白向大会做报告，戴戟、王晓籁、黄造雄、朱学范四人分别发表演说。与会代表还讨论通过了“一致抗日、收复失地”等各项提案。

---

①④ 《全市各界昨召开纪念会，悲悼一·二八血战烈士》，《申报》，1933 年 1 月 29 日。

②③ 章章：《一·二八纪念大会别纪》，《上海周报》1933 年第 1 卷第 10 期，总第 186 页。

直到正午12时，与会代表“始呼口号散会”①。同日上午，上海淞沪警备司令部、上海市民联合会、京沪沪杭甬铁路特别党部、全国电报局、闵行民众教育馆、上海律师公会也分别组织相关集会，以纪念一·二八淞沪抗战爆发一周年。淞沪警备司令部追悼殉难将士大会召开之时，第八十八师师长孙元良正身在无锡，除特意举行阅兵仪式以示纪念外，还专门令该师参谋处给大会发来电文：“师长今在锡阅兵训话，并为本师及友军淞沪抗日阵亡将士静默十分钟志哀。”②

南京在当时是中华民国首都，党政军各界的一举一动无不带有风向标意义。1933年1月28日上午9时，“在国民大剧院举行纪念淞沪抗日周年纪念大会，到党政各机关各学校团体代表百余人”③。大会主席、南京特别市党部执行委员兼常委张元良做报告，抗日会代表倪光和、南京特别市党部委员兼书记长彭尔康等分别上台演讲，场面十分热烈。大会还通过了十项议案，其主旨在于表达誓死抗日、收复失地之决心，并呼吁国民政府严惩汉奸，奖励抗日将士家属。

北平在此时虽不再是全国的政治中心，但作为金、元、明、清以及民初故都，亦是行政院院辖市，仍备受中外人士关注。1933年1月28日，北平社会各界人士五百余人举行集会活动，纪念一·二八淞沪抗战爆发一周年，《北平新报》社长萧训被推举为大会主席。开会伊始，全体与会人员起立，为淞沪抗战阵亡将士静默五分钟。

广州是华南最大的城市，纪念一·二八淞沪抗战一周年集会活动选址在中山纪念堂。十九路军军长蔡廷锴、桂系名将白崇禧到会并发表演讲。

此外，漳州和济南各界民众也在当天举行了隆重的纪念一·二八淞沪抗战一周年集会活动，场面“空前热烈”④。

---

①② 《全市各界昨召开纪念会，悲悼一·二八血战烈士》，《申报》，1933年1月29日。

③④ 《各地召开纪念会》，《申报》，1933年1月29日。

（二）发表文章

一・二八淞沪抗战一周年之际，许多报刊大量刊登与一・二八相关的文章。有的甚至推出纪念专号，如《中华周报》第 61 号共刊文 16 篇，撰文者除本刊记者外，上起张治中、宋希濂等军政要员，下至普通官兵或知识分子。总体看，这一时期发表的一系列相关文章，大体分为三类：一是叙事体的回忆性文字，二是议论文体裁的时评，三是夹叙夹议、重在抒发感情的诗歌。

回忆性文字，因皆是战争亲历者所追记，故颇具说服性。如丘东平《一・二八抗日战争的回忆》（载《东方杂志》1933 年第 30 卷第 3 期）、方之恺《淞沪抗日战事纪略》（载《尚志周刊》1933 年第 2 卷第 12、13 期合刊）、张风《十九路军淞沪抗日的清算》（载《社会主义月刊》1933 年第 1 卷第 12 期）、杨行健《"一・二八"的炮声》（载《尚志周刊》1933 年第 2 卷第 12、13 期合刊）、秦元杲《一・二八被难的一片断》（载苏州《振华女学校刊》1933 年号）等。

时评，因具有舆论导向性，故最受时人关注。如蒋光鼐《淞沪抗日战争之意义》（载《新中华》1933 年第 1 卷第 2 期）、张治中《淞沪抗日战争与今后抗日的准备》（载《新中华》1933 年第 1 卷第 2 期）、重闻《"一・二八"一年祭》（载《南华评论》1933 年第 4 卷第 1 期）、玄庄《淞沪抗日阵亡将士的周年祭》（载《时代青年》1933 年第 7、8 期合刊）、胡讷生《纪念一・二八》（载《南华评论》1933 年第 4 卷第 2 期）、阮盾《淞沪抗日战役中之上海民众运动》（载《进展月刊》1933 年第 2 卷第 3、4 期合刊）、程杰《一・二八对中国民族的影响》（载《尚志周刊》1933 年第 2 卷第 12、13 期合刊）、黄豪《由五四到一・二八之民族文化运动》（载《前途杂志》1933 年第 1 卷第 5 期）、孚（单字笔名）《纠正蓝衣社对一・二八的反宣传》（载《力行月刊》1933 年第 1 卷第 2 期）、侯本常《上海抗日战争国人应有之认识》（载《并州学院月刊》1933 年第 1 卷第

5期)、应的《中国将被瓜分乎?》(载《自由言论》1933年第1卷第1期)等。

诗词，大都文字典雅，朗朗上口，更能引起读者的共鸣，故一经刊发，往往传颂一时。如屠凝冰《“一·二八”周年祭》(载《流露月刊》，1933年第3卷第1期)、烟桥《周年祭》(载《珊瑚》1933年第2卷第3期)、梁雪清《一·二八后一日》(载《文华》1933年第44期，诗配图)、造(单字笔名)的《纪念“一·二八”并国难歌》(载《自由言论》1933年第1卷第1期)等。

(三) 修建纪念设施

1933年春，为纪念一·二八淞沪抗战一周年，上海淞沪警备司令部决定在龙华司令部西侧设立一·二八纪念堂，并向社会各界“征集纪念品，不厌广博”①。纪念堂于同年8月10日落成。纪念堂有一纪念碑，以上海警备司令戴戟的名义发布，其文曰：

> 堂以一·二八名，纪念淞沪抗日之战也。日本自明季以来，为寇海疆，史不绝书。逮甲午挫衅，我遂一蹶不振。民国二十年秋九月十八日，沈阳变起，辽吉黑亡。不两周年，而热河失，而滦榆陷，内外胡骑纵横矣。一·二八之役，即沈变之后四阅月，舆情敌忾，决若江河，明耻争存，人孰肯后?先是十九路军移卫畿辅，戟受命危难，警备淞沪，橐鞬鞭弭，惟期效死。是役也，闸北吴淞江湾庙行大场，血战三十有四日：赖先总理威灵，全民族决心，以齿报齿，以目还目。若衡以近代战争，国力殊不逮，然肝脑涂地，牺牲过当者，非无故也。回首经年，痛定思痛。堂之东偏，盖战时与蒋蔡诸君子决策处也。爰就简陋，略加丹垩，搜集当时殉国者之统计，与作战图籍，陈之一室，以备观瞻。夫九一八之不忘，然后一·二八

① 《一·二八纪念堂保管规则》,《军政公报》1933年第164号，第2页。

之战可纪。一·二八之不忘，然后九一八之痛弥深。敢志沉哀，勉尽一息于庙，貌昭忠观，威为继者，尚待来叶于无穷期。中华民国二十二年夏六月，淞沪警备司令旌德戴戟。①

淞沪警备司令部对外公布："每年一月二十八日、三月四日、五月三日、五月九日、九月十八日各开放一日，其时间为上午九时至下午四时。"②

一·二八纪念堂的落成，在当时的上海引起巨大轰动，它"正像冰水一杯"③浇在那些依旧醉生梦死、得过且过的人头上，让他们警醒。

三、一·二八事变周年祭活动的主要意义

作为周年祭活动，其目的无非是纪念往者，激励来者。一·二八淞沪抗战周年祭活动亦不例外，它在当时具有极为重要的意义。

（一）驳斥了蒋介石集团为不抵抗政策所作的辩词

一·二八淞沪抗战期间，蒋介石集团一再向十九路军下达趁机收手、避免决战之类的不抵抗指示。而战事结束后一段时间里，面对广大民众对十九路军奋起抵抗行为的交口称赞，蒋介石集团脸上似乎挂不住了，其操纵的反动机关遂颠倒黑白，声称十九路军之所以奋勇抗战是出自"政府命令"，以此来欺骗民众，混淆视听，为其不抵抗政策作辩解。1933年初，在纪念一·二八淞沪抗战爆发一周年之际，一些怀有良知的知识分子以笔为武器，揭露蒋介石集团上述丑恶行径。

以《力行月刊》刊登的时评《纠正蓝衣社对一·二八的反宣传》为例，此文作者先是运用人人皆懂的基本逻辑推理，指出："十九路军奋勇抗日如果真是出于政府底命令，则此种政府诚值得我全国民众信赖和拥护。反之若军事独裁者底御用机关不但没有下令十九路军慷慨御敌，甚

①③ 汉奇：《一·二八纪念堂》，《十日谈》1933年第2期，第4页。

② 《一·二八纪念堂保管规则》，《军政公报》1933年第164号，第2页。

且设法把十九路军调离淞沪地而归南京参谋部长朱培德和军政部长何应钦所调派的宪兵第六团接防上海闸北一带防地，对日屈服而阻十九路军保卫国土。像此种畏日如虎怯于对外的政府当局，我们全国的民众真能加以信赖和拥护么?”①继而援引十九路军军官翁照垣所著《淞沪血战回忆录》中提到的一·二八当天下午接获“换防命令”一事，并罗列密电原文，令蒋介石反动集团对“奋起抗日”的部队“加以碍阻”②的丑恶行径无处遁形！作者满怀义愤地痛斥道：“我们读史常怀疑历史上真有秦桧这种卖国忌才，把民族和把国家的生存供其个人禄位牺牲的奸人，及至亲自见到军事独裁者此种卖国行为，才恍然于天地间无奇不有，居然真有此种丧心病狂的凉血动物缅然人世!”③不惟如此，作者还针对蓝衣社反动分子鼓吹的所谓《淞沪停战协定》签署后“战区已无一日兵卒矣，国何尝辱，权又何曾丧乎”的无耻言论，质问道：“我们真不知道他们心目中认什么才是丧权辱国！……其可痛心的事诚无过于此!”④短短的一篇时评，如同照妖镜，照出了“不抵抗政策”的原形，无疑教育了广大民众。

再如侯本常《上海抗日战争国人应有之认识》，分析了近代以来国人由“惧外”到“媚外”再到“勾外”的心理变化过程，痛斥蒋介石集团“有众数十万，不敢言对外，不敢言抗敌，甚至不敢主张法律上所赋予正当防卫五权，宁非咄咄怪事?”⑤一个对外奴颜婢膝的无能政府，暴露在社会大众眼前。

(二) 肯定了广大爱国官兵的历史贡献

一·二八淞沪抗战的主体力量是第十九路军，周恩来曾经指出：十九路军对中国人民做过两件大好事⑥，其中之一便是在上海进行淞沪抗

---

① 孚：《纠正蓝衣社对一·二八的反宣传》，《力行月刊》1933年第1卷第2期，第53页。

② 孚：《纠正蓝衣社对一·二八的反宣传》，《力行月刊》1933年第1卷第2期，第54页。

③④ 孚：《纠正蓝衣社对一·二八的反宣传》，《力行月刊》1933年第1卷第2期，第56页。

⑤ 侯本常：《上海抗日战争国人应有之认识》，《并州学院月刊》，1933年第1卷第5期，第17页。

⑥ 王顺生、杨大纬：《福建事变——1933年福建人民政府始末》，福建人民出版社1983年版，第166页。

战。正如十九路军总指挥蒋光鼐所说的："卫国保土乃是军人天职。强兵压境，怎能不奋起自卫？这仗一定要打，而且已经打起来了，无法收手！"①这铿锵有力的誓言，向世人昭示着十九路军全体官兵誓与日寇共存亡的决心。

在1933年1月28日上海纪念集会现场，与蒋光鼐、蔡廷锴并肩作战的上海警备司令戴戟，因抗战守土有功，受到"千人共仰"，"到会代表，群起致敬，好事者流，竟有前进一步，以睹丰采为快"②，这无疑是广大民众对其指挥部属进行淞沪抗战的充分肯定。而戴戟本人虽功在国家，却不居功自傲，而是在"群众起立时""即微躬而礼，不失军人本色"③，受到当时报章的称赞。在北平纪念集会现场，上台演讲者则"皆称赞十九路军之爱国精神"④。

当时，中国军队在兵员素质和武器装备上均与日军相差悬殊，然而中国第十九路军和第五军的爱国官兵却能够克服种种困难，面对强敌，奋起抵抗，不能不说是一个壮举。蒋光鼐在《淞沪抗日战争之意义》一文中提到：淞沪抗日一役，中国军队"设备简陋，器械窳旧"，与日本这样的军事强国相比，虽然"无胜利可言"，但"犹有敢于强烈抵抗，而且为有力之抵抗者，使凶寇之雄图，受一当头棒击，席卷东南幻梦，惘惘而逝"⑤。当然，这些成绩的取得主要归功于十九路军广大爱国官兵的浴血奋战。胡讷生《纪念"一·二八"》一文也持此种看法："'一·二八'上海之役，十九路军与第五军的英勇的官兵，一扫前此一切卑怯的对外心理，奋不顾身地与暴日周旋于沙场，以敌之兵力十倍于我，兼以兵器之精良，海空军之协助，日有租界为其护身符。形势之优良，百千倍于我，然而十九路军与第五军终能以不顾成败利钝，与之鏖战三旬余，迨援尽而后

① 蒋建国：《父亲蒋光鼐在淞沪抗战中》，《团结》2005年第5期，第38页。

②③ 章章：《一·二八纪念大会别纪》，《上海周报》1933年第1卷第10期。

④ 《各地召开纪念会》，《申报》，1933年1月29日。

⑤ 蒋光鼐：《淞沪抗日战争之意义》，《新中华》1933年第1卷第2期，第7页。

退。十九路军与第五军这种英勇奋斗的精神，不但足以作国内一班懦夫闻而奋起，即国际间亦因‘一·二八’抗日所表现的精神，一改过去藐视中国的态度。”①他高度评价了十九路军和第五军参战官兵进行的一·二八淞沪抗战在中国近代史上地位，认为这是“民国成立以来第一次有意义的战争的新纪元”，近二十余年来的战争，除北伐战争带有革命意义外，其余的均是“军阀间为个人争夺权力而战的”，“只有‘一·二八’之后，是为民族之独立与自由而战的，被牺牲的烈士所洒的血，是为民族争光荣而洒的，全国人民豢养着的军队，只有这一次始尽了他们军人应尽的责任”②。造的诗歌《纪念“一·二八”并国难歌》则盛赞十九路军和第五军阵亡将士为国捐躯的伟大精神：“谁为神等守自由，抗日烈士用无俦；粉身碎骨都不惜，忠魂长伴大江流。”③

重闻的时评《“一·二八”一年祭》比较了九一八和一·二八，认为二者“所表现给我们的意义和遗留给我们的情绪，却是绝不相同的。……‘九一八’的夜是耻辱的，退让的，卑怯的，放弃三省的；‘一·二八’之夜，却是光荣的，抵抗的，英勇的，保存淞沪的！”作者对十九路军将士英勇的抗日行为给予了高度评价：“由‘一·二八’，知道我们的国军是伟大的，英勇的，能抵抗暴日的，只要我们决心抵抗。淞沪之战，我们以为数较少的十九路军与第五军抵抗比我们多几倍的日军；我们以伤亡殆尽疲惫不堪的国军，抵抗陆续增加补充十足的日军；我们以粗劣的军械和鲜红的血肉，抵抗日军凶猛的大炮飞机炸弹毒气。……然而我们却能抵抗一月零三日之久，结果，我们没有失去国土一寸一尺。”④诚如此言，正是十九路军将士的奋勇抗战，打破了日军“上海一旦发生战争，四小时

①② 胡讷生：《纪念“一·二八”》，《南华评论》1933年第4卷第2期，第6页。

③ 造：《纪念“一·二八”并国难歌》，《自由言论》1933年第1卷第1期，第2页。

④ 重闻：《“一·二八”一年祭》，《南华评论》1933年第4卷第1期，第1页。

即可了事”①的狂妄计划。

(三) 揭露了日本帝国主义的侵略行径

日本帝国主义发动一·二八事变，不仅是为了转移国际间对其炮制“伪满洲国”的注意力，“更是一个蓄谋已久的重要战略目标，是推行军国主义的必然结果”②。以当时的报刊为例，在一·二八淞沪抗战爆发一周年之际刊载的许多文章，淋漓尽致地揭露了日本帝国主义的侵略行径。

汉奇的《一·二八纪念堂》，引用权威部门的相关统计数据，罗列出“沪战损失”“阵亡将士”“负伤官兵”“三项统计”③。在这里，日本侵略者的每一笔血债，都有案可稽，无法抵赖！

《闸北建筑物被毁之一斑》，采取照片配文字的形式，向民众介绍了闸北所遭受的损失④，场景触目惊心，令阅读此文的读者心中的激愤之情难以平复。

《一·二八被难的一片断》一文的作者秦元杲，当时只是一名初中二年级学生，尽管她非常侥幸地“在匆促的时间内，很快的离了这危险的故乡”，但“一路上所受的困难，真不可再想了”，因为这些都是“万恶的战争”造成的⑤。后人可从中了解到，战争对普通民众特别是青少年的心灵伤害之深。

屠凝冰创作的诗歌《“一·二八”周年祭》，用极为哀伤的笔调描绘了日寇铁蹄蹂躏下的祖国大地，控诉了日寇的侵略罪行：“一·二八！世界竟有这样的一日，长枪，大炮，飞机，炸弹，暴露了人性罪恶的残酷。繁华的都市，已成不堪追忆的日昨，坍圮的废墟，尚留着火光的焦灼！咳，被人蹂躏着的——我的祖国哟！破碎！永远的耻辱！”⑥

---

① 温济泽：《九一八和一·二八时期抗日运动史》，中国工人出版社1991年版，第215页。

② 王一峰：《浅析“一·二八”淞沪抗战起因及特点》，《中国纪念馆研究》2013年第2辑，第244页。

③ 汉奇：《一·二八纪念堂》，《十日谈》1933年第2期，第4页。

④ 《闸北建筑物被毁之一斑》，《建筑月刊》1933年第1卷第3期，第5页。

⑤ 秦元杲：《一·二八被难的一片断》，苏州《振华女学校刊》1933年号，第39页。

⑥ 屠凝冰：《“一·二八”周年祭》，《流露月刊》1933年第3卷第1期，第26页。

重闻的时评《“一·二八”一年祭》指出：“由‘一·二八’，证明了日军侵华的野心是无止境的。日军侵占了东三省，更想侵占淞沪，占了淞沪，一样地想侵占江浙，侵占闽粤，侵占两湖，侵占华北……总而言之，是想侵占我们整个的中华民国中的每一块国土。”①文章针对日寇咄咄逼人的侵略势头，警告国人：“现在榆关失陷，热河告急，华北可危，与‘一·二八’异其空间而同其性质的危急的日子又到了。这是第一次‘一·二八’的周年，同时也是第二次‘一·二八’的前夜！”②

（四）激发起全民族团结一致共御外侮的抗日激情

《诗》云：“兄弟阋于墙，外御其侮。”③一·二八淞沪抗战爆发一周年之际，华北正处于危急之中。当时一·二八周年祭活动的举行，无疑更加激发起全国民众无分民族、阶级、党派，同仇敌忾，共御日寇，因为面对暴虐的侵略者，“除全国民众一致团结抗日以外”再没有“自存之道”④。

正如重闻的时评《“一·二八”一年祭》所指出的：“由‘一·二八’，启示了我们在危难中的民族只有抵抗才能生存。东三省以不抵抗而亡，淞沪以抵抗而存，这是一个很显然的分野，也就是今后我们民族所要决定的两条前路。……由‘一·二八’，教训我们只有对日抵抗才能唤起士兵及民众们的民族精神，只有抵抗才能使整个的中国民众兴奋的走上共赴国难的大道。”⑤屠凝冰的诗歌《“一·二八”周年祭》也大声疾呼：“醒来吧！这睡着了的民族！……枪炮不会屈服的中华民族；……抱着热血为祖国复仇的男子，你们的精神不死，不死，不死……中华！中华！沉迷的鼾睡应已觉醒！”⑥造的《纪念“一·二八”并国难歌》用朗朗上口的七言诗的形式，告诫那些尚对所谓“国际公理”抱有幻想的人，指望所谓“国

---

①②⑤ 重闻：《“一·二八”一年祭》，《南华评论》1933年第4卷第1期，第1页。

③ 周振甫：《诗经》卷四《小雅·棠棣》，中华书局2002年版，第235页。

④ 蒋光鼐：《淞沪抗日战争之意义》，《新中华》1933年第1卷第2期，第8页。

⑥ 屠凝冰：《“一·二八”周年祭》，《流露月刊》1933年第3卷第1期，第29页。

际联盟”来调停，无异于与虎谋皮：“而今莫向外人求，国际联盟等赘疣。亿兆健儿犹未死，操戈共起保神州。”在作者看来，当此“邻邦狼虎横行”之际，蒋介石集团仍在“剿共”，无异于“豆萁兄弟自燃”，唯有“四亿同胞猛醒，携手前进”，才能“保中华干净土”，“同报国家仇”①。

应的时评《中国将被瓜分乎?》在谴责日军暴行的同时，强调日本的侵略给了中国人一个警示，作者引用日本早稻田大学教授三森孝木的话指出：“中国不改造，必至瓜分。”②这里说的改造，除了改造中国的政治、经济等制度，当然也包括改造中国人的精神层面的东西，其中之一便是树立国家、民族意识，面对外敌，以民族大义为重，这正是之前中国人所长期缺乏的。

在上海一·二八淞沪抗战一周年纪念大会上，上海市临时参议会参议长王晓籁在演讲中针对时下部分人只知“思而救国”和“写而救国”的做法提出批评，号召大家“做而救国”③，纪念大会期间，当地民众万人空巷，“路人相将耳语曰，此我淞沪抗日光荣之纪念会也”④，民族自豪感油然而生，这是一种发自肺腑的民族自尊和民族自信！

在北平和广州举行的一·二八淞沪抗战一周年纪念大会，也都沉浸在抗战到底的声浪中：北平纪念大会当场通过决议，“表示恢复失土之决心”⑤；在广州发表演讲的第十九路军军长蔡廷锴则呼吁“今唯武力足以救国”，并表示“十九路军准备奋战到底，不剩一弹而后已”，桂系名将白崇禧“亦力主抵抗”⑥。值得注意的是，广州的纪念会场选在中山纪念堂，这是纪念孙中山先生革命业绩的神圣场所，孙中山先生为争取民族独立和民众幸福，毕生奔走革命，临终仍告诫同志们要“唤起民众，及联合世界上以平等待我之民族共同奋斗”，这种精神与当时团结抗日的时代大潮完

---

① 造：《纪念“一·二八”并国难歌》，《自由言论》1933年第1卷第1期，第2页。

② 应：《中国将被瓜分乎?》，《自由言论》1933年第1卷第1期，第2页。

③④ 章章：《一·二八纪念大会别纪》，《上海周报》1933年第1卷第10期。

⑤⑥ 《各地召开纪念会》，《申报》，1933年1月29日。

全契合。

而上海一·二八纪念堂每逢1月28日、3月4日、5月3日、5月9日、9月18日各开放一日，这些日期的选择亦用心良苦，寓意深刻：一·二八、九一八作为日本帝国主义侵华的重要标志性节点自不待言；3月4日指1933年3月4日，日军越过古北口，侵占热河省省会承德；5月3日指1928年5月3日，日军在济南残杀中国外交官蔡公时等，并屠杀中国官民1.7万余人，造成“济南惨案”；5月9日，指1915年5月9日，袁世凯为急于称帝，接受日本提出的《二十一条》中的十二条内容，时称“五九国耻”。选择以上敏感日期作为纪念堂开放日，无非是为了警示中国人民勿忘国耻、团结御侮。

总之，一·二八淞沪抗战周年祭活动，是在华北门户洞开、中华民族面临深重危机的背景下进行的。广大爱国官兵面对外敌入侵，高举爱国主义旗帜，以民族自卫战争反对日本帝国主义的侵略战争，因而赢得了全国民众的敬仰。无论是民众集会、发表文章，还是设立纪念设施，都是周年祭活动的重要组成部分。这些周年祭活动，不仅鞭挞了蒋介石集团的不抵抗政策，肯定了十九路军广大爱国官兵的历史贡献，还揭露了日本帝国主义的侵略行径，激发了全民族团结一致、共御外侮的抗日激情，具有重要的历史意义。古人云：“往者不可谏，来者犹可追。”虽然一·二八淞沪抗战早已成为历史，但后人仍可从记载一·二八淞沪抗战周年祭活动的史料中感受到民众觉醒、众志成城的伟大时代脉动。

（作者单位：中国人民抗日战争纪念馆编辑研究部）

人物研究

医学教育家颜福庆的抗战经历：从淞沪会战谈起

钱益民

颜福庆（1882—1970），上海江湾人。医学教育家、预防医学家，国家一级教授。1904年毕业于圣约翰大学医学院，1909年毕业于耶鲁大学医学院，获医学博士学位。1914年创办湘雅医学专门学校（湘雅医学院前身）并任校长。1927—1928年担任北京协和医学院副院长，1927年创建上海医学院（以下简称上医）并任院长直到1938年。1938—1940年出任国民政府卫生署长。1949年7月起一直担任上海第一医学院副院长。曾任第一、二、三届全国人民代表大会代表和全国政协委员；九三学社中央委员兼九三学社上海分社副主任委员；中华医学会首任会长、名誉副会长等职。

一、在淞沪会战前线

1937年卢沟桥事变后一个月，战火燃烧到上海，淞沪会战爆发。南京、上海是国民政府统治的心脏。蒋介石制定了防御阵地战的战略方针，决心不惜一切代价，确保上海这个远东最大的都市。

京沪、沪杭两条铁路上火车日夜不断地奔驰，一师又一师的精锐部队填补到淞沪战区。8月13日，淞沪会战拉开序幕。在远东战争史上，淞沪会战是继1905年"日俄战争后最大的战役，也是抗日战争中第一次最大的屠杀"①。作战时间3个月，双方动员的兵力达百万以上，一切现

① 张发奎：《淞沪会战》，《文史资料选辑》总第113辑，第25页。

代化的兵器都搬上了战场。

这是一场现代化的阵地战。日军在装备和战术技能上都占有明显优势，大量的野战炮兵配合着海军长射炮的密集火力，除了完全掌握制空权外，又在陆地战场上占据主动。而国民党军队则在战壕里，只有临时构筑的野战工事，以劣势的装备，凭着血肉之躯与敌搏斗，其牺牲之大，可以想象。淞沪战场，成了中国军人献身之地。

哪里有险情，哪里就有红十字会。只要有伤亡，就必定有医疗救护。这是医生的天职。中国有史以来最大的医疗救护工作开始了。颜福庆激流勇进，担当了这场空前救护的总负责人，以其丰富的救护经验和杰出的组织协调才能，完成了救护工作。

（一）上海救护委员会主席

在政府仓促应战，还无暇顾及伤兵救护的时候，红十字会承担起救护责任。上海的各大群众团体同仇敌忾，挺身而出，成立了非官方的中国红十字会总会上海市救护委员会（以下简称上海市救护委员会），充分显示了上海这所国际大都市强大的社会组织力。

淞沪会战还没有打响，中国红十字会总会、上海市商会、地方协会、医师公会、中华医学会、药业公会、医事教育机关等团体就联合成立了上海市救护委员会，颜福庆被推举为主席，总负责全市救护工作①。救护委员会下设总务组、医务组、救护组、运输组、材料组等各组，朱恒璧任其中一组的主任干事。8 月 5 日开始募集经费、征召救护队、设立救护医院等准备工作。

战事爆发后，救护工作顿显紧张。委员会的各团体踊跃参加各项救护工作，但救护工具极为缺乏，只能根据战区之广狭、战士之多寡，权衡需要，以确定救护方针。8 月 15 日至 25 日，救护委员会成立救护队 4 队、救

① 上海救护委员会的组织系遵照国民政府颁布的《非常区域救护大纲》，关于该救护大纲、该大纲对全面抗战初期的医疗救护的指导作用等问题尚待研究。

护医院 4 处。8 月 25 日后，战区日广，救护范围随之扩大，救护队增至 10 队，各方自动组织参加的急救队增至 12 队，救护医院扩展到 24 处。

在颜福庆等教师的带领下，上医师生此前已经有多次战地救护的经验。在空前的民族灾难面前，师生踊跃报名参加医疗救护工作，组成了第一救护队。

第一救护队是流动手术组，邵幼善、黄家驷任正副队长，成员有崔之义等内外科医生、护士、药剂员 20 余人，在无锡郊区设立临时医院，负责收容从上海水路、陆路运来的重伤员，主要进行扩创、石膏包扎、抗感染等处理，待伤员病情稳定后再转移到后方。10 月，上医师生又组织了第二救护队，纪长庚、陈化东任正副队长。第一、二救护队在上海救护委员会领导下开展救护工作，成为红十字会救护队的骨干力量。

11 月中旬上海失守后，两支救护队改编为四队，撤退到内地。邵幼善、崔之义、纪长庚、陈化东分别任第一、二、三、四队队长。第一、三、四队乘轮船撤往汉口。第二队留守南京，一直坚持到南京沦陷前两天才撤退，在武汉与其他三队会师①。

从 9 月 20 日开始，上医的枫林桥护士宿舍（外交大楼）改为伤兵分发站。从前线运到上海的伤兵，少则每天 300 人，多则每天超千人。伤兵先进分发站，根据伤势轻重，分别处理。重者送医院，轻者暂住站内，等候火车或轮船送往后方。从 9 月 21 日到 11 月 8 日，外交大楼共计收容伤兵 17 940 人②。11 月 9 日，外交大楼最后一批伤兵 300 余人安全转移到租界。半小时后，枫林桥沦陷。

淞沪会战三个月期间，上医的教学医院红十字会第一医院改为特约医院，中山医院改为第六救护医院。由上医负责或由上医同人领导的还

---

① 朱益栋主编：《上海医科大学六十周年校庆 1927—1987》之《校史》（内部发行），1987 年，第 30—32 页。

② 《中华医学杂志》1938 年第 5 期，第 388—389 页。

有第一、二、六、二十三救护医院，后方第一、二医院，国际第一、二、四医院。以上医院于1938年春陆续结束，共计收容伤员7 000人。自1937年8月14日至1938年4月30日，由上海市各医院收治受伤民众和士兵19 539人，其中由上医收治的占了总数的近30%。

（二）向世人控诉日军暴行

红十字是人道和中立的标志。可是在豺狼之师面前，红十字标志也失去了保护作用。无论后方还是前方的救护，都充满了危险。日军以中方红十字救护车运载军火为借口，对红十字会车辆故意穷追不舍，狂轰滥炸。上海红十字会共有救护车30辆，开战仅3周，7辆已被日本飞机炸毁。

8月29日，颜福庆对新闻界发表谈话，列举侵华日军公然违背1929年《日内瓦公约》，对从事人道工作的红十字会工作人员狂轰滥炸的滔天罪行：

> 8月18日，真如红十字会医院遭日机轰炸，死伤5人。8月19日，南翔红十字会救护队遭日机轰炸，死伤6人。8月23日，救护队员43人，正在罗店拯救伤兵，突然遭日军包围。日军撕去队员白色制服上的红十字会徽章，强令队员跪下，医师、护士5人，当场被惨无人道地加以杀害……
>
> 日军还恣意攻击非战人员。8月17日，日机10余架袭击距沪80英里的南通，对美国教会医院投掷炸弹6枚，医院燃起熊熊大火，中国医师2人、护士2人被烧死，伤者甚多，其中有正在值班的美籍护士2人。8月28日，日机12架袭击上海南市。南市为平民居住区域，人口稠密，绝无中国军队或阵地，日军炸弹密集轰炸南市车站附近，杀害无辜平民200余人，伤500余人，罹难者均为候车离沪的难民，尤以妇孺居多。8月30日，日机轰炸大场镇公共汽车站，当场炸死难民伤兵20余人①。

颜福庆发表谈话的第二天，国民政府外交部向国联提出正式声明，

---

① 《民报》，1937年9月10日。

揭露日军暴行，并将声明全文向全世界公布。面对如此残暴的日军，颜福庆负责的红十字会救护工作甚感困难。为避开日军视线，红十字会工作人员的后方工作，大部分改在深夜进行。

然而日军的暴行并未因此终止，10 月 3 日开始，日军又在上海附近前线使用芥子气等糜烂性毒气……

（三）家庭成员齐抗战

国难就是家难。颜福庆全家都参加了抗日救亡工作。

长女颜雅清 1926 年毕业于雅礼大学，一度在上医任英语教师。30 年代伯父颜惠庆出任驻苏联大使，雅清作为侍应生前往莫斯科，在那里生活了 8 个月。回国后，雅清开始学习飞行技术，立志当一名女飞行员，保卫祖国领空①。经过刻苦学习，雅清果然成了中国第一批女飞行员。在首次正式上蓝天前，雅清身穿飞行服，在一架标有美国星条旗和国民党青天白日旗的飞机前拍了张照。颜福庆非常喜欢这张英姿飒爽的照片，"文革"前一直放在办公桌玻璃板下。

全面抗战爆发后，颜福庆写信叫正在美国留学的长子颜我清马上回国，参加抗战。妻子曹秀英是妇女界抗日救国领袖之一，在江湾办起"伯达尼孤儿院"，收容战时无家可归的孤儿，发动妇女缝制军衣、军鞋等军用物品，在后方支持抗战。次子颜士清患有严重的骨痨，手上、脚上烂成一个个凹陷的黑洞。士清不顾病痛，听从母亲的安排，不管刮风下雨，定时挨家挨户上门去收军衣军鞋，然后送到红十字会指定的地方。

亲家刘鸿生，是著名的爱国民族资本家，鼎力支持颜福庆，将一辆私家汽车和凯旋路 100 号住宅无偿让出，供救护委员会收容伤兵难民之用，还把刚从日本留学回来的六子刘念悌、七子刘念忠送到救护委员会，

---

① Memorandun about Miss Hilda Yen. Archives and Manuscripts of Yale University Library, Yale-China, Box 108, Folder 944 (108/944).

听候颜福庆任用①。

颜福庆一心扑在繁忙的救护事业上。从1927年创建上医开始，从外界募捐成了颜福庆最主要的工作。长期在外募捐应酬，根本顾不上按时吃饭，加上长时间不回家，严重影响了他的健康。担任上海市救护委员会主席后，心系数百万平民和战士的安危，颜福庆责任更重了，工作更加繁忙了。由于忙于战时救护工作，加上长期饮食起居没有规律，颜福庆患上了严重的胃病，身体非常消瘦。但他仍然抱病为抗战奔波。

（四）上医、中山医院火线撤退

1937年10月30日，突击大场的日军在周家宅、姚家宅两处强渡苏州河，从大场以西向中国军队的左右翼发起全面攻势，战局顿时急转直下。上海市区的中国军队侧背受敌。在南面，日军第六、第八师团于11月5日从金山嘴、金公亭等地同时强行登陆。9日，松江沦陷。中国军队腹背受敌，败局已定。

11月9日夜，一个黯淡而悲惨的黑夜。天空闪烁着稀疏的星光，没有月亮。中国军队从前线仓皇撤退。

原先自以为“东方马其诺”的防线，终究被日寇击溃了，医院不得不组织撤退。日军已经近在咫尺。临时改为第六救护医院的中山医院，失去了中国军队的保护，不得不以最快的速度撤离。

这是一场与时间的赛跑。颜福庆亲自指挥，夜以继日地抢运设备和伤病员，应元岳、王霖生具体负责撤退。人员和设备安全转移到红十字会第一医院半小时后，中山医院即被日军占领。耗费了颜福庆近十年心血的中山医院，开幕仅半年，工程款还没有结清，就遭到日军毁灭性的破坏。上医新校舍、澄衷疗养院也先后陷入敌手。上海救护委员会的各救护医院或解散，或转移到后方。

① 《刘鸿生给颜福庆的信》，1937年8月18日。

二、在抗战的大后方

(一) 出任国民政府卫生署长

南京国民政府成立后，为了平衡各地方实力派的力量，蒋介石吸收了反对派阎锡山入阁。冯玉祥的亲信薛笃弼不得不离开内政部。冯玉祥不甘心白白丢失一个部长的席位，因此建议蒋介石添设卫生部，由薛笃弼任部长①。薛笃弼曾在北洋政府时期任北京市长，是北京第一卫生公所的积极推动者。

在南京政府存在的20余年间，卫生部前后有7次大的改动，名称一再更改，从"卫生司"改为"卫生部"，又改为"卫生署"，再重新恢复为"卫生部"。级别和隶属关系也不断调整，从内政部下面的一个司，到行政院一个独立的部，再降格为隶属于内政部，平均每三年就要大动一次。

国民政府迁到汉口后，进行大改组。1938年2月，卫生部再次降格为卫生署，隶属内政部。距离上次变动才6个月。原卫生部长刘瑞恒下台，去香港组织协和药品公司。内政部长何键邀请颜福庆担任卫生署长②，金宝善任副署长。

颜福庆受命于危难之际。继薛笃弼、刘瑞恒之后，颜福庆成了国民政府第三任中央卫生行政机构的长官。颜福庆没有从政的野心，但是从事公共卫生，必须得到政府的帮助，这是颜福庆20多年来从事公共卫生实践得出的结论。卫生署长的职务，给颜福庆开展全国规模的公共卫生计划提供了舞台。

临行前，颜福庆将上医院务委托给教务主任朱恒璧，由朱恒璧任代理院长。

---

① Mary Brown Bullock, *An American Transplant*: *The Rockefeller Foundation & Peking Union Medical College*, University of California Press, 1980, pp.152—153.

② 朱恒璧:《颜福庆创办湘雅医学院和上海医学院的经过》，复旦大学百年校庆校史编纂委员会:《校史通讯》第27期，2004年5月5日。

（二）开辟战时西南卫生新局面

随着南京、上海等大城市相继沦陷，国民政府迁都重庆，大西南地区成为中国抗战的大后方，也成为医学教育和医疗卫生事业的重镇。

大后方原来的卫生基础极其薄弱。如人口众多的四川省，幅员辽阔，南北 1 100 公里，东西 800 公里，全面抗战爆发前没有任何公共卫生设施，即使省会成都也没有卫生机构①。卫生署的作用，在于督促和引导全国的卫生事业。合理调整战时医学教育布局，开辟西南地区公共卫生新局面的重任，摆在颜福庆面前。颜福庆在《战时中国的公共卫生行政》中明确地指出，卫生署坚定不移的政策，“是督促和鼓励各省市从事公共卫生的基本建设，为永久性的公共卫生事业打下基础”②。原先几乎没有任何公共卫生设施的四川、贵州、云南等内陆省份，在卫生署的统筹下也开始了公共卫生建设的艰难历程。

随着医学院校内迁，东部沿海大批卫生人才也聚集到西南地区，在医务界担任各级职务。北京协和医学院、北京第一卫生公所培养的公共卫生领袖们，在西部内陆省份找到了开展公共卫生的场所。比如朱章赓，担任了贵州省卫生厅长，使全省的卫生面貌有了根本性的改观。

日军占领山东后，洛氏基金会华北乡村建设委员会也从山东迁到贵州，改称农村建设委员会，与贵州省政府密切合作，达成了为期 5 年的卫生方案，推广农村简易卫生方法，计划在贵州全省 84 个县进行试点③。具体由朱章赓领导下的省卫生厅实施。计划完成后，贵州全省将建立起从乡村卫生站、县卫生中心到省级卫生机构的基层卫生行政网络。网络的顶端是省卫生厅、省立医院、省卫生实验所、制药及医疗设备厂、卫生培训学校、贵州市卫生所等机构。计划启动的两年内，省政府将为此

---

① C.C.Chen, *Medical in Rural China: A Personal Account*, University of California Press, 1989, p.111.

② Yen FC, China's War-Time Public Health Administration, *China Quarterly*, 1939 (4), p.254.

③ Mary Brown Bullock, *An American Transplant: The Rockefeller Foundation & Peking Union Medical Colleg*, University of California Press, 1980, pp.196—197.

拨款 937 347 美元，并成立各级卫生学校[①]。卫生学校既作为医学生的公共卫生实习场所，也作为国家培养农业、卫生等建设人才的基地。

1938 年 5 月，也就是贵州省卫生厅设立后一个月，在贵阳市和定番县各创办了一个卫生示范所，作为城市和乡村卫生所的范本。定番卫生所成为贵阳医学院的卫生实习基地[②]，就像吴淞、高桥卫生模范区之于上海医学院，定县之于北平协和医学院一样。原北京第一卫生公所以及河北定县的农村卫生负责人陈志潜，主持定番卫生所。

贵州省的卫生建设成就引人注目，颜福庆在对外宣传中特别强调贵州省的经验。在卫生署的指导下，其他省市设立卫生机构，开展卫生活动，卫生状况逐步改观。同样在《战时中国的公共卫生行政》一文中，颜福庆列举了卫生署在 1938 年取得的成果：

湖北省设立了 8 个卫生中心；江西省用于预防流行病的拨款增至 10 万美元；湖南省政府组织了 9 个流动卫生站，并为 9 个新成立的卫生中心拨款 25 万美元；广西省设立了 11 个卫生所，着手筹备省卫生厅；重庆市政府已经设立了卫生局，在中央医院的帮助下创办了重庆市立医院，为平民提供医疗救护，市立医院还将设立妇女儿童病房；卫生署帮助云南开展疟疾防治工作。在卫生署的帮助下，云南省卫生厅在昆明开展有成效的工作，设备优良的省立医院和门诊部即将落成[③]。

颜福庆还制定了卫生署 1939 到 1940 年的两年工作计划。根据计划，1939 年四川成都、自贡等大城市设立卫生局，全省新建 10—20 个卫生中心。贵州省卫生厅改组为卫生局，全省增设 10—20 个卫生中心。在云南全省范围内开展为期五年的抗疟疾运动，行政院拨专款 182 400 美元；今

---

① Yen FC, China's War-Time Public Health Administration. *China Quarterly*, 1939 (4), p.253.

② C.C.Chen, *Medical in Rural China*: *A Personal Account*, University of California Press, 1989, pp.109—110.

③ Yen FC, China's War-Time Public Health Administration. *China Quarterly*, 1939 (4), pp.254—255.

后3年内每年拨50 000美元用于研究疟疾和甲状腺肿大疾病。云南全省要增设10—20个卫生中心。

1940年的计划，四川、贵州、云南三省各新增9个区域性的卫生中心，发展农村卫生工作。增设公路卫生站，争取每100平方公里设立一个卫生站。除了云贵川三个卫生建设的重点内陆省份外，计划还考虑了西北边疆和靠近对日作战前线省份的卫生防疫问题。前线周边省份，要增加红十字会小分队和流行病预防小分队的数量。新疆、甘肃、青海、宁夏、内蒙古等边疆省份，要为卫生工作打下基础。在公路、铁路等大型工程中，医疗卫生项目要列入预算范围。两年计划还包括了加快培训医务人员，增加医疗设备和器械供应，研究营养问题，增设儿童福利机构等非常具体的方案①。

(三) 统筹战时医学教育问题

抗日是一场全民族的战争。战事一开，就是人无分男女老幼，地无分东南西北，全国上下，都有守土抗战之责。抗战工作千头万绪，医疗卫生在其中占据重要地位。无论前方浴血奋战的将士，还是后方流离失所的难民和民众，均须有卫生、医疗、救护、防疫等设施。原先就极为匮乏的医务人员，更显得宝贵异常，求远过于供。战争迫切需要各医学教育机关在最短时间内造就最大数量的医事人员。

全面抗战初期，医学院校一度出现了混乱倾向。有的医学院对于抗战工作非常热诚，所有教授和学生全部参加前后方之医疗救护工作，医学院事实上已成停顿状态。有的医学院为保存实力，携带设备，率领师生，由甲移乙，复由乙移丙，流徙师生的生活几同难民，艰苦自不待言。而有的医学院则闭关自守，照常工作，几不知此时为抗战时期，而不注意对于国家和民族应负之责任。政府对于上述偏向，理应及时加以引导。

---

① Yen FC, China's War-Time Public Health Administration. *China Quarterly*, 1939 (4), pp.255—256.

整个医学教育，必须针对战时，重新调整。

1938年12月，颜福庆在《中华医学杂志》发表《战时医学教育问题》一文，对战时医学教育作了纲领性的阐述。颜福庆指出，战时医学院校须同时兼顾平时和战时两种工作，不可偏废："一方面对于前后方所需要医事人员，须从事造就，而不得避免责任。同时一方面须多方设法，保留原有之教授人才、学生及设备，以期于战事终止后，藉以恢复固有之基础。"上述两种工作，相关至切，宜有详细之考虑，严密之注意。如顾此失彼，即不能贯彻应有之使命。政府在非常时期统筹医学教育的唯一目的，是以最少数之经费、人才、设备，达到战时最高之教学效率。

如何用最经济的办法，达到战时医学教育的最高效率？颜福庆在文中提出了把全国的医学院暂时集中到贵阳、昆明、桂林等城市的思路。把各医学院校迁到大后方的大城市，相对集中办理，各校在抗战的大前提下，本着协作的精神，取长补短，同时兼顾原来的历史和传统，带动边疆省份医学教育的发展，这是应付战时需要的唯一办法。颜福庆写道：

> 如在成都一处，中央大学医学院、齐鲁大学医学院，及华西协和大学医学院，三校集中设置。又如在贵阳，则国立贵阳医学院及湖南湘雅医学院，亦已订定合作办法。以此先例言，则如昆明、桂林、广州等处，亦可使其他医学院校集中设置。兹姑拟议以国立同济大学医学院，及国立江苏医学院两校迁设桂林；国立上海医学院，及国立中正医学院两校，迁设昆明，与新设置[之]国立云南大学医学院集中设置。国立中山大学医学院，与孙逸仙博士医学院两校，均仍在广州，惟使其较目前更加合作。此项拟议，自属不无困难之点，因各校均有固有之历史习惯及经费来源等，使其充分合作，自非易事。但以我国在此抗战严重之时期，任何困难务须设法克服。如成都之例，以一个国立学校与两个教会设立之学校，其中且有多数外籍教授者，亦能互相合作，进行顺利，则其他各校之集中设置，

自可无虑其困难也。

以上拟议之集中设置办法，尚有下列各种便利之点。

一、集中设置之后，可以以最少数之教授设备，而训练最多数之学生，以达最高之教学效率。其教授人员一部分，可使担任新添设之各项训练班。同时并可分一部人员，可从事于前后方之医疗卫生工作。

二、集中设置之办法，有恐影响于各校独立性者，此则可以保留各校原有之名称，各校学生仍由各校分别管理。惟将教课方面，集中讲授，自可无碍。

三、集中设置之办法，能影响及于久远。在我国边远省份，原少医学教育之设施，因此得推进之机会。如昆明一地，云南大学医学院新改国立，自需较完备之教授设备，以应需要。如国立上海医学院，及国立中正医学院，果能迁往，虽或集中设置之时间未必久长，然以互相合作之结果，则必可予云南大学医学院以极大之协助，而使其发展为一完美之医学教育机关。且上海及中正两医学院，只系暂时集中昆明，一俟战事敉平，仍须归还设置。故亦不致有互相争胜之虞。

四、以此集中设置办法，则可使多数办理较善之医学院校，在此抗战时期，能切实贡献于重要之训练工作，并在质与量两方面，均能增加其教学效率，同时并可维持其独立生存也。

颜福庆的医学教育调整思路，不久即付诸实施。

一年后的1939年夏，上海医学院部分教职工，三、四、五年级全体学生以及六年级部分学生，开始艰苦卓绝的内迁。经越南海防转赴昆明，与国立中正医学院合作，在昆明郊区白龙潭的茅草屋里开展教学。公共卫生科则与云南省卫生处合作，划曲靖为卫生实验区，继续公共卫生教学的优良传统。1941年1月，昆明局势吃紧，学校又辗转迁到重庆歌乐山。同月，国民政府任命朱恒璧为国立上海医学院院长。颠沛流离，弦歌不辍。师生们走到哪里，就把上医精神和优良的校风带到哪里。朱恒璧又先后聘请冯德培、沈克非、陈翠贞、吴有训、周同庆、纪育沣、蒋俊儒来校任教[①]，临床前期师资实力大增。

高年级学生内迁后，一、二年级及药科学生仍留上海坚持学习，待读完二年级后再安排内迁。临床教师大部分留在上海，维持红十字会第一医院的正常运行。至此，上海医学院事实上形成了渝院、沪院两部分[②]。渝院由朱恒璧任院长，沪院由乐文照负责。乐文照除了要维持沪院的教学、保护上海的校产外，还负有照顾13家内迁教师留沪家属生计的责任。

(四) 统筹战时劳工卫生问题

战时大量劳工聚集西南地区，从事矿产开发、修筑公路、铁路、飞机场等繁重的体力劳动。平时不到一万人的小县城，由于城边修筑铁路，劳工人数一下子增至五六万人，是县城居民的五六倍。城内根本容纳不了如此数量众多的人口。劳工们在白天辛苦劳动之后，晚上只得露宿城外。住宿问题尚不能解决，医疗卫生设备就更不用说了。这类劳工的死亡率，往往高达10%[③]。劳工得病，不仅影响工作效率，而且影响附近地区的治安。

劳工卫生问题，引起了颜福庆的深切忧虑。为此，他在1938年12月的《中华医学杂志》上专门发表《沿公路线设立卫生站之必要及劳工卫生问题》一文。

颜福庆举了巴拿马运河的惨痛教训。当年法国开筑巴拿马运河时，经济、技术两项均不成问题，但是没有事先预防黄热病和疟疾，大量劳

① 姚泰主编：《上海医科大学七十年》，上海医科大学出版社1997年版，第9—10页。

② 姚泰主编：《上海医科大学七十年》，上海医科大学出版社1997年版，第62—63页。

③ 颜福庆：《沿公路线设立卫生站之必要及劳工卫生问题》，《中华医学杂志》1938年第12期，第956页。

工得病，导致开筑运河计划功败垂成，法国不得不退出巴拿马运河工程。美国接手后，及时汲取法国人失败的教训，首先改良劳工的卫生状况，使全世界翘首以盼的巴拿马运河顺利开通。巴拿马共和国宣布独立时，运河的卫生工作仍由美国主管，卫生方面的经费也仍由美国支付。

而战时劳工聚集的大西南，是疟疾等热带病猖狂的地区。据卫生署专家调查，云南南部的思茅、普洱二县，80%的人口死于疟疾①。由于人口大量死亡，县长频繁更换，两县的县长任期最长仅两年。在疟疾丛生地区从事苦力活的成千上万劳工，生命直接受到了威胁。

为了给劳工兄弟最低限度的医疗救护，同时也为了满足战时大量军民移动的医药卫生需要，颜福庆呼吁，从速在主要公路线上，划定区域，设立卫生站。这种卫生站，可设在公路线旁，如能设在汽车站旁边更佳。站内应有医师、护士、助理员及必备的医疗设备。除诊治劳工和附近居民外，凡公路上发生的不测事件，均由该站负责，站内还应设立病床，以备重病人员住院之用。卫生站还负责种痘、预防注射及其他环境卫生工作。每站如能配备急救汽车、脚踏车，并组织两个巡回医疗队，则每站的工作范围可达 70 公里。凡有关公路附近之乡村居民的医疗卫生事宜，也可由卫生站负责。卫生站的组织和规模，大致与平常一县的卫生院相同。等到战争结束，卫生站即可改为卫生院，作为战后国家复兴、推行公医制度的先声。

颜福庆建议中央政府，先行举办实验性卫生站 14 所，分布路线分别是，重庆成都线、重庆贵阳线、成都西安线、贵阳桂林线、桂林梧州线、汉口长沙线、南昌长沙线各两站。在任两年内，颜福庆督促设立了公路卫生站 72 处，拉起了一张战时大西南公路沿线的医疗救护网络。

颜福庆指出，四川、西康、贵州、云南四省的经济建设计划，即将

① 颜福庆：《沿公路线设立卫生站之必要及劳工卫生问题》，《中华医学杂志》1938 年第 12 期，第 958 页。

实施。举凡矿产之开发，重工业之举办，均将聚集大量劳工，其卫生问题，应事先筹划。因此，这也是中央政府协助西南地区开展卫生工作的最好时机。中央政府应制定法规，把卫生项目经费列入预算中。

(五) 解湘雅之困境

1938 年 7 月，张孝骞率领湘雅医学院离开长沙，迁往桂林。不料，装载首批设备的船刚到衡阳，广西省政府就背约，以抗战胜利后湘雅医学院永远留在广西为条件，否则不予接纳。颜福庆及时出来解围，建议湘雅医学院改迁贵阳，与新成立的贵阳医学院合作，并承诺迁校费用由政府负担，湘雅欣然接受①。当时，南京的中央医院也迁到贵阳。沈克非院长和姚克方所长也支持湘雅医学院迁到贵阳。张孝骞遂决定西迁贵阳，租用西南运输处车辆，将全校 40 多吨的教学仪器和图书资料运抵贵阳，260 多名师生员工则乘车经湘西赴贵阳。辗转一个星期，于 11 月顺利完成西迁。

1940 年，湘雅虽然已经改为国立，但是在当年不能得到政府的拨款，经济异常困难。因为政府的年度财政预算是从每年的 1 月 1 日开始的。国立湘雅医学院的经费，要到 1941 年 1 月 1 日才纳入政府的预算。

颜福庆知道张孝骞面临的经济困难，10 月 28 日专程给雅礼会执行秘书罗伯特·A.史密斯写信，希望雅礼会能给予湘雅资助；不管多少，雅礼会的资助对困境中的湘雅是一种激励②。

三天后，福庆就收到了罗伯特·A.史密斯的回信：

> 谢谢您 10 月 28 日热情洋溢的来信。10 月 25 日雅礼会董事会执行委员会举行了一次会议，投票决定每月给湘雅医学院 200 美元的补助，对此您将会十分高兴。顾仁的电报、张孝骞最近的来信，促

① Reuben Holden, *Yale-in-China: The Mainland Years, 1901—1951*, The Yale-in-China Association, Inc., 1964, p.222.

② F.C. to Smith, October 28, 1940, 108/944.

使董事们在收到湘雅详细的预算报告之前作出这项补助的决定。董事们希望，这笔小小的补助能帮助张孝骞，使他在得到政府的拨款之前渡过难关。我很乐意地提醒您，这笔补助，多多少少和您的建议有关，是采纳了您的建议。给湘雅的2 400美元补助，没有任何附带条件。

10月30日举行的雅礼会经济委员会会议上，我给与会委员朗读了您的信。委员们决定，应该给顾仁写信，争取他的同意，将剩余的1 800美元用于医学事业。顾仁已经在长沙与张孝骞进行了商谈，他可能会带来最好的消息。

董事们异常焦急地要帮助湘雅医学院。这点我相信，Dr. Loberstine在昨天与您讨论时已经告诉您了。作为Dr. Loberstine与您讨论的结果，我期盼着听到任何他们采取行动的消息①。

三、从奔赴海外到回国奋斗

(一) 辞职赴美医治胃溃疡

颜福庆在卫生署任职刚好两年，因手下在麻醉药品问题上发生贪污行为，颜福庆引咎辞职②。金宝善升任署长，沈克非为副署长。卫生署又改隶于行政院。

在卫生署长任内，颜福庆虽然不能事必躬亲，但还遥领着国立上海医学院院长职务，朱恒璧还只是代理院长。1940年4月，颜福庆与朱恒璧在重庆进行了一次长谈。颜福庆郑重其事地把上医交给了朱恒璧。次年1月，国民政府教育部正式任命朱恒璧为国立上海医学院院长。

离开官场的颜福庆，已经58岁了。多年劳顿造成的胃溃疡，此时已

---

① RAS to F.C.Yen, November 1, 1940, 108/944.

② 颜福庆"因处理麻醉药品不当而去职"，"由颜福庆派去担任麻醉药品处主任的史悠明被罢免"。见傅惠、邓宗禹：《医学界的英美派与德日派之争》，《文史资料选辑》总第119辑，第71页。

经越来越严重。1940 年 5 月，脱离羁绊的颜福庆由重庆取道香港赴美，住进了纽黑文医院，这是他当年实习过的医院，是母校耶鲁大学医学院的教学医院。

经诊断，颜福庆的胃溃疡已有恶性癌变的征兆，必须要手术才能根治了。按医院时间表，手术安排在 1940 年 6 月 18 日。手术前一天，雅礼会执行秘书罗伯特·A.史密斯（Robert Ashton Smith，1938—1943 年期间任雅礼会执行秘书）前去看望。看到雅礼会的美国同事，颜福庆感到格外亲切，告诉史密斯，他已经做好了手术前的准备，从容接受治疗。还顺便叫史密斯回复胡适大使①。

颜福庆的胃部被切除了五分之三。手术是由他的耶鲁同班好友布诺做的，非常成功。不到一个月，颜福庆就恢复了体力，已经可以到萨菲尔德旅行了。出院后，颜福庆住进了纽约第 57 大街西 118 号“北方大旅馆”719 房间。除继续休养外，颜福庆还打算去拜访盖尼贞等湘雅老同事。

9 月中旬，颜福庆收到湘雅医学院院长张孝骞的信。除了慰问以外，更是通报湘雅近况，希望颜福庆能帮助湘雅争取到雅礼会的经济支持，渡过难关。信中说：

> 乘此机会匆匆写上几句。祝贺您手术后平安康复。在手术前，我不敢写信打搅您。经过专家的手术，您的消化系统毛病已经彻底治愈，我十分高兴。我衷心地希望，您回国的日程不会耽误很久。
>
> 这里的一切进展顺利。湘雅改为国立，教育部还没有正式发文。但是最近下发给我们的文件中已经使用了“国立湘雅医学院”的名称。我期待湘雅医事中心能尽快组织起来。为此，我在考虑最近去一趟湖南。现在我在昆明，与 K.Y.和 H.P.商谈合作方案……②

---

① RAS to Hu shih，June 28，1940，108/944.

② H.C.Chang to F.C.Yen，August 6，1940，Kunming，108/944.

(二) 出席基督教海外医学联合会

全面抗战爆发后，医学院校纷纷内迁到大西南。全国的医学教育布局发生重大变化。战争旷日持久，教会医学院的海外援助基本断绝，嗷嗷待哺，几乎濒临绝境。为了延续命脉，私立的、教会的高等院校纷纷要求改为国立，掀起所谓的“国立化运动”。前面提到的湘雅就是一例。在所有西方国家中，美国最重视在华的高等教育，在中国的教会医学机构数量也最多，受战争的冲击也最大。

国民政府对整个基督教在华医学事业的看法如何？其实施的战时卫生方针，对基督教在华医疗卫生事业的未来有何影响？[①]诸如此类问题，引起了美国基督教海外医学联合会的兴趣。颜福庆是中国基督教医学教育事业的领袖，对此问题自然极为关注；而且颜福庆是制定全国医疗卫生方针的首脑之一，刚刚从卫生署长的位置上退下来，是回答上述问题的最佳人选。趁颜福庆在美就医之便，该会于 1940 年 8 月 21 日向颜福庆发出邀请。

9 月 4 日，基督教海外医学联合会在纽约第五大街 156 号召开，会议从上午 9:30 开到中午 12:30。与会者提出自己关心的问题，颜福庆一一作了回答[②]。

颜福庆指出，中国的医疗卫生事业，主要包括医院工作和医生培训两方面。中国需要更多受过良好训练的医务人员，需要对医务事业的有效领导。现在中国的注册医生还不到 10 000 人，注册的护士尚不足 9 000 人。这个人数，远远不能满足中国对医生的巨大需求。这就是中国医务事业目前面临的最大现实。

怎么解决？颜福庆回答，国立化运动是最好的解决办法。因为国立

---

① An Invitation, August 21, 1940, 108/944.

② Memorandum Regarding Conference with Dr. F. C. Yen Under Auspices of Christian Medical Council for Overseas Work, September 4, 1940, 108/944.

医学院校能用最少的人员、使用最低的成本，培养出最多的医务人员。中国政府已经开始了国立化运动，公立医院正在不断建立，为公立医院培养医生的实验性医学院正在组织。抗战推动了国立化运动的进程。全国的、各省市和农村的卫生方案正在实施。

颜福庆谈到，对于基督教海外医学联合会来说，最关心的是医学传道事业在中国的地位。迄今为止，海外传道团最重要的贡献，是帮助中国人认识到了现代医学的重要性。其中，基督教会办的医学院起了很大作用。现代医学要满足中国的需要，依靠的是高质量的医学院，也就是说政府要创办更多的优质的医学院校。但这并不意味着要取代各传道团办的医学院校。中国要实施更大规模的医疗卫生方案，各教会医学院必须和中国政府合作。当然，与政府办的医学院相比较，各教会的医学院只有维持与之相同或者更高的水准，才能在政府的医疗卫生方案中保持领先地位。还有一点很重要，即教会医学院拥有更雄厚的经济实力。战争直接推动了两者合作的步伐。以湘雅为例，颜福庆简要地回顾了湘雅医学院的国立化过程，强调指出，与湘雅类似的医学院，应鼓励其国立。

颜福庆总结说，中国对医学院和医院的需求是如此之巨，在我们这一代，要满足中国的需求，几乎是不可能的。关心教会医学院的人，重要的是考虑：必须与政府机构合作。

（三）回沪担任上海医学院沪院教授

1940 年底，颜福庆从美国回到中国香港。

一年后，太平洋战争爆发，香港沦陷。颜福庆和三哥颜惠庆同时在香港。颜惠庆被日寇捕押，颜福庆同时被日寇监视。

1942 年 5 月，颜福庆回到上海，担任上医沪院教授。当时日寇已经占领上海公共租界、法租界，原先的孤岛也不复存在了，上海全部领土被日军占领。英法美等各交战国在上海的所有机构、企事业单位，包括医院全部被日军接管。红十字会第一医院是唯一没有被日军占领的医院。

沪院院长乐文照聘请周诚浒为教务主任、王霖生为总务主任，想尽种种办法维持教学、保护医院财产。起初借用同德医学院上课，后又返回红十字会第一医院，只上课不悬挂校牌。1942 年夏，上海医务界一帮投机分子垂涎红十字会第一医院和院中财产，欲借日本人势力来夺取医院①。消息传来，在红十字会第一医院教职员工中引起一阵恐慌。

为商讨对策，上海医学院留沪部分教授召开了一个紧急会议，出席的有颜福庆、乐文照、周诚浒、张鋆、高日枚等。大家分析了日寇接管红十字会第一医院后的几种后果。

第一，沪院随时被迫停课。第二，日寇要红会第一医院继续办下去。但红会第一医院人员的出路摆在面前。高年资医生可外出开业，没有什么问题。但这些医生很少。其他职工为生活起见，将会继续留在医院，受日伪雇用。第三，迁往重庆人员中，有 13 户家属留沪，日伪接管后，这些家属将如何维持生计？第四，财产、设备将遭受损失。第五，国立上海医学院被迫注册。

大家认为，如果注册以后，伪教育部不派人来接管、不调动人事、一切工作照旧，不妨先去注册，以观后效。目的是一定要保护红十字会第一医院。会议通过决议，派周诚浒、乐文照到南京注册，要求伪教育部不要派人来、不要调动人事、一切工作和制度如旧②。

注册以后，日伪没有再企图接管红十字会第一医院。伪教育部没有派人来沪院，人事也不变动，医学教育得以继续进行，医院继续开办。在沦陷时期，沪院和红十字会第一医院曾救治过受伤的地下工作者，还掩护参加新四军的吴之理、章央芬在医院进修，并帮助新四军购办药品③。

---

① 颜福庆：《自传》，1950 年。

② 乐文照：《我与颜福庆的交往》（题目为著者所加），1969 年 1 月 12 日。

③ 参见乐文照：《我与颜福庆的交往》（题目为著者所加），1969 年 1 月 12 日；吴之理：《一名军医的自述》，华夏出版社 2004 年版，第 10 页；章央芬：《自豪的回忆》，华夏出版社 2004 年版，第 69—70 页。

汪伪政府企图利用颜福庆在医务界的威望，诱逼他担任医务方面职务。伪上海市卫生局官员陆承之，多次引诱他投靠日伪政府，出席“大东亚医务卫生会议”，并许愿委任高官，都被颜福庆借故回绝。

抗战胜利后，国民党军队企图接收中山医院作军医医院。颜福庆闻讯后，立即与上海警备司令部交涉，并且先期让学生搬进中山医院住宿，使军队无从下手，为上海医学院顺利接收中山医院创造了条件。1946 年 5 月，上海医学院渝院分批从重庆复员回上海，颜福庆继续担任公共卫生学的教学工作，一直到新中国成立。

（作者单位：复旦大学校史编辑室）

圆桌会谈

上海淞沪抗战纪念馆陈列改建的亮点挖掘

王 祥

随着时代的发展和社会的进步，博物馆的宣传和教育已经不能仅仅停留在说教形式的传统模式了。为了使观众对展馆内容留下深刻印象、发挥更大的宣传作用、体现更好的宣传效果，就需要在基本陈列的内涵提升、亮点突出上下功夫，其根本宗旨必须从说教历史向感悟历史升华。感悟历史的内涵丰富，包括人性、杀戮、和平等主题，可以通过雕塑、油画、影像、图片等多种形式展现，但是如何从一些关键点去突出主题，就需要博物馆在陈列水平上有大的提升。

上海淞沪抗战纪念馆作为歌颂和展示中国军队正面战场英勇抗战的纪念馆，在中国革命历史类纪念馆中具有得天独厚的差别化宣传优势。本文旨在对上海淞沪抗战纪念馆在现有陈列基础上如何提升发表粗浅意见，仅供参考。

一、陈列改建的几条主线

（一）战役历史

战役历史本身是沉重和枯燥的，包括时间、地点、事件、过程等，但是细细分析，其中的亮点是值得探讨和挖掘的。陈列改建的根本原则是按照历史内容的纵向和横向进行挖掘和剖析。

以淞沪抗战历史为主线，可以概括为两个部分：1932 年的淞沪抗战和 1937 年的淞沪会战。结合战役历史可以单个提炼每个主题内容的关键词，如“血战天通庵车站”、日军的“三易主帅”“第五军增援始末”等。有着这样丰富和多角度的解读之后，1932 年淞沪抗战的历史就潜移默化地丰满和突出了。1937 年的淞沪会战则可以三个阶段划分，将“八百壮士”“中国空军节”“粉碎三个月迷梦”等作为突出展示的主题。

（二）英雄人物与抗战精神

中华民族的抗战历史是一部全民族的反侵略历史。而这段历史的陈述和记录离不开其中的一个个具体的人物。可以说，每一个人物的个人经历很大程度上就是整部抗战历史的镜子和浓缩。因此，对单个大战人物经历、事迹的描绘，更能烘托出整个中华民族不屈不挠的反侵略精神。如果说上海淞沪抗战历史是一条横向的历史线索，那么其中许许多多的英雄人物就是一个个纵向的、有待挖掘的历史亮点。一纵一横相互交织，才能描绘出最为真实和动人的历史故事。

（三）从数字看上海淞沪抗战的重要意义

两次淞沪抗战，在综合国力、工业化、军事层面体现了中日两国太多的对比与差距，但正是由于这种差距，中国军人在上海的抗争，让我们看到了一个民族的希望和抗战必胜的坚定信心。以下就是一种启发式讲解的例子——

1937 年中日两国综合国力对比表

	中　国	日　本	比　率
领土面积	1 141 万平方公里	36 万平方公里	31∶1
人口	4.6 亿	0.9 亿	5.1∶1
钢铁年产量	4 万吨	580 万吨	1∶145
石油年产量	1.31 万吨	169 万吨	1∶129
年产飞机	基本无生产能力	1 580 架	
大口径火炮	无生产能力	744 门	
坦克	无生产能力	330 辆	
汽车	无生产能力	9 500 辆	
作战舰船总吨位	仅生产少量小型舰艇	524 220 吨	

可以看出，中国和日本作为一衣带水的邻邦，在综合国力方面，中国领土面积是日本的31倍，人口是日本的5.1倍，而体现现代化及工业水平的数字方面，钢铁产量日本是中国的145倍，石油产量日本是中国的129倍，军事装备方面，日本年产飞机1 580架，大口径火炮744门，坦克330辆，汽车9 500辆，作战舰船总吨位524 220吨，而中国在这些装备的产量上则是一片空白。以上装备甚至步枪使用的子弹，中国也基本全部需要进口。

1937年中日两国陆军步兵师单位编制装备对比表

	中国陆军调整师	日本常设师团
人　数	10 923人	21 945人
马　匹	不详	5 849匹
步骑手枪	3 821支	9 476支
轻机枪	274挺	541挺
重机枪	54挺	104挺
榴弹炮	16门	64门
坦　克	无	24辆
车　辆	不详	262辆
自动货车	不详	266辆
马曳车	不详	555辆

从上表可以看出，中国军队在单位编制上，各种装备都少于日军，尤其在坦克、自动货车等机械化装备上几乎是一片空白。淞沪会战中，中国军队投入了71个师75万兵力，日军投入了10个师团28万兵力，而且，据当时战力测算，日本陆军一个整编师团的战斗力相当于中国军队三个甲种师。中国抗战老兵回忆的两个细节也体现了当时中日两国军队作战能力上的差距——第一，当时日军步兵在精确射击方面，往往可以直接命中中国军人的脚踝，造成中国军队的伤残。第二，由于中国军队在后勤补给和运输能力上落后于日军，中国军队在饥饿或半饥饿状态下

面对吃饱喝足的日军的进攻，往往会出现即使将日军击退，也由于自身身体素质和营养不良造成无法有效追击日军、使得日军从容撤退的情况。面对钢铁、石油产量百倍高于我们、部队训练作战水平远高于我们的日本军队，中国人能够投降吗？答案是否定的，如果把战争比喻成一道直观的加减算术题，在这些数字上，中国是必败无疑的，但是，我们为什么取得了最终的胜利？毛泽东在《论持久战》中明确指出——“战争问题中的唯心论和机械论的倾向，是一切错误观点的认识论上的根源。”

二、对改扩展的几点建议

（一）突出亮点和史实的故事性

在进一步充实史料的前提下，必须要从馆藏史料中精选出3—5个典型事例做精、做活，如中国统帅部诱敌南下，谢晋元团血战四行，阎海文、沈崇海血洒长空等，以富有视觉、听觉冲击的陈列形式加深观众对历史事件的印象和感悟，能通过所见所闻有所感悟和思考。好的陈列是可以引发观众共鸣和思考的。

（二）以采访视频、雕塑、油画等丰富陈列形式

上海淞沪抗战纪念馆近年来先后对多名参战将士及其后人进行了采访，搜集了大量珍贵的文物资料、视频影像，在改扩展过程中，应该适当加入陈列，突出陈列的讲述性和鲜活度，在互动中让观众去感受历史，从多个角度去感受每个人心中的淞沪抗战，这样更能够引发观众情感上的共鸣。对于新征集的油画等艺术作品，要精中选精，每一个陈列的油画组品在3—5幅以内，力求以精品增色陈列，给观众直击心灵的震撼。

（三）加大篇幅描述两次淞沪抗战，突出亮点

通过调整篇幅和布局，将两次淞沪抗战的曲折性、残酷性、现场感等主要元素加以烘托，也需要对现有史料进行重新组合，突出重点，把“血沃淞沪”真正全面、立体地展示给观众。

（四）提炼陈列整体主题——阴霾、血战、信心

任何一个陈列，要想让尽可能多的观众留下印象，必须有让人印象深刻的主题，淞沪抗战以其时间纵向划分，战前全国“亡国论”“失败论”的阴霾及其具体表现，战役中的“血”字是亮点，而淞沪抗战留给后人和当时中国军民和整个中华民族的是一种信心和希望，那就是即使我们以落后的装备面对精锐的日本军队，我们仍然勇于亮剑，以巨大的牺牲沉重打击了日本军国主义者的嚣张气焰，粉碎了日本军国主义者三个月灭亡中国的狂妄野心，正如毛泽东所说：中日之战，是“大国、进步、得道多助”与“小国、退步、失道寡助”的战争，淞沪抗战只是一个开始，中国的抗战必然取得最终的胜利，如将这种思维通过展示让观众感受到，就是淞沪抗战留给后人的重要启迪，这种内涵正是中国抗战的精髓所在，也是在当今社会鼓舞今人的重要精神支柱，更是我们民族自豪感和自信心的历史依据。

综上所述，淞沪抗战纪念馆作为国内重要的反映抗战题材的纪念馆，必须充分挖掘自身的史料，提炼精髓，将历史和记忆赋予我们后人的感动和启发尽可能完善地挖掘出来，并通过陈列展示给观众，让纪念馆更好地完成纪念与传承的使命，搭建好连接历史与现代的桥梁。

（作者单位：台儿庄大战纪念馆）

淞沪抗战：全民抗战之滥觞

曾宪松

中国人民抗日战争从1931年到1945年，历经十四年艰苦卓绝的斗争，跨越了从局部抗战到全民族抗战的历史进程。淞沪抗战堪称全民抗战之滥觞。

淞沪抗战有前后两次，分别是1932年和1937年。前一次淞沪抗战是中国十四年抗战中中国军队第一次与日军的全面对抗和较量，也是局部抗战阶段中国军队给予日军以沉重打击的一次战役；后一次的淞沪抗战，则成为了中国十四年抗战中，从局部抗战转变到全面（全民族）抗战的标志性转折。

1931年九一八事变是日本军国主义发动侵华战争和中国人民抗日战争的起点。到了1937年7月，日本军国主义又制造七七事变，发动了全面侵华战争。中国人民在中国共产党推动建立的、以国共合作为基础的抗日民族统一战线旗帜下，万众一心，众志成城，发动了全国全面抗战。中国抗战从此从局部抗战转变为全面抗战。

上海，这个远东最大的国际大都市，是中国最大的工业基地和沟通全球的最大海港，是全国的贸易、金融、文化中心。上海地处东海之滨，是长江入海口，是从西太平洋和东海进入长江，深入我中华腹地的咽喉和大门，是中国最重要的军港之所在；上海又是英、法、德、美等列强在华重要权益的集中所在，在政治、军事、经济和国际关系等各方面均具有不可替代的重要地位。因此，上海便成为日本军国主义进行战略进攻的重点。因此，淞沪抗战之于中国抗战的全局，具有重大的战略意义。

日本军国主义的图谋是由其海军、陆军联合进攻上海，先期夺占沪（上海）杭（杭州）京（南京）这个极富战略意义的长江三角洲地区，控制中国政府的心脏地带，进而深入长江流域，给中国以致命一击，逼迫中国政府接受其城下之盟。国民政府出于对政治、经济、军事，特别是国际关系等各方面利害关系的考量和战略利益的需要，作出了进行淞沪会战的决策，并随即决定以淞沪为中心的华东战场为全国对日作战的主战场。

这里，我们首先来梳理一下国民政府作出淞沪会战决策的大背景。

第一，世界反战反法西斯运动和远东反战反法西斯大会。

1927 年冬，世界著名人士高尔基（苏）、爱因斯坦（德）、罗曼·罗兰（法）、巴比塞（法）、辛克莱（美）和尼赫鲁（印）等共同发起组织“反对帝国主义及殖民压迫斗争大同盟”（简称反帝大同盟）。1927 年 12 月 10 日，反帝大同盟在比利时的布鲁塞尔召开成立大会。1929 年 8 月，反帝大同盟在德国法兰克福召开第二次大会。1932 年春，巴比塞和罗曼·罗兰等在反帝大同盟的基础上发起成立了国际反战委员会，并于 8 月 27 日至 29 日在荷兰阿姆斯特丹举行大会，来自 25 个国家的不同政党和劳动团体的 2 244 名代表出席了会议。1933 年 6 月，随着德国政权被纳粹掌握后统治手段的法西斯化，国际反法西斯委员会在巴黎成立，罗曼·罗兰为名誉总裁，巴比塞为主席，中国的宋庆龄被选为副主席。

1931 年秋，日本军国主义策划和挑起了九一八事变，悍然侵占了我国东北全境。次年 1 月，又在上海发动了一·二八事变。当时宋庆龄曾以反帝大同盟名誉主席的名义向世界进步人士发出呼吁，请求他们声援中国的反侵略斗争。这个呼吁得到热烈响应，特别是反帝大同盟总部发表了一个宣言，痛斥日本的侵略罪行，号召各国反帝组织以各种方式支援中国人民。1932 年 8 月，国际反战委员会在阿姆斯特丹召开大会，专门讨论如何组织起来为反对迫在眉睫的帝国主义战争而斗争。大会结束后，世界许多国家都接连举行了反对侵略战争的大会，其中一次很重要的会议就是在上海召开的远东反战反法西斯大会（简称远东反战大会）。

远东反战大会是共产国际倡议召开的。1932 年 11 月 10 日，共产国际执行委员会政治书记处秘密会议责成共产国际执委会反战委员会具体拟订这个计划。11 月 15 日，共产国际执行委员会政治书记处政治委员会会议听取了给远东反战大会指示的建议，并决定：“中国、日本、朝鲜和‘满洲’的代表应该参加上海的大会。”对远东反战大会的指示，明确规定了这次大会的形式、性质、主题、口号、策略及代表的组成和经费开支等。为了使会议成为“非共产主义”的群众性活动，指示特别强调“召开会议的动议将由国际（反战）委员会（巴黎）以发号召书的方式提出”。

12 月 21 日至 24 日，在巴黎举行了国际反战委员会执行局扩大会议。会议专门讨论了日本帝国主义侵略中国问题，决定派巴比塞率领代表团前来中国调查日本侵略罪行，同时通过了将在中国召开远东反战大会的决议。

1933 年 1 月 16 日，共产国际执行委员会政治书记处政治委员会致电中共中央并抄送共产国际代表，通报了巴黎会议的情况和所作的决议，并正式通知远东反战大会筹委会领导人是宋庆龄。

根据共产国际的意图，中国共产党积极帮助宋庆龄筹备远东反战大会。遵照中共中央指示，中共江苏省委与宋庆龄协商后决定由宋庆龄公开出面筹备，具体工作则由江苏省委宣传部部长冯雪峰主持。1933 年 6 月 18 日，宋庆龄被正式推选为上海各界欢迎巴比塞代表团及远东反战大会筹备委员会主席。

1933 年 9 月 30 日，远东反战大会在上海秘密举行。宋庆龄主持会议并致开幕词，并在会上作了题为《中国的自由与反战斗争》的演说。在演说中，她尝试用马克思列宁主义阶级分析的方法，观察中国和世界局势；论述了帝国主义发动侵略战争的社会、阶级根源；阐明了战争与革命以及她对各种不同性质的战争所抱的态度。演说最后号召全体中国人民“在反对日本和其他帝国主义的斗争中，即在争取中国统一、独立和领土完整的斗争中，团结一致”并强烈呼吁“让我们在整个远东，尤其在中国，发动一个强有力的运动，反对帝国主义战争”。宋庆龄的演说，对动员中国人民和世界人民积极投入反对帝国主义战争的斗争具有很大的意义。

宋庆龄主持的远东反战大会，不仅对推动全国的抗日高潮和促进远东反战工作的开展起了重要作用，而且也是共产国际成立反法西斯人民统一战线，以及全面抗战爆发前宋庆龄把中国人民的抗日斗争与世界人民的反战反法西斯斗争结合起来的一次成功的尝试。

第二，国共两党再次合作，建立抗日民族统一战线。

中国的抗日民族统一战线是以国共合作为基础的。中断了近十年的国共两党关系，在抗日这个民族大义的推动下重新建立了。

从 1935 年 8 月 1 日，驻共产国际的中共代表团以中华苏维埃共和国临时中央政府和中国共产党中央委员会的名义，发表了著名的《为抗日救国告全国同胞书》（即《八一宣言》），到 11 月 28 日，中华苏维埃共和国临时中央政府和中国工农红军革命军事委员会发表了《抗日救国宣言》——中国共产党一再表明了自己的抗日救国的主张，得到全国进步人士（包括国民党左派）的拥护。

随即，1935 年 12 月，中共瓦窑堡会议和毛泽东的《论反对日本帝国主义的策略》的报告，确定了中国共产党关于建立全国抗日民族统一战线的理论和方针政策。并且，根据中日民族矛盾的上升、国内阶级关系进一步变化以及国民党对日政策若干变化的形势，中国共产党采纳了党外朋友的意见，及时调整了政策，改变了政治口号，变“反蒋抗日”为“逼蒋抗日”，到“西安事变”时，采取“联蒋抗日”的新方针。

由于日本军国主义自九一八事变以来的对华侵略扩张，对以四大家族为首的官僚资产阶级利益以及英美帝国主义在华利益所造成的威胁，蒋介石集团被迫改变了对日政策。那时，国际上能与日本抗衡的，除英美等国外，还有日益强大的中国近邻苏联。为了遏制日本的侵略扩张，蒋介石采纳了宋子文、孔祥熙的建议，在1932年12月恢复了中苏邦交。自1935年秋开始，南京国民政府同苏联进行了持续一年的外交谈判。1937年8月21日，《中苏互不侵犯条约》正式签订。

国民党蒋介石对外改善同苏联的关系，对内也做出姿态，在一定程度上调整了对中共的政策。1935年秋，蒋介石同苏联驻华大使会谈时，曾暗示愿意同中国共产党就抗日进行谈判。同时，蒋介石指示宋子文、陈果夫、陈立夫、曾养甫等人寻找与中共联系的渠道，以打通共产党的关系。最终，国民党愿同共产党谈判的信息，由宋庆龄托人送达陕北。

1935年底，宋子文请宋庆龄设法与中共取得联系，将国民党愿同共产党谈判的信息传给共产党方面。早已明确表示赞成中国共产党关于团结抗日的主张的宋庆龄，欣然同意，并于1936年1月，委托董健吾（董的公开身份是牧师，当时在上海等地从事党的秘密工作）到陕北瓦窑堡面见毛泽东、周恩来。董健吾化名周继吾同张子华（上海地下党组织代表）一起去陕北。1936年2月27日，董健吾和张子华到达陕北中共中央所在地瓦窑堡，受到林伯渠、秦邦宪、张云逸等领导同志的热情接待。秦邦宪立即把董健吾、张子华来陕传递国民党要求谈判信息电告正率领红军在山西前线的张闻天、毛泽东等。

张闻天、毛泽东、彭德怀等经过相关讨论后，在3月4日复电秦邦宪转董健吾，表示为联合全国力量抗日救国，中国共产党愿与南京当局开始具体实际之谈判，并提出了和国民党谈判的五项原则：（一）停止一切内战，全国武装不分红白一致抗日；（二）组织国防政府和抗日联军；（三）容许全国主力红军迅速集中河北，首先抵御日寇迈进；（四）释放政治犯，容许人民自由；（五）内政和经济上实行初步和必要的改革。中国共产党提出的这些原则，把抗日民族统一战线政策具体化了。

1936 年 3 月 8 日，董健吾携带毛泽东等中共中央领导人共同签署的关于停止内战一致对外、建立抗日民族统一战线的信件，经西安返回上海，向宋庆龄复命。这样，国共两党中断了近 10 年的关系，在抗日这个民族大义推动下重新建立起来了。这对后来国共再次合作，中国抗日民族统一战线的建立起到了极为重要的作用。

第三，和平解决“西安事变”和抗日民族统一战线的形成。

1936 年 12 月初，蒋介石亲自到西安强迫张学良、杨虎城继续进攻红军。虽经张、杨一再苦谏，蒋介石仍一意孤行。张、杨迫不得已，于 12 月 12 日用武力逼迫蒋介石答应停止内战、一致抗日的合理要求，这就是震惊中外的西安事变。

中国共产党和张学良、杨虎城统一了和平解决西安事变及逼蒋抗日的方针，在蒋介石口头答应停止内战、国共谈判、准备抗日等条件后，把他释放。西安事变的和平解决成为时局转变的关键，为国共再次合作创造了条件，也为抗日民族统一战线的形成打下基础。

1937 年 2 月 15 日至 22 日，国民党五届三中全会在南京召开，国民党左派宋庆龄、何香凝、冯玉祥、孙科、鹿钟麟、李烈钧、经亨颐等 14 名中央执行委员和中央监察委员，向大会提出提案表示：“近半年来，迭接中国共产党致我党中央书函通电，屡次提议国共合作，联合抗日，足证团结御侮已成国人一致之要求”；“应乘此机会恢复总理三大政策，以救党国于危亡，以竟革命之功业”。

此前，中共中央在 1937 年 2 月 10 日致电国民党五届三中全会，要求国民党把停止内战、一致对外，保障人民自由，释放政治犯，召集各界代表会议，迅速准备对日抗战以及改善人民生活等方针，定为国策。如果确定这个方针，中国共产党愿保证停止以武力推翻国民党，将工农政府改为特区政府，红军改名为国民革命军，停止没收地主土地。

国民党五届三中全会经过激烈的斗争，虽然没有确定坚决的抗日方针，没有批评自己过去的错误政策，但其对内对外政策都做了某些调整。在对内政策上，基本上确定了停止内战和国共合作的原则，表示要扩大民主，修改选举法，在一定条件下开放言论和释放政治犯。在对外政策特别是对日问题上，首次提出了“抗战”一词。

从1937年2月中旬至7月中旬，中国共产党派周恩来、林伯渠、叶剑英到西安、杭州、庐山同国民党的蒋介石、张冲、顾祝同、贺衷寒等先后进行四次谈判，谈判主要围绕红军改编、国共合作的形式和陕甘宁边区的地位三个问题进行的。

七七事变后，日本侵略者先是占领平津，继而又制造事端侵犯上海。8月13日，蒋介石在南京召开国防会议，邀请中共和红军代表周恩来、朱德、叶剑英参加。同一天，日军大举进攻上海，这就是八一三事变。直到这时，蒋介石才表示同意在西北红军主力改为国民革命军第八路军，设总指挥部，任命朱德、彭德怀担任正、副总指挥。8月22日，国民政府军事委员会正式发布改编命令。9月22日，国民党中央通讯社公布了中国共产党在7月15日送交的《中国共产党为公布国共合作宣言》，这一宣言为两党的团结和全国人民大团结规定了根本方针。9月23日，蒋介石发表对共产党宣言的谈话，承认了中国共产党的合法地位，承认团结救国的必要。这样，中国共产党宣言和蒋介石谈话的发表，标志着以国共合作为基础的抗日民族统一战线的正式建立，从而为两党联合救国的伟大事业奠定了必要的基础。

在中国共产党和各个爱国党派的积极推动下，在强大的民众抗日救亡运动的支持和配合下，由国民政府军事委员会组织和指挥的淞沪会战，是全面抗战初期最重要的战役和最重大的事件。

八一三抗战是七七抗战的继续和发展，然而，它具有与七七抗战所不同的独特历史地位和意义。八一三抗战极大地发展和推进了以七七抗战为开端的全国全面抗战的总体局面，成为从局部抗战转变到全面抗战的主要标志。

关于这场战事的思考，我深刻同意其他专家的有关结论：

第一，国民政府在八一三抗战时正式和明确地确立了在七七事变时还未曾有过的关于全国抗战的决策和部署。如果说，七七事变时，国民政府决策者还没有完全放弃对日媾和的幻想，仍想把事变限制在“地方事件”的范围内寻求获得解决，那么，在八一三抗战的新形势下，国民政府决策者不能不改弦更张，决心接受中国共产党和广大民众的建议和呼声，终于确立了全国抗战的基本政策。八一三抗战成为全国战局转换的枢纽，从此，全国真正转入全面抗战的轨道。

第二，抗日民族统一战线在八一三抗战期间正式形成。在此期间，国共两党合作抗日的谈判取得重大突破和进展，双方达成改编成立国民革命军第八路军和新编第四军等项协议。在淞沪会战进入高潮期间，国民党中央通讯社于9月22日发表了《中国共产党为公布国共合作宣言》，蒋介石于次日发表实际上承认中共合法地位的谈话，由此宣告国共两党重新合作和抗日民族统一战线的正式形成。以国共合作为基础的抗日民族统一战线的建立，标志着举国一致的全国抗战阵线的全面确立和全民族抗战局面的真正开始实现。

第三，淞沪会战继华北战场之后在华东开辟了抗日第二战场，并且在战局发展过程中一度成为全国对日作战的主战场。淞沪会战在沪杭京地区进行，无论是在政治、经济、外交，还是在国际关系等各个方面，其在国内外的影响远非七七抗战可相提并论。淞沪会战在参战成分上，投入了国民党中央军的基本部队、空军和海军的全部主力，还动员了全国大部分地方实力派的军队参战，比华北抗战具有更大的广泛性和全国性。淞沪会战的战争规模在抗日战争的进程中是空前的，比华北战场任何一次战役更为巨大与持续。它从军事上体现全国全面抗战真正揭开战幕，开辟和引领了正面战场尔后的历次重大战役，具有开创性的意义，在历史上被称为八年全面抗战的序战。

第四，与淞沪会战几乎同时登上抗日历史舞台的上海民众抗日救亡运动新高潮，是淞沪会战的重要组成部分，是与军事战线相配合的另一个十分重要的抗日战线。以上海为中心汇成的一个空前规模的、声势浩大的抗日救亡运动，把自 1935 年冬以来的民众救亡斗争推到前所未有的新高潮。上海成为这一时期全国抗日救亡运动的中心，其作用与影响遍及全国，有力地推动了全国性抗日运动高潮的到来。

（作者单位：武汉中共中央机关旧址纪念馆）

新史料

西方文献中有关淞沪抗战之史料

周惠民

本文列举部分与淞沪抗战或德国军事顾问在华活动有关的著作和史料。

一、档案部分

德国军事档案馆（Das Bundesarchiv-Militärarchiv，简称 BArch-MA）位于弗莱堡，属德国联邦档案馆之下的专业档案馆。保存 1867 年以后德意志帝国的各种军事档案、文献与各种文物。1955 年以后，德国获许成立国防军，德国联邦档案局因而在科布伦茨成立档案馆，初期主要以征集各军官的相关文献为主。随着德国军事方面的自主能力加强，事务愈见多元，德国内政与国防两个部门乃于 1968 年决议：在当时联邦军事史研究局（Militärgeschichtliches Forschungsamt）所在地弗莱堡成立联邦军事档案馆。

1990 年以后，位于波茨坦的东德军事档案馆也并入该馆。目前该馆主要藏品包括：

德意志军官私人档案，例如隆美尔（Erwin Rommel）、提尔必兹（Alfred von Tirpitz）、史力芬（Alfred von Schlieffen）等人档案，也包括德国驻华军事顾问团团长法肯豪森档案等；军事史相关研究著述等专业书籍；普鲁士军事档案；北德同盟相关军事文献；帝国海军档案；各种自由军团与党卫军档案；两次大战期间的国防军与黑衫军档案。

此外有国防军最高指挥部（Oberkommando der Wehrmacht）、国防经济与装备局（Wehrwirtschafts- und Rüstungsamt）、参谋本部（Generalstab）等相关档案。其中又以德国军事档案馆卷宗（编号 MSG/160/）最为重要，以及德国驻华军事顾问相关档案。

另外，德国外交部档案（Akten zur Deutschen Auswärtrgen Politik）当中也有许多相关档案。美国外交文书（Foreigh Relations of the U. S.，Diplomatic Papers）当中也可以找到相关档案。

二、档案举例说明

（一）德国驻华使馆（Deutsche Botschaft in China）

第一部分：从 1862 年到 1917 年间，从普鲁士代表德意志各邦到中国签订通商条约起到 1917 年中德断交为止。包含有关中国的政治说明、八国联军、公使馆务等。

第二部分：从 1920 年中德重新建交到 1945 年汪伪政府瓦解，德意志帝国无条件投降为止。包括使馆业务、领事业务、中国经济、商务、交通、财政、法务、文化政策等相关业务的各项档案。这一部分已经编有许多目录。

其中包括：1935 年到 1936 年间，有关孔祥熙访问德国的相关档案记录（Besuch des Min. Kung bei Reichsbankpräs. Schacht，Vermerk von Schacht sowie Telegrammwechsel Schacht-Kung）；又如于 1937 年 6 月到 12 月间，德国大使馆（原为公使级，1936 年前后升格为大使）搜集的各种反国社党的宣传档；德国驻上海总领事馆的各种文书、档案，尤其以 1938 年 3 月为重要；以及法肯豪森档案，编号 N 246 Falkenhausen（Falkenhausen，Alexander，Freiherr von，1878—1966，Germany-Biography，Bundesarchiv-Militararchiv，Bundesarchiv Nachlass 246 Falkenhausen）。

（二）《全瑞士军事杂志》

《全瑞士军事杂志》（Die Allgemeine Schweizerische Militärzeitschrift，

简称 ASMZ）创刊于 1833 年，全文网址 http：//retro.seals.ch/digbib/vollist?UID=asm-003，迄今有一百多年历史。其间经过三次更名，最早称为《贺尔维特军事杂志》（Helvetische Militär-Zeitschrift），1847 年到 1854 年间改称《瑞士军事杂志》，1855 年以后又改称《全瑞士军事报》，1948 年以后称现名。

本刊物主要以报导各种军事领域的新知与事物为主，包含军事理论、战史等项，也包含许多人事动态。

本刊物每年各册汇订为一卷，其中第 79 卷于 1933 年发行，有专文介绍一·二八淞沪战役中的德制师参与战斗的相关情况，颇具参考价值。1938 年间也有少量有关于中日战争的说明。但此时欧洲时局已经剑拔弩张，占据杂志主要版面，有关中国的报导便少了些。

三、论述部分

(一) 中文

郭恒钰、罗梅君主编：《德国外交档案——1928—1938 年之中德关系》，许菲琳、孙善豪译，台北"中研院"近史所，1991 年。

吴首天：《德国军事顾问与蒋介石》，《民国档案》，中国第二历史档案馆，1985 年。

周惠民：《合步楼（HAPRO）公司与广东军火贸易》，台北《政治大学历史学报》第 12 期，1995 年，第 157—175 页。

韦慕廷：《建立革命基地的困难：孙中山与一九二三年的广州》，张玉法编：《中国现代史论集》第 7 辑，台北联经事业出版公司，1980 年，第 70 页以下。

张水木：《两次世界大战之间的中德外交关系之演变 1919—1939》，台湾大学历史研究所博士论文，1985 年。

傅应川：《德国驻华军事顾问对我国抗日作战影响之研究》，国父建党一百周年学术讨论会，1994 年 11 月 19 日—23 日。

(二) 西文

Bracher，Karl Dietrich，The German Dictatorship，The Origins，Structure and Consequences of National Socialism（London：Penguin Books，1991 reprint）.

Braudel，Fernand，Cicilization and Capitilism，15th—18th Century，Vol.II，The Wheels of Commerce，English edtion（N.Y.1982）.

China Maritine Customs，Reports on Trade at the ports in China Open by Treaty to Foreign Trade（Shaughais，1867—1870）.

Eckert，Walter，Die HAPRO in China（unveröffentlicht）.

Fox，J. P.，Germany and the Far Eastern Crisis，1931—1938（New York，1982）.

Friedman，Britisch Relation with China：1931—1939（New York，1974）.

Geyer，Michael，Motive und Bedingungen einer aktiven Fernostpolitik des deutschen Militaers.

Heinzig，Dieter，Sowjetische Militaerberater bei der Kuomindang，1923—1927（Baden-Baden，1977）.

Kirby，William C.，Germany and Republican China（Standford：Standford University Press，1984）.

Martin，B.（ed.），Die deutsche Beraterschaft in China 1927—1938. Militär-Wirtschaft-Außenpolitik，Düsseldorf，1981.

Ratenhof，Udo，Die Chinapolitik des Deutschen Reiches，1871—1945，Wirtschaft-Rüstung-Militär（Boppard，Germany，1987）.

Records of the War Department，General and Special Staffs，Military Intelegence.

Ruhland，Bernd，Deutsche Botschaft Peking，Das Jahrhundert des deutsch-chinesischen Schicksals（Bayreuth，1973）.

Salewski，M.，Entwaffnung und Militärkontrolle in Deutschland，1919—1927（München，1966）.

Wegner，Bernd，The Waffen-SS，Organization，Ideology and Function，translated by：Webster，Ronald（Oxford，U.K.，1990）.

Weinberg，Gergard L.，The Foreign Policy of Hitler's Germany，Starting World War II，1937—1939（Chicago，1980）.

Casper，Karl，"Deutschland und China in gegenseitigen Warenaus-tausch"，in：Weltwirtschaftliches Archiv，Jg. 1937，Heft 1.

Fox，John P.，"Max Bauer：Chiang Kai-Shek's first German military adviser"，in：Journal of Contemporary History's（1970），H.Y.，S.21—44.

Geyer，Michael，"Militär，Rüstung und Außenpolitik-Aspekte militärischer Revisionspolitik in der Zwischenkriegszeit".

Karl，Casper，"Kiel，Deutschland und China im gegenseitigen Warenaustausch"，in：Weltwirtkhaftlickes Nrchir（1937），H.1，S.409—442.

Liang，Hsi-Huey，"Die Chinesen in Berlin 1920—1946"，in：Martin，B.，Gouvernement Kiautschou.

Sommer，Walter，"Zur Rolle Deutscher Berater in den Einkreisungs- Und Vernichtungsfeldzügen Gegen die Südchinesische Sowjetrepublik"，in：Zetschrift für Politik，Bd.18（1971），S.269—304.

Wiethoff，B.，"Chinesisch-Deutscher Luftverkehrsbetrieb，1931—1941. Chronologie und Bilddokumente"，in：Kuo，H.-Y.（Hrsg.），Von der Kolonialpolitik zur Kooperation：Studien zur Geschichte der deutsch-chinesischen Beziehungen（München，1986）.

（作者单位：政治大学人文中心、华语文教学中心）

瑞士日内瓦国联档案馆馆藏抗战史料述略*

蒋 杰

1920年创立的国际联盟（League of Nations）是第一次世界大战结束后，以“巴黎和会”所达成的一系列协议为基础而形成的一个政府间的国际组织。该机构建立的主要目的，在于巩固一战后形成的、以英法为核心的国际政治、军事及外交新秩序，即所谓“凡尔赛体系”。国际联盟（以下简称国联）成立后，当时世界的主要国家，如英、法、日以及意大利等先后加入其中。中国作为创始国之一，也是该机构的成员①。

国联成立后，作为它的一个下属机构，国联档案馆便应运而生。在1920年至1946年长达27年的时间内，该馆收藏并保管了大量由国联大会（General Assemble）、秘书处（Secretariat）、行政院（Administrative Committee）、国际法庭（Court of International Justice）、国际劳工组织（International Labour Organisation）、裁军委员会（Disarmament Commission）、卫生组织（Health Organization）、托管委员会（Mandates Commission）、中央鸦片委员会（Permanent Central Opium Board）、难民委员会（Commission for Refugees）和奴隶委员会（Slavery Commission）等机构所形成的②，或由国

---

* 本文部分内容曾发表于《图书馆学研究》2017年第2期。此次发表对原文内容进行了部分增删，特此说明。

① 有关国联的设立及其概况见 Christian Tomuschat, *The United Nations at Age Fifty: A Legal Perspective* (Martinus Nijhoff Publishers, 1995), p.77。

② 关于国联的组织结构见 F.S.Northedge, *The League of Nations: Its Life and Times, 1920—1946* (Holmes & Meier, 1986), pp.48—66。

联成员国所提交的大量政治、军事、外交、经济与社会类方面的官方文件和调查报告。

1945年联合国成立以后，国联档案馆改称“联合国欧洲办事处图书馆档案部”（UNOG Library，Registry，Records and Archives Unit），继续保存原国联档案馆的馆藏文献。目前其馆藏档案主要由五大部分组成：（1）联合国欧洲办事处档案；（2）国联大会、行政院及各委员会所形成的档案；（3）“世界和平运动”相关档案；（4）私人档案；（5）其他全宗。由于该馆馆藏档案资料蕴藏了大量20世纪上半叶国际政治、军事和外交关系的重要信息，因此极具史料价值。

尽管中国与日本同为国联成员国，但由于日本不断对外推行侵略扩张政策，国联成立后曾多次介入中日争端，由此国联档案馆中也收藏了大量关于中日冲突的档案资料。虽然这批史料价值巨大，数量可观，涉及内容也十分广泛，但由于语言和可获取性等诸多障碍，国内学界对其仅进行了有限的整理，本文之目的即在于简要介绍这批抗战史料的内容、收藏状况及其历史与学术价值。

一、国联档案馆馆藏抗战史料之生成

中日两国尽管同为国联成员国，但由于日本自明治维新以来不断推行对外侵略扩张政策，并将中国作为其主要侵略对象，因此从国联成立前的19世纪末期开始，两国的冲突与对抗就不断爆发。国联成立之后，曾多次介入中日争端，对两国的冲突开展调查并进行调停，因此国联档案馆从设立之日起，就收藏了很多与中日冲突有关的档案和历史文献。这些档案最早可以追溯到巴黎和会中有关“山东问题”的文件[①]。此后，随着1928年“济南惨案”的爆发，关于这一事件的部分文件也被国联档案馆

① 如“The Shantung Question”，1919年，日内瓦国联档案馆（S.D.N.）：R544/11/337。该档生成时间为1919年，共由5份文件组成。

所收藏。

1931 年九一八事变的爆发，再次引发了中国与日本之间激烈的政治、外交与军事冲突。日本凭借其军事上的优势，强行占领中国东北地区，并扶植建立了傀儡政权——“伪满洲国”。与此同时，为了转移国际社会对东北问题的注意力，日本海军又在上海制造事端，挑起一·二八事变。日本对华发动武力侵略之后，中国政府驻日内瓦代表随即于 1931 年 9 月 21 日致信国联秘书长，要求国联行政院依据《国联章程》第 11 条，迅速介入中日争端，立即采取措施制止日军在中国东北地区的侵略行动。12 月 10 日，国联决定派出由英国人李顿所率领的五人调查团，前往远东对中日冲突展开实地调查。

为了向国联提交一份关于东北事变详实、可靠的报告，李顿调查团在中国和日本进行了长时间的调查。从 1932 年 2 月底至 7 月中旬，调查团一行先后前往日本东京与大阪，中国的上海、南京、汉口、天津、北平、沈阳、长春、吉林、哈尔滨、察哈尔、大连、山海关及青岛等十余座城市展开调查访问。调查团在所到之处，不仅与冲突双方的政治、军事首脑进行会晤，也与中日两国的社会各界广泛接触。在日本，调查团先后会见了日本天皇、首相犬养毅、军方首领荒木贞夫、大角岑生、芳泽谦吉等人。在中国，与国民政府首脑林森、蒋介石、汪精卫、张学良及罗文干等进行了会晤。此外，调查团还与松冈洋右、本庄繁、土肥原贤二、野村吉三郎以及盐泽幸一等日本在华军事、外交要员进行了会面。除此而外，李顿一行人还与所到之处的工商业、教育、宗教、难民救助及人民团体代表进行会晤。在上海，调查团会见了旅沪日本商会代表。同时也与中国工商业界、银行业、上海商会以及上海中国基督教会等组织的代表进行会晤。在南京，调查团也先后与中国的工、农、商、学界以及媒体代表见面。在沈阳，代表团会晤了“南满铁路株式会社”、旅居东北的朝鲜人以及日本佛教界代表等。①

在此期间，调查团还进行了大量的访谈与实地考察，从而获得了大量有关九一八事变和一·二八事变的一手资料。这些资料既涉及政治、军事内容，也涵盖东北和上海地区的经济、社会与人民生活。在一系列访谈和实地考察的基础上，李顿调查团完成了《李顿调查团报告书》(Rapport de la commission d'étude)及《李顿调查团报告附录文件》(Documents annexés au rapport de la commission d'étude)的撰写工作。此后，在李顿的建议下，国联拒绝承认日军所扶植的"伪满洲国"是一个合法国家，并提出了一系列重建中国东北地区和平的措施。由此，日本认为国联做出了对其不利的裁决。为了彻底摆脱国际社会对其侵略扩张活动的束缚，日本最终在 1933 年 2 月宣布退出国联。尽管如此，由于中国仍是国际联盟的成员国，国联对东北问题以及此后的中日冲突，仍展开了大量的调查与研究。与此同时，中国为了获得国联的帮助，仍积极向该组织提交与中日冲突相关的文件资料。所以，国联档案馆馆藏涉及中日冲突的史料，所覆盖年代一直持续到 20 世纪 40 年代。

二、国联档案馆馆藏抗战史料的类型、内容与形态

从涉及对象上看，国联档案馆所藏的抗战史料可分为以下三类：国际类，如"中日争端"全宗，主要包括国际联盟所收藏的关于中日冲突的官方材料；国家类，如全宗名为"中国"和"日本退出国联"的资料；地区类档案，如题为"满洲形势"、"满洲政治形势"和李顿调查团所形成的关于上海一·二八事变的调查报告等。

从档案类型上看，该馆所藏的抗战档案主要包括原始文件和出版品

① 李顿调查团一行在中国和日本的调查行程见 Liste des entrevues, *Documents annexés au rapport de la commission d'étude*, pp.15—21，见"Sino-Japanese Dispute: Report of the Commission of Enquiry"，1932 年，S.D.N.：LON/CRID/AdmL/285/81/21。

两个类型。例如，前者包括“李顿与关东军司令本庄繁的会谈纪要”，这是一份英文绝密档案。谈话于1932年6月2日在沈阳关东军总部进行。主要内容包括日本在东北发动战争的原因、满蒙是日本的生命线、中国的共产主义运动等。此外，还包括“关于东北抗日联军的绝密报告”、“日本特工小松原关于东北地区中国共产党的报告”以及日本政府所提交的“关于国民政府操纵民众抵制日货”的文件①。在这些文件中，还包括“吴佩孚致国际联盟调查团书”（手稿及印刷稿）②。

上海方面的资料有联合委员会（Joint Commission）会议纪要及相关条约等文件③，包含联合委员会成立后第一次会议的会议纪要（1932年5月7日），1932年5月13日、5月31日及6月13日会议纪要，委员会1932年5—7月工作总结等。此外还包含《淞沪停战协定》的部分条款（英文版）、日军从上海撤军的时间表以及联合委员会的组成成员名单等④。

印刷类资料主要以英文和法文出版物为主。如《日本侵略与布鲁塞尔九国会议》(l'Agression japonaise et la conférence des neuf puissances à Bruxelles)⑤。这是一份用法文出版的小册子，由上、下两卷组成。主要内容包括：顾维钧首席代表讲话（1937年11月3日），中国外交部发言人关于日本受邀参加布鲁塞尔九国会议的回应及日本政府1937年10月28日宣言的评价，1922年布鲁塞尔九国公约，顾维钧首席代表讲话（1937年11月13日），英、法、美、苏等国驻“国联”代表的讲话，布鲁塞尔会议宣言（1937年11月15日），布鲁塞尔会议报告（1937年11月24日）等。

《李顿调查团报告书》及《李顿调查团报告附录文件》⑥。虽然《李顿

---

① Assesseur Japonaise，Dossier III，Entrevues avec les autorités japonaises，S.D.N.：S34.

② Lettres et télégrammes adressés à la comm；D'étude par les organisat. Chinoises et la Chine-Proprement dite（File），S.D.N.：S39.

③ 联合委员会是一个由在沪各国领事以及中日两国政治、军事首脑组成的联合委员会，其设立的目的在于落实1932年5月所签订的《淞沪停战协定》并督促日军从上海撤军。

④⑤ “Sino-Japanese dispute”，S.D.N.：R3610/30185.

⑥ “Sino-Japanese Dispute：Report of the Commission of Enquiry”，1932年，S.D.N.：LON/CRID/AdmL/285/81/21。

调查团报告书》早已以《国联报告书》为题在国内出版。但《李顿调查团报告附录文件》似乎未见中译本。除此之外，印刷类资料还包括由李承晚辑录的小册子《满洲的朝鲜人》（Korean in Manchurie）[①]；日本外交事务协会于1937年9月出版的《日本为什么要在上海作战》（Why Japan had to fight in Shanghai），主要内容包括"上海当前冲突的背景""中国的敌对态度引发了危机""日本从未打算作战"等[②]；日本外交事务协会出版的《中日冲突一撇》（Coup d'œil sur le conflit sino-japonais），主要内容包括："冲突的起源""中国的宣传谎言""深层原因""日本的目标""上海之战""中国的宣传""中国的共产主义""持久战的可能性"等[③]；《日本——世界之敌》（Japan：The world's Enemy），这是一本由中国人编辑出版的英文小册子，编辑者署名H.C.Wu，出版单位为Cheng Zung。其内容主要涉及八一三事变后，日军针对英美等国外交人员的攻击以及中国无辜平民的杀戮事件等[④]。

就目前掌握的材料来看，由李顿调查团所形成的大量档案是国联档案馆馆藏抗战史料中价值较高的部分。李顿等人正是在这些一手资料的基础上，最终完成了两卷本的《李顿调查团报告书》及《李顿调查团报告附录文件》的撰写。前者已经翻译成中文，早为国内学界所熟知。事实上，《李顿调查团报告附录文件》中的内容也十分丰富，包含了大量与东北地区人口、移民、交通、财政、货币、资本等内容相关的信息。如，东北地区铁路问题的备忘录、东北地区的中国移民、九一八事变前后关于东北地区的财政备忘录、东北地区的货币、东北与中国内地、日本及其他外国资本的流动等。除此之外，还收录了东北地区地形图、沈阳地图和上海公共租界工部局"防卫委员会"防区图。这些资料精确、翔实地记录了20世纪30年代中国东北的经济状况、社会结构与人民生活，不

①④ "Sino-Japanese dispute"，S.D.N.：R3610/30185.

②③ "Sino-Japanese dispute"，S.D.N.：R3611/30865.

仅是抗战历史研究的重要参考资料，同时构成了今天研究东北地区重要的经济、社会史资料。

就李顿调查团所形成的资料而言，尽管已刊文献所涵盖的信息已经十分丰富，但该调查团所获的资料要远远多于已出版文件的内容。目前国联档案馆所保存的原始文件包括："日本：访谈与信函""日本：舆论反映""北平：信函""北平：谈话与信件""满洲：各类信息""满洲人民寄给调查委员会的信件""中国各组织发给调查委员会的电报"以及"调查委员会收到的请愿书"等①。

从属性上看，该馆所藏抗战档案的类型也十分丰富，包括政府文件，出版品，调查报告，国联与中日两国政府间往来的电报及函件，调查委员会与中日两国军政要员的访谈记录，调查委员会的报告，对于中国、欧洲以及美国报纸的新闻简报与舆论分析以及来自教会组织的材料。在众多材料中，中国公民和组织向调查委员会发去的电报及请愿书构成了重要组成部分。事实上，李顿调查团在华期间，收到了大量来自日军侵略活动受害者、目击者的信件和电报。各种组织和机构也向调查团发去了信件和函电，这些机构包括全国性及各省级政府机构、党政团体、商会、工会、农会、同业公会、妇女组织、文化组织、学生组织等。调查团共计收到来自团体的函件350余份。调查团随即对这些函电进行了翻译和研究，并给予了很高的评价。他们认为这些文件的价值体现在三个方面：（1）了解中国人民希望从"国联"获得什么；（2）有助于了解中国人民对于中国政府的看法；（3）有助于了解中国人民希望中日冲突得到怎样的解决②。

从史料的形式上看，这批史料也是多种多样的。其中包括手写文本、印刷文本、照片、地图以及实物。在数量上，这批档案的数量相当庞大。

① Lettres et télégrammes adressés à la comm; D'étude par les organisat. Chinoises et la Chine-Proprement dite (File), S.D.N.: S39.

② Lettres rapports à la commission d'étude par les organ chinoises de la chine proprement dite, S.D.N.: S38.

根据目前的材料显示，卷宗数量至少在 4 000 件以上。从档案的生成语言上看，国联档案馆的抗战史料大部分为英法文资料。其中以法文史料居多。此外，也有一定数量的中文和日文文献。

三、过往之研究

尽管国联档案馆所藏抗战文献极具历史意义与史料价值，但中国学界对它的整理、研究和使用仍处于较为薄弱的状态。中国学界对于该馆资料的开发与利用，最早可以追溯到 20 世纪 30 年代。《李顿调查团报告书》发布后，国内多家出版社出版了这一报告的中译本，如读书杂志社、经政批判会合编的《国联调查团报告书——国联中国调查团报告书全文批判》，橘秀一编辑的《国联调查团报告书》，中社《国联调查团报告书全文》，中日问题研究社所编《国联调查团报告书》，求实杂志社所编《国联调查团报告书与各方言论》，申社编《国联调查团报告书》（中文本）以及中华民国国难救济会的《国联调查团报告书及其批评》①。一些报纸、杂志刊登了《报告书》的部分内容。这些中译本内容大同小异，基本都以国民政府外交部所译的中文本为基础。但上述几家出版社都仅出版了《李顿调查团报告书》，而未见出版该报告第二册《附录文件》。此后，长期担任中国政府驻日内瓦代表的顾维钧在他的回忆录中也引用了很多国联所形成的抗战档案和史料。

进入 21 世纪后，随着国内档案收集整理工作的不断进步，中国第二历史档案馆在 2010 年对国联档案馆的部分档案进行了收集与整理。该年

① 见联合国成立读书杂志社、经政批判会（合编）：《国联调查团报告书　国联中国调查团报告书全文批判》，神州国光社 1931 年版；橘秀一编辑：《国联调查团报告书》，满洲报社 1932 年版；《国联调查团报告书全文》，南京中社 1932 年版；中日问题研究社：《国联调查团报告书》，光明书局 1932 年版；求实杂志社编：《国联调查团报告书与各方言论》，求实杂志社 1933 年版（外交部再版修正译文）；申社编：《国联调查团报告书》（中文本），申社 1932 年版；中华民国国难救济会编：《国联调查团报告书及其批评》，出版地、时间不详。

9月，由曹必宏、文俊雄两位研究馆员所带领的"中国第二历史档案馆海外档案征集小组"前往国联档案馆，对有关李顿调查团的档案资料进行了部分征集。他们查阅大量与国联李顿调查团及中日冲突相关的档案目录，扫描复制主题文件1 200余画幅，照相翻拍约500画幅，经过整理，编制出一套包含493份、总计1 549页文件的完整目录。

从2011年起，曹必宏、文俊雄开始向学界发布此次收集的成果，共有三篇论文发表：曹必宏、文俊雄的《联合国欧洲办事处所藏国联调查团档案概述》，文俊雄的《中国东三省各界人士致国联调查团函电选》以及文俊雄的《国联调查团收函电选》①。《联合国欧洲办事处所藏国联调查团档案概述》主要介绍了此次档案的收集整理的缘起及经过、李顿调查团档案的形成及后期处理过程以及他们所收集到的关于李顿调查团档案的主要内容等。文俊雄的两篇文章《中国东三省各界人士致国联调查团函电选》《国联调查团收函电选》共计发布档案28件，主要公布了李顿调查团在华期间收到的请愿书，申诉帖、函电以及印刷品。这些文件主要来自抗日将领、军队及党政机构、民间组织与个人等。

尽管曹必宏、文俊雄已经刊布的这批档案数量颇大，学术价值也较高。但就档案和史料收集整理而言，对于国联档案馆馆藏档案的开发仍有很大空间。第一，如上所述，已整理、公布资料的性质主要为收到的请愿书，申诉帖、函电以及印刷品，内容则主要是控诉日军侵略暴行、呼吁李顿调查团进行公证调查以及吁求国联制止日军的侵略行为。而对于调查团与中日两国军政首脑的谈话内容、调查团内部对于中日冲突的态度以及国联看法与判断等关键问题都没有涉及；第二，曹、文两位所收集和刊布的资料均为中文资料，而有关国联内部的重要讨论以及决议

---

① 曹必宏、文俊雄：《联合国欧洲办事处所藏国联调查团档案概述》，《民国档案》2011年第3期；文俊雄：《中国东三省各界人士致国联调查团函电选》，《民国档案》2011年第3期；文俊雄：《国联调查团收函电选》，《民国档案》2012年第2期。

过程的文件大多由英文和法文撰写。因此，仅仅依靠这批已刊布的资料尚无法全面了解国联在调处中日冲突过程中的决策过程。

四、国联档案馆馆藏抗战史料之意义与价值

档案史料之于史学研究的重要性不言而喻，过往抗战研究对于档案资料的收集与挖掘也不可谓不深入。然而，受制于语言和可获得性等各方面因素，既有研究多偏重对藏于大陆和台湾的中文档案以及藏于日本的日文档案资料进行挖掘与利用，而对散落于欧洲各地的抗战史料（除英国外交档案外）的关注与开发程度都相对有限。因此，在抗战研究不断深入和细化的今天，如何利用欧藏档案史料以推进抗战研究就显得尤为重要。

本文所述档案都被收藏于日内瓦国际联盟档案馆和图书馆内。这些重要材料有些在国内存有副本，但由于战争以及政治原因，很多已经不复存在。有些材料则是只有国联才有存留的孤本。因此，这些文件除开史学意义之外，还具有极大的文物价值。

就史学研究而言，我们认为这些抗战史料至少存在三重价值：

第一，有助于推动抗日战争史和世界反法西斯战争史的研究。过往关于抗日战争史的研究，多依赖中国和日本方面的资料。尽管这些资料无论从数量还是质量上来说，都处于不可替代的地位。但中日作为冲突的双方，无论中文还是日文资料都难免含有政治宣传、民族情绪在其中。作为第三方的国联档案的出现，适时地补充了两者的不足，扮演了一个“旁观者”的角色。虽然国联的“中立”和“局外旁观”在很多时候是虚伪和带有倾向性的，但它的存在毕竟提供了第三种视角。此外，由于国联调查团的特殊身份，使他们常常可以获得很多日本军事当局的秘密报告和谈话记录。而这些资料中国方面是无法获得的。在日本方面，由于二战末期大量档案被销毁，也没有留存。因此，国联档案馆的很多材料就成为一些抗战问题研究所能依赖的“孤本”资料。挖掘、研究这些档案，可

以更加直接、清晰地考察与诠释日本军国主义者对华发动侵略战争的动机与目标。此外，这些资料也间接向我们提供有关东北抗日联军以及中共早期在东北开展抗日活动的信息。

第二，有助于推动20世纪上半叶国际关系史之研究。20世纪30年代日本对华发动的两次侵略战争，不仅仅是中日两国民族矛盾激化的结果。该事件本身也构成了这一时期世界反法西斯斗争与国际关系变迁的重要组成部分。由于国联与九国公约的存在，当时世界的重要国家都卷入了中日争端。然而，国联既未能阻止日本强占东北、扶植成立“伪满洲国”。被蒋介石寄予厚望的布鲁塞尔九国会议也未能阻止1937年中日全面战争的爆发。要解释这些国际组织和协调机制为何在中日争端中屡屡失灵的原因，可能还是必须回归到国联档案馆所藏的原始档案之中，从国联组织的内部来寻求答案。同时，通过整理、研究这些资料，还能有助于我们认识、理解这一历史时段国际政治和外交活动中的大国博弈与绥靖政策。

第三，重要的社会经济史价值。如前文所述，李顿调查团所获的一手调查资料，涉及东北地区的经济、社会、人口、财政、货币以及交通等信息，这些难得的资料构成了今天研究20世纪上半叶东北地区风土人情的重要史料。

五、附录

国联档案馆所藏抗日史料目录举要

时　段	卷　宗　题　名	卷宗数
1928—1932	中国（中日争端）	14
1929—1932	满洲形势	5
1931—1933	中日争端：总论	38
1932—1933	中日争端：调查委员会	31
1932—1933	中日争端：上海调查委员会	7

续表

时　段	卷 宗 题 名	卷宗数
1933—1936	满洲政治形势：总论	5
1933—1939	满洲政治形势：与“满洲国”之关系总论	17
1934—1935	满洲政治形势：满洲地区的邮政运输	19
1933—1940	中日争端：总论及其他	29
1933—1935	中日争端：调查委员会	3
1933—1934	中日争端：讨论与特别会议	9
1933—1937	中日争端：咨询委员会及特别会议	12
1933—1938	日本退出国际联盟	3
1936	中国形势	3 689

李顿调查团相关档案举要

时　段	卷 宗 名 称
1932	1）李顿调查团相关文书——日本：谈话与通信（1932）
	2）李顿调查团相关文书——日本：舆论反应（1932）
1930—1932	1）李顿调查团相关文书——中国，北平：通信（1930—1932）
	2）李顿调查团相关文书——中国，北平：通信（1931—1932）
1931—1932	1）满洲：各类信息（1931—1932）
	2）满洲：各类信息（1931—1932）
1932	1）北平：谈话与通信（1932）
	调查团中方成员：（1932）
1932	调查团日方成员：1）（1932）2）（1932）
1932	调查团日方成员：1）（1932）
	调查团日方成员：2）访谈（1932）
1932	1）经济（1932）　2）各类信息（1932）
1932	满洲人民寄给调查委员会的信件：文件1、2、3、4、5（1932）
1932	1）沈阳基督教会获得的文件（1932）
1932	中国各种组织机构发给调查委员会的电报1—7（1932）8）关于这些电报的报告（1932）

续表

时　段	卷 宗 名 称
1931—1932	委员会收到的电报与请愿书，文件 1—7（1932）
	关于中国、欧洲及美国报纸的报告和简报，文件 8（1932），文件 9（1931），文件 10（1932）
1932	沈阳中国居民的来信文件 1—12（1932）
	关于委员会收到的电报的报告等文件 13—15（1932）
1932	Moos-Noo Sao Fong 报告的预备材料，文件 1—6（1932）
1932	1）Von Kotze 收到的文件（1932）
	2）满洲国，信件等（1932）
	3）最终报告的提纲（1932）
1932	报告的预备材料，文件 1—5
1932	报告的预备材料，文件 1—5（1932）
1932	报告的预备材料，文件 1—7（1932）
1932	报告的预备材料，文件 1—3（1932）
1932	报告的预备材料，文件 1—12
1932	希爱慕报告，文件 1—2（1932）
1932	各类文件 1—2（1932）（34 个子文件）
1932	各类文件 1—2（1932）（23 个子文件）

（作者单位：上海师范大学人文学院）

征稿启事

一、本论丛为抗日战争史研究专业集刊，由中共上海市委党史研究室指导，上海抗战与世界反法西斯战争研究会主办。本刊为定期出版物，每年出版一辑。

二、本论丛常设栏目包括：专题论文、政治·军事、外交·经济、社会·生活、抗战文化、人物研究、新史料、文献目录、口述历史、研究综述、圆桌会谈、书评、学术动态等，并可根据来稿内容进行相应调整。本集刊尤其欢迎向“研究综述”、“圆桌会谈”和“书评”等栏目惠赐佳作。

三、本论丛不论职务、不论职称，以稿件质量为唯一录用标准，尤其欢迎高校博硕士生投稿。

四、文稿作者应严格遵守学术规范，杜绝任何学术不端行为。

五、本论丛接受中、外文稿件投稿，外文稿件烦请提供中文摘要。来稿请提供 Word 版电子文稿，论文字数最多不超过 3 万字。注释为页下注，规范请参照《历史研究》标准。外文稿件，请参照国际通行注释规范。编辑部有权对来稿进行技术性修改。若有异议，请附说明。

六、本论丛实行双向匿名专家审稿制度，为便于联络，请投稿人注明工作单位及联系方式。

联系人：蒋杰

联系地址：上海市徐汇区桂林路 100 号　上海师范大学人文学院

（邮编 200234）

投稿邮箱：jiangj15@shnu.edu.cn

联系人：邓一帆

联系地址：上海市宝山区友谊路 1 号　上海淞沪抗战纪念馆（邮编 201900）

投稿邮箱：441762894@qq.com

图书在版编目(CIP)数据

上海抗战研究.第1辑/张云,唐磊主编;中共上海市委党史研究室,上海抗战研究会编.—上海:上海人民出版社,2019
ISBN 978-7-208-16042-2

Ⅰ.①上… Ⅱ.①张… ②唐… ③中… ④上… Ⅲ.①抗日战争-上海-文集 Ⅳ.①K265.07-53

中国版本图书馆CIP数据核字(2019)第285561号

责任编辑 肖 峰
封面设计 一本好书

上海抗战研究(第一辑)
张 云 唐 磊 主编
中共上海市委党史研究室 上海抗战研究会 编

出　　版 上海人民出版社
(200001 上海福建中路193号)
发　　行 上海人民出版社发行中心
印　　刷 常熟市新骅印刷有限公司
开　　本 720×1000 1/16
印　　张 19
插　　页 4
字　　数 238,000
版　　次 2019年12月第1版
印　　次 2019年12月第1次印刷
ISBN 978-7-208-16042-2/K·2886
定　　价 80.00元